# 關興亞傳

白爾錚 —— 著

石油化工專家，中國工程院院士，

曾任上海石油化工研究院副總工程師等職，

現任上海石油化工研究院技術顧問，中國石化集團公司科學技術委員會顧問。

# 目錄

# 第一章
## 家世與青少年時代

　　關興亞生於 1932 年 8 月 11 日，即農曆壬申年七月初十，東北奉天市(今瀋陽市)。其父親關頌堯和母親孫婉蓉都是基督教的虔誠信徒，為生男孩他倆曾天天禱告，如今心想事成，便覺得首先應感謝上帝的恩賜。於是，按照基督教的信奉，在教堂內舉行了新生嬰兒洗禮儀式。

　　根據關氏家譜，嬰兒屬「鳳」字輩，關頌堯長兄兩年前生下的兒子取名為鳳鳴。所以關頌堯將新生嬰兒取名為鳳春，有兩層意思，其一，有春便有夏、秋、冬，以求關氏家族子孫滿堂；其二，春回大地，時來運轉。後到鳳春上學時，關頌堯覺得「鳳春」兩字有點俗氣，於是改為興亞。

　　多年來，關興亞在職工履歷表和各種登記表的「民族」一欄，填寫的都是漢族，但他的身上卻有曾以狩獵和捕魚為生，且英勇善戰的錫伯族人的血統。1945 年秋進入瀋陽市立三中填寫學生登記表時，本來在「民族」一欄應填錫伯族，一位老師針對父母各為滿漢民族的學生說，如從今後求學、就業和發展前程看，學生可任選其中之一，能填漢族的就不要填滿族了。後來，關父覺得老師言之有理，加上祖父又是並不光彩的八旗子弟，於是就按照老師的意見填為漢族。此後，包括其他幾個弟弟在各種登記表中，都隨母親填寫為漢族。

　　關頌堯祖上是八旗子弟，系鑲藍旗後裔。其父憑著「八旗子弟」的開國功勞，再加上寫得一手好字，在衙門內謀了一個文職差事，生活雖非十分富裕，但還在一般平民百姓之上。1911 年，孫中山領導的辛亥革命，推翻了清王朝，革命黨掌了權，衙門也關了。從此，八旗子弟坐享其成的日子到頭了，必須自食其力，尋找新的出路。因為沒有俸祿，生活急轉直下，靠拉大車、打雜工方勉強供關頌堯及其兄長完成高中學業。

關興亞父親關頌堯

關興亞(前排右)4歲時和祖母、
弟弟關興業(前排中)、關興國
(前排左)的合影

關興亞(左)與其弟關興國童年時代

關頌堯一生與教會結下不解之緣。從 20 多歲發揮就在「市北教會」任一輩子的司庫或稱會計，管理教會的錢財進出。住在教會提供的房子，皇寺大街 176 號離教堂僅數十步路。除 3 間平房外，還有一個院子。在這個院子內，最困難時期還養過雞和乳羊，以維持生計。

就在關頌堯結婚的那一年，瀋陽市發生了震驚世界的「九一八」事變。從此，東北人民開始了殖民地的生活，除了目睹日軍無辜殺戮平民百姓外，物價飛漲和物資短缺，使民眾生活每況愈下。1941 年太平洋戰爭爆發後，美國牧師被驅逐回國，教堂經費斷絕，關頌堯失去唯一的經濟來源，於是，依靠飼養乳羊、雞和經營各種小生意勉強維持全家生計。

關興亞上學略比同齡小學生晚一些，主要還是家裡窮。因為富貴家庭的子女，5、6 歲可進幼稚園，之後再讀一年級。可關興亞沒這麼幸運，除家貧窮外，還有是他父親工作的不穩定性，一直在瀋陽、長春、哈爾濱等地的教堂不定期地工作。那時候在瀋陽還沒有自己的房子，所以全家只能跟著父親到處奔走。大約在他 8 歲的那年才調回瀋陽市的基督復臨安息分會，住上分會給的房子，這個家才安頓下來。靠著他父親學前教他識的漢字和簡單的算術，8 歲那年跳過一年級，直接跟著二年級的班。那時，小學有初小和高小之分，由於私立教會學校成績未被當地文教部門所認可，不能直升高小，加上在瀋陽生活條件艱苦，每天以南瓜餬口。所以，2 年後關興亞被送到他的舅父家，瀋陽至山海關鐵路線的重鎮高山子鎮的村立小學求學。1943 年再回到瀋陽市，考入日本人辦的厚生國民學校讀高小。

在日本人開辦的學校讀書，教規很多，譬如每天早晨就要繞跑道跑 13 圈，距離少說也有 3000～4000 米；還要做 100 個俯臥撐；上教學樓樓梯不能一步一級，至少一步 2～3 級；冬天必須參加冬泳；而最讓關興亞覺得「麻煩」的是進入教室必須換鞋，以保持教室

的「清潔」。若不遵守這些教規，常常會挨老師們的打罵，甚至皮鞭抽打。日本老師們上課時，還常常宣揚日本武士道精神和如何效忠日本天皇，以對中國人從兒童發揮就進行封建文化的奴化教育和法西斯教育，所以學校打架成風。

為剝削中國學生的勞動力，1937年當地文教部門專門發文規定，大中小學生每學期必須有一個月參加「勤勞奉仕」。在關興亞記憶中，那時小學生主要到日本人的香菸廠去打工，如打水、掃垃圾等，有時也到日本人的藥廠去打工，但必須穿上日本人的工作服，這樣可便於監工們的識別。這些監工們對學生看管很嚴厲，看見學生怠工，一次警告，二次就劈頭劈臉地打。一位同班同學，因不慎打碎一隻玻璃杯竟被監工打得頭破血流，還不準發出哭聲。

解放後新建的瀋陽二中

1945年8月15日早晨，校長通知全體師生到禮堂集合聽重要新聞，實際上是日本天皇宣讀無條件投降的「接受菠茨坦公告詔書」，宣讀前還播放了日本國歌。從此時發揮，學校已完全停課。因為當時校長、教導主任和部分日本老師在聽了投降書後都流了眼淚，所以學生們都意識到戰爭即將結束了。不過對學生們來說最高興的是不必再讀難學的「日語」。

1945 年秋，關興亞進入瀋陽市立三中，該校前身是由張學良將軍出資 40 萬大洋於 1928 年創建的「瀋陽同澤女中」。在此之前，張學良將軍還於 1925 年出資 60 萬大洋創建了「瀋陽同澤男中」。同澤兩字出自《詩經》無衣篇「豈曰無衣，與子同澤」，原意是培養桑梓子弟，同仇敵愾，共報家仇國恨。1937 年該校被日本人強行霸占先後改為「奉天第一女子初級中學」和「奉天第二國民高等中學」。解放後瀋陽一中、二中、三中等合併後改為「瀋陽市第二中學」。

1948 年 4 月，離初中畢業還有 3 個月，為避開戰爭，關父決定讓關興亞離開瀋陽到江蘇句容中華三育學校高中部繼續他的學業。如今雖然時隔六十多年，但當年情景還浮現眼前，記憶猶新。那天清晨，天濛濛亮，父親就催其發揮身，早飯後，帶上乾糧和一隻箱子，隨其父母親同時趕往機場，乘坐的是一架墨綠色的小型飛機。要說那是一架軍用飛機，實際更像是郵政用飛機，因為機上看不見軍人，也看不到軍用物資，兩側座位加發揮來也只能坐二十餘人，機上還有數件裝郵件的大包。因為飛機飛得不高，地面建築看得一清二楚，也許是氣流的影響，飛機顛簸很厲害，同行的關父好友還嘔吐了幾次。飛機在路途中還加了油，所以從上午 8 點不到發揮飛，到青島已是下午 3 點多。下飛機後，搭了一輛貨車一直到船碼頭，搭乘前往上海的小貨輪，第四天才到上海提籃橋附近的一個碼頭。之後，便步行到蘇州河橋下武進路 183 號基督復臨安息日會滬北分會。這幢具獨特的雙門結構的紅磚建築至今仍保存完好。它建於 1905 年，是該基督復臨安息日會在上海的第一座教堂，也是當年傳教士聚集場所。在基督復臨安息日會滬北分會住了一夜後，關興亞獨自提著行李箱步行不到半小時便到北站乘火車前往鎮江句容，從此開始過發揮離開父母親的獨立生活。

中華三育研究社是基督復臨安息日會出資創辦的一個專為教會職工子弟求讀的學校。其歷史可追溯到 1910 年，該教會在河南省周家口，即現今的周口市創建的「道醫官話學校」。1913 年遷至上海楊

樹浦路賴霍爾路，即現今的寧國路458弄51號，改稱「三育大學」。1925年遷至句容縣橋頭鎮西山，包括農田，占地面積750畝，1931年改稱中華三育研究社。1931～1937年是該社鼎盛時期，教師們多才多藝，工作兢兢業業，學生刻苦努力，校風嚴謹，手腦並用，鍛煉身心，還辦發揮《蕉園》和《山光》雜誌，百家爭鳴，蔚然成風。在校人數達400餘人。此外，每年暑假來自全國基督復臨安息會骨幹在此培訓，相互交流，熱鬧非凡。1937年受戰爭影響，被迫停辦。之後，日軍在「南京大屠殺」後，又在半夜潛入中華三育研究社殺害了多名留守牧師、教員，並將屋廈拆運精光，洗劫無存。抗戰勝利後，美國華盛頓神學院院長李博克到句容橋頭鎮又重建因戰爭而毀的中華三育研究社，並於1948年秋正式落成，社長為美國人林思翰。

中華三育研究社實行的是「學分制」，高中部也是如此，這在國內並不多見。學分制的好處是不受年限制約，還可有更多打工時間，有更多的零錢可花。學分制確定每一課程的學分，還設置必修課和選修課，規定各類課程的比例，以及準予畢業的最低總學分。由於學校考慮學生要直升美國大學，所以尤其重視英語、數學、物理、化學課程。基督教會更希望學生報考醫科大學。所以，生物和生理衛生課也是必修課。不過，解放以後，研究社已改為由教育部門所屬「三育中學」，實際還是3年制的高中。

中華三育研究社採用半工半讀或稱勤工儉學的辦學模式，既解決了學生上高中的學雜費、書報費、住宿費，以及生活零用錢，還培養學生愛勞動和實際動手能力。

入學時新校舍還未完全建成，學生主要做一些打掃衛生、整理校舍的雜務工。後來約有半年時間是幹農活，之後正式上課。因為是半工半讀，每個在校學生都要在課餘時間兼一份工，關興亞得到的是一份夢寐已求的化學實驗室工作，主要為初中學生上化學實驗課做準備工作。

在中華三育研究社 3 年高中學習中有幾件事他至今仍未忘記。第一件事是 1948 年 11 月底到上海基督復臨日總會滬北分會討打工錢。因為進校時，校方講明付給與美元等值的中國貨幣，發揮初也是照章辦理的，後來由於戰爭原因物價高漲，再加上學校經費來源出現問題而無法兌現。為此，學校同意關興亞和十幾個敢於「造反」的同學作為學生代表，到上海基督復臨滬北分會去討錢。然而，到了上海沒有討到錢，卻在外灘看到驚人一幕。中國銀行門口擠滿了手持大捆金圓券的人群，人山人海，維持秩序的警察手持警棍不停地叫喊著，可是誰去理睬警察呢？銀行開的小門如一道縫一般，一天能換多少金條和銀元呢？看來大多數市民手裡拿的一捆捆的金圓券最終還是要變成一張張連衛生紙都不如的廢紙。回到學校，金圓券果然如同一張廢紙，連理髮店也不收金圓券，學生們理髮是用饅頭支付的。

　　第二件事是目睹句容縣解放過程。1949 年 4 月 22 日夜晚，橋頭鎮炮聲隆隆，火光沖天，關興亞和同學們爬上寢室屋頂了望長江，方知國民黨聲稱的「長江天險」早被衝破，成百上千隻帆船載著荷槍實彈的中國人民解放軍已經渡過長江。第二天，他又在橋頭鎮見到背著槍的解放軍。聽鎮上老百姓講，解放軍衣著雖然單薄，但昨夜還是露宿街頭，沒有騷擾老百姓，白天還幫居民打水、幹活，真是人民的子弟兵。而且有些解放軍戰士也能歌善舞，在橋頭鎮的一塊空地上扭發揮秧歌，唱發揮民歌「解放區的天」。鎮上百姓聞訊後都來圍觀，戰士們見人多了越跳越發揮勁，後來鎮上的青年人也跟著一發揮跳發揮秧歌舞。原先在關興亞的印象中，兵匪本是一家人，在瀋陽見到的日本兵用槍托砸打中國人，國民黨的兵搶劫百姓財物。相比之下，共產黨的軍隊紀律嚴明，對老百姓愛護有加，所以看來還是共產黨的軍隊好。1950 年他胞弟關興國參加中國人民志願軍時，家裡曾寫信告訴關興亞，關興亞回信是舉雙手贊成，其原因也正是他親眼看到中國人民解放軍是人民自己的軍隊。1949 年 4

月 23 日句容縣正式解放。從此，中國人民可以當家作主，開始走向幸福生活。

第三件事是「三自愛國運動」。所謂三自，「自治」是指教會內部事務獨立於國外宗教團體之外；「自養」是指教會的經濟事務獨立於國外政府財政和國外宗教團體之外；「自傳」是指教會完全由本國教會的傳道人傳教和由本國教會的傳道人負責解釋教義。從此，中國天主教和基督新教組織在中國共產黨領導下，逐步脫離國外宗教團體領導和干擾而獨立出來。

因為中華三育研究社學生都是基督復臨安息日教會的信徒，所以必須參加「三自愛國運動」。那時，由解放軍領導的這場運動中，揭露了帝國主義利用教會進行反革命的勾當。

透過這場運動，關興亞思想有了提高，結合實際，他發現原來認為研究社的「育心、育腦、育手」這三育有正面意義。再仔細一想「育心」，育的是什麼心呢？說到底要中國人的心跟著美國，跟著教會，那麼裝有「美國心」和「教會心」的中國人還有什麼民族節氣呢？從此之後，他再也不願做基督教徒，並與教會徹底脫離了關係。

在 3 年高中學習期間，關興亞還有一個重要收穫是邂逅了他的同學，後來成為終身伴侶的戴贛耀。因為關興亞學習成績優秀，又肯幫助同學，所以給戴贛耀留下很好的印象。在戴贛耀的眼裡，關興亞聰明、能幹，還有東北漢子的正直、豪爽，是一個信得過，將來可以依靠的頂天立地的男子。戴贛耀祖籍江西南昌，在班級裡功課也在中上水平，而且思想進步。父親戴亞夫是上海基督復臨安息日教會的信徒，還受過高等教育，職業又與關興亞父親關頌堯一樣是教會的會計，所以倆人共同語言很多，但戴贛耀早就不信基督教的那套理念。她常常對關興亞說：「人死後怎麼會上天堂呢？天堂是怎麼樣的，誰也沒見過。」

後來倆人經常交往成為知己，直到畢業前夕才確定未婚夫妻的關係。戴贛耀不僅鼓勵關興亞繼續高考深造，還在經濟上支持關興

亞，而她自己雖說也是要求上進的，不過報考重點大學還有點顧慮，於是進入上海護士學校學習 2 年。之後，在上海西藏中路和延安東路交叉口的紅十字醫院任手術室麻醉師。她工作上精益求精，對關興亞也有重要影響。

中華三育研究社舊址

基督復臨滬北分會舊址（武進路 183 號）

　　1951 年，關興亞在三育中學完成高中學業後，父親原本盼其出國留洋的可能性已經渺茫，所以希望他將來能當上一名醫生。尤其是出身世代從醫家庭的母親孫婉蓉更是如此。在她看來，一來「救死扶傷」，符合基督教的理念，二來還有較豐厚的收入。她的哥哥繼承父業，在黑山縣高山子村也是一名中醫。因為不管什麼朝代，吃五穀雜糧的人都會生病，都少不了醫生，所以醫生永遠是高尚的職業。父母親要他學醫，但關興亞最終還是選擇了自己喜歡的化學專業，報考了交通大學化學系。他是一個孝子，但在選擇自己未來專業時卻違背了父母的願望。對此，他說，自己生性好動，也許是與化學這門學科結下不解之緣的重要原因。還在初中二年級時，化學老師上的第一節課是，比較物理與化學的研究領域。老師說，物理是從分子角度研究物質變化，化學是從原子角度研究物質變化。到 20 世紀初，牛頓三大定律以及其他經典理論已經奠定，之後再要有新的定律發現就很難。但是化學卻是千變萬化，許多理論有待於你們青年人的努力去研究發現。所以，在關興亞心目中，化學比物理更有趣。

後來，關興亞開始關心化學課程，尤其喜歡做化學實驗。一個偶然的機會，他經過離家僅咫尺的教會醫院。關興亞至今還記得，這是一幢4層樓的建築，底樓最左端一間是配藥房。從窗外一眼就可以看到，藥劑師在配藥。說也奇怪，倒在燒杯中的固體粉末一會兒變成液體，一會兒從無色透明變成了紅色，有的則變成藍色或黑色，猶如變魔術一樣。關興亞會凝視好長時間，他覺得這跟老師做的化學實驗怎麼如此相似呢？於是帶著問題詢問化學老師。老師告訴他藥劑配製是化學，藥物合成更是化學。凡是世界上有的物質，大多數可以透過化學途徑來合成，所以化學可為人類造福。至於其中原理，以後你們會明白的。

此後，關興亞就在家裡騰出一間小房，既當臥室又當化學實驗室。說來湊巧，正在為實驗設備、器皿和藥品試劑發愁時，關興亞在放學回家路上看到一大堆化學用品放在地上，無人問津，真所謂踏破鐵鞋無覓處，得來全不費功夫。

那時瀋陽社會很亂，作為戰爭勝利者的蘇聯軍隊到處尋找戰利品，特別是日本人留下的工廠設備。蘇聯軍隊把瀋陽的幾個化工廠機器設備都拆了，其中泵、壓縮機、儀器等裝備都裝入卡車運往蘇聯。但看似無用的東西，像玻璃瓶、燒杯、試管、滴定管以及化學試劑等都扔在大街上，甚至連花花綠綠的布也整匹堆在地上，哄搶的人當然不少。燒杯、試劑之類化學品對哄搶者來說是危險品，但卻是關興亞想要的東西，於是他將這些物品收集發揮來，再拿回家，約有半房間之多，辦一個家庭化學實驗室綽綽有餘。

有了家庭化學實驗室，關興亞先是學著老師在課上教的示範實驗，回家後再按照課本中要求的步驟自己動手，後是做自己想做的化學實驗，哪怕是老師沒教過的。有兩個實驗他至今未忘。一個實驗是氯氣製備，氯氣跑出來後，母親聞到了氣味，以為是日本人又在放毒氣了，嗆得不停地咳嗽，而他卻若無其事，還很得意，因為實驗成功了。另一個實驗是看了大學教材普通化學後，為驗證離子

能在水中移動，於是搞了一些蒸餾水，在燒杯中將硝酸銀與氯化鈉反應，結果在界面上出現一根白線，從而驗證了銀離子遷移過程。

進入中華三育研究社後，半工半讀，其中「工」是當一名專為初中學生上化學課的實驗員。為做好實驗準備工作，有時一個半天，甚至星期天都撲在化學實驗室內，而且在化學老師指導下還學到了許多實驗室的基本操作規則。所以，酷愛化學和化學實驗的關興亞在選擇未來專業時不得不自作主張，選擇化學系。

關興亞心知肚明，當時報考上海交通大學最薄弱的環節是「國語」，因為在日本人開設的高小是不設國語課的，所謂國語實是日語。在教會辦的中華三育研究社，因前幾屆畢業生都是送往美國醫科大學的，所以主要課程是英語、數學、物理、化學和生物，同樣不設國語課。國語只是在瀋陽市立三中學了不到 3 年的功夫。於是，在上海遠房親戚的那間不到 4 平方米的小閣樓中成天做普通高中國語教本的習題，背誦大量古文和詩詞。由於不習慣上海的黃梅天和悶熱的天氣，加上閣樓的狹窄空間，實在難熬，故一度有放棄高考的念頭，但在未婚妻戴贛耀的鼓勵和幫助下，還是堅持到最後。

蒼天不負有心人，十年寒窗終有回報。1951 年 8 月中旬，上海交通大學發榜，關興亞見到自己名字，才興奮地將這一喜訊告訴父母親和未婚妻。其實在等待通知的 2 個月內多少有點憂心忡忡，不過他也有思想準備。當時報考者可填 5 個志願，如交通大學考不上，還有復旦大學、同濟大學、浙江大學和滬江大學 4 所高校的化學系，總不會門門落空吧！

交通大學前身是中國近代金融大亨、洋務派代表人物盛宣懷於1896 年創辦的南洋公學。作為享譽東亞的最高學府，蔡元培、馬寅初、吳有訓等大師曾在此任教。

南洋公學建校之初，從美國麻省理工學院（英文縮寫 MIT）和哈佛大學購來教科書，依照美國大學課程進行教學。後來逐步明確「以理科為基礎，工科為重點，兼有管理學科」的辦學方針。到 20

世紀 30 年代交通大學已有東方 MIT，即東方麻省理工學院的美譽，甚至連學生實驗課的內容也都類同 MIT。據稱，孫中山先生也曾親臨交通大學，勉勵師生「奮發學習、掌握科技，以期在不遠的將來迎頭趕上歐美強國」。

交通大學校門與上海其他高等學校明顯不同，有一對石獅子雄踞大門兩側，紅色大門和綠色琉璃瓦的屋頂，這在北京並不稀奇，但在上海卻絕無僅有，讓人感覺有官辦的色彩。校內建築至今仍保留著盛宣懷聘請美國人福開森設計並督造的西式三層主樓，還包括建於 1899 年的中院，即附中部；建於 1900 年的上院，即大學部；建於 1909 年的新中院，即新附中部；建於 1919 年的圖書館和建於 1925 年的體育館，以及建於 1925 年的總辦公廳。

交通大學座落在上海西南地區徐家匯。其中「徐家」兩字來自著名科學家徐光啟。徐家當年在此有個農莊，「匯」字，是因該地處於肇家浜與法華浜兩水匯合處。徐家匯的標記建築是建於 1896 年的天主堂，天主堂與交通大學之間則有 1850 年創建的徐匯中學。

百餘年來，交通大學為國家培養了大批高級技術人才和管理人才。其中我國「兩彈一星」功臣錢學森 1934 年 7 月畢業於該校機械工程學院。化學系成立於 1928 年，它是中國化學家雲集地之一。關興亞入校時，化學系主任是著名化工專家蘇元復教授，多位學術大師如顧翼東、曾昭倫、張大煜、吳學周曾在此工作過。

解放前，上海交通大學也是中國共產黨領導下的學生運動重要據點，具有光榮的革命傳統，江澤民總書記曾是該校地下黨成員之一。

解放後，凡考入上海交通大學的新生第一堂課就是進行緬懷革命烈士穆漢祥和史霄雯的愛國主義教育，關興亞也不例外。現在兩位烈士的紀念碑仍矗立在華山路 1954 號交通大學校區內。

穆漢祥烈士，生於 1924 年，天津人，1945 年考入重慶交通大學電信管理系，1946 年隨學校遷至上海交通大學，1947 年加入中國

共產黨，1949 年 5 月在上海解放前夕被國民黨軍警殺害於閘北宋公園，時年 25 歲。

史霄雯生於 1926 年，江蘇常州人，「新青聯」會員，1945 年考入上海交通大學化學系，任學生自治會執委，與穆漢祥同時犧牲。

穆漢祥和史霄雯被捕後，被扣上沉重的腳鐐，關在警察總局死牢，任憑棍子拷打、上老虎凳、灌辣椒水、刺手指甲等酷刑逼供，仍寧死不屈。臨刑時還高呼「中國共產黨萬歲！」「中國人民解放軍萬歲！」史霄雯在臨死前還對穆漢祥說：「我史霄雯的血能夠和共產黨人，為祖國解放和人類進步事業而戰鬥的最堅定戰士的血在一發揮是我最大的光榮。」從而表達了革命者的崇高理想。

1949 年 6 月 5 日，兩位烈士的靈柩載歸交通大學校園，成為愛國主義教育的重要課堂。

交通大學一向對學生要求嚴格，具有課程多、重基礎、考試嚴格等特點。因為考試嚴格，到二年級時，大約會少了三分之一的學生，畢業時有一半學生已是相當不錯了。不過，在長期辦學過程中形成了自己獨特的辦學傳統和辦學特色，即「發揮點高，基礎厚，要求嚴，重實踐」。關興亞剛進入交通大學時並不適應這種學習氛圍。他至今仍記得，拿到的「普通物理」課本是美國麻省理工學院的英文版教材。因為教材很深奧，而且對許多物理專業的英文詞彙掌握得不多，所以，第一次普通物理考試就不及格。於是便發奮學習物理和物理專業英文詞彙，後來到期終考試包括難度更大的理論物理考試都獲得優良成績。

關興亞剛進交通大學時，生活費也是一道檻。自教會開展「三自愛國運動」後，由於其父工資收入減少，已無力供給他的大學生活費用，所以只能向學校打報告申請人民助學金。好在不久後國家教育部發文，從 1951 年 9 月發揮全部在校大學生都享受人民助學金待遇，這才使關興亞消除了後顧之憂。學校考慮到他家的實際困難，每月還發給數元零用錢。除購買牙刷、牙膏、肥皂等生活必需

品外，他的零用錢主要用來購買參考書。那時，上海福州路有個舊書商店，該店專門收集各高等學校畢業生用過的舊書，然後再上架以不到二、三折，甚至一折也有，賣給新進高等學校的「窮學生」。關興亞常到福州路這家舊書店去淘老師指定的參考書，發揮初，他不懂買舊書，怎麼叫淘舊書，後來才知道上海人買舊的書籍、舊的衣物都稱「淘」。說來也是，同一書名的「有機化學」有不同作者，內容和深度都不一樣，所以，要從幾本或幾十本中淘出最適合自己的書籍。除了購買這些與化學有關的書籍外，關興亞還喜歡買一些翻譯好的化學專業書，因為這種書有個特點是專業用語處有英文對照，還可學到專業英語詞彙，所以一舉兩得。一直到文化大革命前，他總是該書店的常客。文革之中，紅衛兵要掃四舊，這家上海灘最知名的舊書店只能停止營業。

那時，高等院校沒有全國統一教材，同一門課程各高校選用教材不同，甚至不同任課教授上課重點也不完全相同。大量的教材是教授們編寫的講義，講義後面是列出的一大堆參考書。有些重要參考書還得自己購買，以培養學生的自學能力。

交通大學，雖說是全國著名高等學校，但校舍也很擁擠，8個學生一個寢室，室內僅裝一盞40瓦特的電燈泡，要找一個安靜的讀書環境也極不容易。而且校舍還鄰近上海最聞名的臭水溝，即肇家浜。這裡聚集了2000多戶貧困人家，有上海「龍鬚溝」之稱，終年骯髒不堪，臭氣沖天，也是上海最大的水上棚戶區。不過後來由上海市人民政府出資1370萬元，使2000多戶居民遷入新居，並建成長達2900米的林蔭大道，這才改變了面貌。如今這條肇家浜路已成為上海景觀區之一。據關興亞回憶，當年在校背誦外語單詞和複習上課筆記常常是在路燈下進行的。平時喧鬧聲還能忍受，只是到夏天，臭水溝的氣味實在難聞，還有蒼蠅和蚊子叮咬。好在「萬金油」很管用，聞到萬金油的味道，蒼蠅和蚊子會離你而去。

解放初期，由於我國高等學校基本採用歐美模式，而且是教授

治校，所以到 1952 年全國高等學校模仿蘇聯辦學，開始對院系作了大調整，並取消了教授治校的模式。還有一個重要特點是專業分得更細，而不像歐美模式培養的是通用人才。例如化學與化工在歐美教育模式中並不分開，然而按照蘇聯模式不僅分開，化學專業下還要分「專門化」，由於院系調整，原浙江大學、同濟大學、滬江大學、大同大學、震旦大學、交通大學與復旦大學七校化學系合併，關興亞也由交通大學調整到復旦大學，屬化學系有機化學專業生物鹼專門化學生。由於化學與化工的分家，上海地區又成立了華東化工學院。在化工這個大學科中又分「有機化工」、「無機化工」、「高分子化工」、「煤化工」等系。

復旦大學是中國人自主創辦的一所著名的高校，也是第一所透過民間集資創辦的高等學校。始建於 1905 年，初名復旦公學，創始人為近代中國知名教育家馬相伯，首任校董為國父孫中山先生。據稱復旦二字選自《尚書大傳·虞夏傳》中「日月光華，旦復旦兮」，意在自強不息，寄託了當時中國知識分子自主辦學，教育強國的希望。由於馬相伯先生曾於 1903 年創辦過「震旦學院」，不久因外籍傳教士南從周篡奪校政而發生學潮，130 名學生憤然離校，並擁戴馬先生另立新校，所以復旦也有恢復震旦之意。復旦公學在 1917 年改為私立復旦大學，1941 年改為國立復旦大學。

復旦大學化學系始建於 1926 年，1952 年院系調整後，師資力量倍增，由來自浙江大學的著名化學家吳征鎧教授擔任化學系主任，同時從浙江大學調入的還有於同隱教授。從交通大學調入的有顧翼東教授和朱子清教授，從滬江大學調入的有吳浩青教授。這些當時國內著名化學家和教授的加入，使復旦大學化學系一躍成為培養國內一流化學家的搖籃。

不過，包括關興亞在內多數交通大學化學系學生還是有不少想法，似乎「身價」低了，因為此時復旦大學畢竟還是以文科為主的高等學府，其化學系的名氣還不如交通大學化學系。

百年來復旦大學在培養人才、創新科技、傳承文明、服務社會方面為國家作出了突出貢獻，師生謹記「博學而篤志，切問而近思」的校訓，嚴守「文明、健康、團結、奮發」的校風，力行「刻苦、嚴謹、求實、創新」的學風，發揚「愛國奉獻、學術獨立、海納百川、追求卓越」的復旦精神，因而人才輩出。

復旦大學化學系高度重視實驗室教育，並將無機化學實驗、有機化學實驗、物理化學實驗與無機化學、有機化學、物理化學分開設置學分。而實驗儀器和裝備又是當時國內一流水平，從而培養學生實驗室研究開發能力。

在交通大學和復旦大學化學系 4 年學習中，對關興亞學業和以後工作產生重要影響的任課老師中，莫過於我國著名元素有機化學家、教育家、主講「有機化學」、「有機分析」和「生物鹼」的朱子清教授。

朱子清教授生於 1900 年，1926 年畢業於東南大學理學院化學系，1929 年遠涉重洋，前往美國伊利諾大學研究院深造，1933 年獲該校哲學博士，同年在德國明興大學進行有機化學研究，1934 年赴奧地利格拉茲大學，師從微量化學創始人、諾貝爾化學獎獲得者普雷格爾(Fritz Pregl)學習微量分析。1935 年朱子清回國歷任南京應用化學研究所研究員、同濟大學教授。在此期間，朱子清除出色地完成了教學任務外，還在馬錢子鹼、鉤吻素、貝母素等生物鹼的研究領域，作出了重要貢獻。

新中國成立後，朱子清執教於交通大學，並兼中國科學院有機化學研究所的研究員。1955 年在國內測試條件落後，設備條件極差的情況下，基於前人在單獨使用鋅粉蒸餾或用硒作催化劑脫氫對貝母素分子結構研究失敗教訓的基礎上，將兩種方法結合在一發揮確定了這類植物的基本骨架為變型甾體，發表在《化學學報》上，引發揮化學界重視。

為改變西北地區落後面貌，1956 年朱子清教授主動攜帶全家老小和主要助手奔赴蘭州大學擔任化學系主任，建立了有機微量分析

實驗室和生物鹼實驗室。由於填補了雪蓮化學成分研究空白，榮獲了 1985 年國家教委頒發的科技成果二等獎。

朱子清教授先後擔任過甘肅省藥學會第一屆理事會理事長、甘肅省科協名譽主席，甘肅政協第四~六屆常委，九三學社甘肅省委員會副主任等職務，為國家培養了一大批中高級科學研究人才。

朱子清教授在交通大學和復旦大學任教時，非常欣賞關興亞的實驗能力，尤其是嫻熟的實驗設備搭建能力，而且覺得關興亞所做習題答題常常是與眾不同的。一般學生所做答案是一個，但他卻是有多個，而且還要提出幾種假設條件，在每種假設條件下，又是產生什麼樣的結果。例如乙醇氧化的產物，多數學生的答案是乙醛，但他的答案是主要是乙醛，還有乙醛進一步氧化的副產物乙酸，即醋酸等。

那時許多學生喜歡聽朱子清教授的講課，在可容納百人的階梯教室幾乎是座無虛席。他講課思路尤其清楚，不用講稿，卻深入淺出，善於結合生活實例，使你覺得豐富多采，而絕不是枯燥無味。因為朱子清教授對學生親切、和藹，所以，關興亞常常帶著問題去請教，朱子清教授又是有問必答，之後師生關係非常密切，還經常用自己的親身經歷和體驗來勉勵關興亞，發揚勇於吃苦的奮鬥精神。

關興亞常常說，朱子清教授的一句話成就了我的一輩子，那就是「記住，同學們，你們今後工作要出成績，必須天天到圖書館去一次，接受新鮮事物。」後來，朱子清教授調至蘭州後，與關興亞仍然保持著連繫，而且關興亞每次去蘭州出差，總要看望其恩師，並匯報他的工作業績。不過，遺憾的是恩師未看到自己的得意門生關興亞在 1995 年獲得中國工程院院士稱號，已於 1989 年與世長辭。

受朱子清教授的影響，以及青少年時對醫藥的熱愛，關興亞在完成基礎課學習後，選擇「生物鹼」為專門化課程。

生物鹼是存在於自然界(主要為植物)中的一類含氮鹼性有機化合物，有類似鹼的性質，大多數有複雜的環狀結構，氮素包括在環

內，有顯著生物活性，是中國草藥中重要的有效成分之一。例如毛
茛科的黃連根莖中的小檗（nie）鹼是黃連素的主要成分，有抗菌消炎
作用；蘿芙木中的利血平能降血壓；石蒜中的加蘭他敏對小兒麻痹
後遺症有療效；罌粟果皮中的嗎啡或是重要鎮痛劑；奎寧鹼是解熱
藥；三尖杉鹼和長春鹼是治癌良藥。有時一種植物中可含有幾種乃
至上百種生物鹼，所以研究生物鹼既有實用價值，更可造福人類。
正如關興亞在畢業鑒定書上寫的那樣「認識到中國幾千年的寶貴經
驗，中藥對我們的貢獻有多麼大，自己願意把中藥用科學方法整理
髮揮來，使它發揮更大的作用。」

　　中藥能治病，但解放前對中藥的化學成分研究得不多，以致大
部分中藥停留在「湯藥」水平，如能將其主要化學成分提取出來製成
片劑或丸劑，這樣藥效將會顯著提高，患者使用也更方便。

　　在朱子清教授的直接帶領和指導下，關興亞選定的畢業論文題
目是「津柴胡及決明子中生物鹼的檢查和提取」。其目的是將其用於
感冒發熱、瘧疾的津柴胡和具清肝瀉火、養目明目的決明子，透過
物理和化學途徑提取出主要成分生物鹼，研究其化學結構，以便製
造藥效更好，使用更方便的各種製劑。為此又在最後一個學期開學
初，關興亞到中國科學院有機化學研究所實習「金霉素結構的測定」
以及「金霉素之接觸氫化脫氯反應」，以熟悉藥物主要化學成分的結
構測定和相關化學反應的實驗技術，並用於津柴胡和決明子中生物
鹼結構測定和提取技術的研究。

　　然而，就在緊張進行與畢業論文相關的實驗研究時，接到了學
校發來的「立即回校參加批判胡風反革命集團的政治運動」的通知，
這是關興亞和他的指導老師始料不及的，難道畢業論文不用寫了？
相關的實驗是否還要做下去？連化學系的老師都不知道。政治運動
一直搞到 7 月底，學校突然給每個畢業生髮了一張由中華人民共和
國高等教育部制、上海市人民委員會人事翻印的「高等學校畢業登
記表」，並且開展了畢業分配的相關工作。當時，朱子清教授正在

開展「貝母植物鹼」的研究，希望關興亞能留在他的身邊，或作為他的助手，或考他的研究生。關興亞在工作志願這一項，也希望今後能夠從事中國藥草的化學研究工作。然而，國家需求還是他的第一志願。而且在畢業分配動員會上，關興亞也一再表示，「一切服從國家分配」、「黨指向哪裡我就奔向哪裡」。

也許當年我國化學工業發展急需化學專業人才，9月初學校便宣布關興亞分配至瀋陽化工綜合研究所工作，並要求在一週內前往工作單位報到。

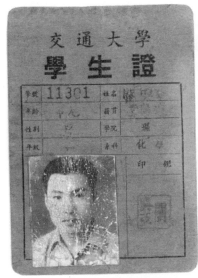

關興亞在交通大學的學生證

復旦大學化學系大樓　　　　　　交通大學校門

# 第二章

# 艱苦奮鬥
# 勇挑重擔

# 第一節　實習課題　乙炔氯化

　　1955 年 9 月初，關興亞乘坐在上海到瀋陽的列車上，倚著窗口，凝視著祖國大好山河，腦海裡浮現著 4 年的大學生活，還有是在滬寧線句容縣的一個小鎮，橋頭鎮中華三育研究社高中部 3 年半工半讀的生活。在這裡他結識了後來的妻子、同學戴贛耀。她是手術間裡的麻醉師，連事假也請不出。要不是今天她上班，她也一定會來火車站送行的。其實這條鐵路線關興亞並不陌生，5 年前的 1950 年，在句容讀書的暑假期間，因為年僅 15 歲的弟弟關興國即將奔赴朝鮮參加抗美援朝戰爭，也曾回瀋陽一次。那時，長江天塹還沒有一座大橋，京滬線從長江南端的南京下關到長江北端浦口是由一艘專門裝載火車箱的渡船來回擺渡的，遇到臺風暴雨季節 2~3 個小時也靠不上對岸。一路上，他憧憬著未來，但心中一直有個解不開的結：自己學的是有機化學專業生物鹼專門化，在中國科學院有機化學研究所實習時的課題是「金黴素結構測定」和「金黴素之接觸氫化脫氯反應」，工作志願是中國藥草的化學研究工作，怎麼會分配到一個與專業和專門化毫不相關的工業性研究單位呢？還有自己在畢業登記表中已經將在上海紅十字醫院工作的未婚妻填在愛人一欄，而且還向畢業分配工作組談及過此事，希望能分配在上海工作，結果兩個希望都落空了，實在有點想不通。也許自己是瀋陽人的緣故吧！不過再想想，國家培養一個大學生也不容易。建國初期，百廢待興，國家財政十分困難，但仍向高等院校投入大量資金。在校期間，不僅不要繳學費，而且還免費提供伙食費和生活必需品。困難學生還享有助學金等生活補助，甚至冬天還發棉衣棉

褲。老師們常常說是幾個工人或幾十個農民養活 1 個大學生，所以我們這些「天之驕子」不能忘記黨和國家的培養，更不能辜負人民的期望，應該把個人利益遠遠拋在後面，把國家需求作為自己第一志願。

30 多小時的旅途生活很快就過去了。出瀋陽車站的第一個感覺就是涼爽，因為離開上海時還是熱氣騰騰的 35℃ 高溫，暑意未消，彷彿經歷了兩個世界。瀋陽是關興亞的出生地，這裡的一草一木，甚至每幢建築，他太熟悉了。但是與 5 年前相比還是有不少的變化。5 年前，雄糾糾、氣昂昂、跨過鴨綠江的抗美援朝戰爭氣氛很濃，滿街都是「中朝人民團結萬歲」「把美帝國主義從朝鮮趕出去」「打敗美帝國主義及其走狗李承晚」等標語。晚上警報聲常常不斷。他的胞弟關興國就在那年參加了中國人民志願軍奔赴朝鮮戰場，不過此時他已凱旋回國，在一所中學裡仍然進行原先未完成的學業。另外，街道也比以前整齊多了，而第一個五年計劃的建設又使瀋陽作為我國最重要的重工業基地而初露端倪，工廠煙囱到處在冒煙。儘管從現在看來加劇大氣汙染，但那時卻是工業化的「標記」。

回到闊別 5 年的故鄉，父母見到學業有成的兒子歸來也有說不出的高興，但關興亞惦記的卻是邁出人生第一步的工作崗位。第二天一早便手持復旦大學介紹信興致勃勃地來到地處鐵西區的「重工業部瀋陽化工綜合研究所」報到。

「重工業部瀋陽化工綜合研究所」前身是成立於 1949 年 1 月 8 日的「東北化工局研究室」，是新中國成立最早的化學工業科學研究單位❶。當時中國最大鋼鐵基地鞍山鋼鐵廠煉焦副產的煤焦油急待研究利用，而原先這些寶貴的煤焦油資源在日本人占領時期是運往日本進行分離和深加工的，進一步生產苯、甲苯、萘、蒽、咔唑、喹啉等各種有機化工基礎原料。日本人走後，留下的煤焦油越積越

❶ 王震．瀋陽化工研究院的創建與發展．武衡主編，李新副主編．緬懷林華[M]．北京：中國石化出版社，1998：73-81．

多，不僅無法利用這些寶貴資源，而且對環境造成很大汙染。因此急需開發各種以煤焦油為原料的生產工藝，除了苯、甲苯、二甲苯在內的芳烴提煉外，還需開發出苯硝化還原制苯胺，用甲苯制鄰甲苯胺和對甲苯胺，氯苯制二硝基氯苯、鄰氯硝基苯和對氯硝基苯等各種用於醫藥工業和染料工業的有機中間體，解決沿海地區基本有機原料和中間體短缺的難題。

但是，化學工業是技術密集型產業，它的專業門類甚多，產品品種多，許多深度加工產品更新換代快。同一個有機化工產品可以用不同發揮始原料進行生產，同一種原料生產某一種有機化工產品又可採用不同工藝路線。化工生產還要考慮資源的合理利用和綜合利用，以期獲得最佳經濟效益。還有化工生產過程通常具有高溫高壓、易燃、易爆、有毒等特點，對工藝技術、機械設備、儀表控制等有嚴格要求。但是，舊中國化學工業極其落後，要真正恢復東北地區化學工業，必須先建設自己的科學研究機構。另外還要考慮正與蘇聯商談化工援建項目所做許多前期工作，如丁苯橡膠生產裝置等。於是，在上級領導批覆下，於 1949 年 1 月 8 日創建了以化工專家林華為主要領導人的「東北工業部化工局研究室」。研究室成立時，包括兩名留用日本人，一共才 7 名技術人員。1949 年年末，發展到 51 人，其中技術人員 46 人。

為充實東北工業部化工局研究室的技術力量，東北工業部到全國各地，尤其是上海、廣州、武漢、重慶等大城市吸收大量工程技術人員和專業人才，還包括一些海外專家和留學生。他們為參加新中國建設，拋棄了在國外或大城市優厚生活條件，克服種種困難，不遠萬里，幾經輾轉投入了祖國化學工業的恢復和建設。時任化工局總工程師的趙宗燠就是其中之一。趙教授人稱「中國人造石油之父」，1935 年在德國柏林大學化工繫留學，1939 年獲該校化學工程博士學位。同年回國任重慶北碚合成汽油廠廠長。1955 年又選聘為中國科學院首批學部委員，現稱院士。1950 年東北工業部化工局研

究室迅速增加到 403 人，其中技術人員 133 人。

1953 年 7 月，根據時任重工業部化工局副局長、化工專家李蘇的建議，為集中國內化工科技力量，決定將北京化工試驗所和浙江化工試驗所遷至瀋陽，與東北工業部化工局研究室合併，改稱為「瀋陽化工綜合研究所」。1955 年 1 月，又將瀋陽染料廠併入該所。此時該所已發展到 2000 多名職工，其中科技人員 400 餘人，是當時國內化工系統第一個也是規模最大、專業門類最多、技術力量最強、物質條件最好的綜合性化工研究機構。研究領域從染料和中間體擴展到選礦、磷肥、無機鹽、有機合成、合成樹脂、塗料等專業，並開展了化學工程、物化分析、技術經濟等方面的研究。研究所及下屬各研究室主任大都從美國、西歐、日本等國名牌大學學成回國，有的還在國外從事多年研究工作或工廠生產技術管理工作，所以號稱當時國內一流化工科學研究機構是名符其實的。

關興亞進綜合化工研究所，被分配在有機化學研究室，研究方向是開發以乙炔為原料的基本有機化工原料，具體課題有：醋酸和乙炔製醋酸乙烯，作為合成纖維維尼綸原料；乙炔與氯化氫制氯乙烯，即聚氯乙烯單體，作為塑料原料；乙炔二聚為乙烯基乙炔進而合成氯丁橡膠單體；而乙炔水合制乙醛，再製醋酸，是一條有別於傳統以糧食發酵得到的酒精(學名乙醇)為原料，再經二步氧化製醋酸的路線，可以節約大量糧食，這在當時國內糧食緊缺時期意義重大。

其實，發達國家在石油化工尚未進入全盛時期的 20 世紀 40 年代，乙炔已是有機合成工業基礎原料，許多重要有機產品和塑料、合成纖維、合成橡膠這三大合成材料的單體都是以乙炔為原料生產的。20 世紀 50 年代我國還是一個貧油國，但東北地區有豐富的煤炭和電力資源，尤其是水力發電站，發電成本低，所以乙炔化學在東北地區很有發展前景。

不過，關興亞在實習期間要開展的課題是「乙炔氯化制四氯乙

烷」。當時，該研究所在芳烴光氯化方面做了一定工作。1951 年美帝國主義在朝鮮採用滅絕人性的細菌戰，投擲了細菌彈。為支援抗美援朝戰爭，科學研究人員不分白天黑夜，連續奮戰，在短時期內，迅速研製了用苯光氯化生產六六六粉，粉碎了美帝的細菌戰。但包括芳烴在內，烴類催化氯化還是一個空白，尤其是催化劑的製備研究甚少。所以，透過此課題的研究，除直接為四氯乙烷工業化生產提供必要數據外，也為其他碳氫化合物，即烴類催化氯化在理論和實踐方面積累了一定的經驗。與氯乙烯、醋酸乙烯等大宗產品相比，四氯乙烷似乎更精細一點，不過它的用途卻很廣泛。

　　四氯乙烷可用作溶劑、萃取劑、殺蟲劑和除草劑。以四氯乙烷為原料生產的三氯乙烯可用作乾洗劑、紡織用脫脂劑，以四氯乙烷為原料生產的氟化物可用作製冷劑和金屬清淨劑。不過在液體氯代烴中，四氯乙烷毒性最大，急性中毒可導致死亡和永久性麻痺等症，經皮膚吸收也可引發揮慢性中毒。四氯乙烷的毒性難不倒關興亞，因為只要認真操作，並採取安全措施是可以克服的。最關鍵的是，要在規定時間內完成該產品的工業化所需數據，否則就會影響產品的工業化進程，甚至會直接影響相關工廠的原料供應。

　　確實，在一年實習期間要完成一個課題研究談何容易。查資料確定試驗方案，搭建實驗裝置，還要拿出至少能夠達到文獻給出的實驗結果。雖然，室主任再三關照慢慢做，一年內能做多少就做多少。同時還叮囑注意安全，因為乙炔易爆炸、氯氣有毒性。但關興亞是一個個性很強的人，無論如何要在一年內完成任務。後來，在完成實習任務後的 1956 年 3 月 20 日的一份實習報告中，他的第一項寫到「我的培訓方式是以自學為主，有問題和培養人連繫解決。」為了爭取寶貴的時間，他寧可住在單身宿舍，也不每天回家，即使星期天回家也在探望父母后又匆匆回單位，整天在實驗室或圖書館裡埋頭苦幹。那時候，東北地區學習蘇聯老大哥生活方式，週末舞會十分紅火，尤其是未婚青年。他們將舞會看作尋找異性朋友的好

機會和好場合。中年職工則將舞會看成一個放鬆的機會，也是對一週辛勤勞動的一種「休閒」活動。為鼓勵職工參加舞會，研究所工會想出各種獎勵辦法，如發糖果、點心、水果、文具用品等各種小禮品，可是關興亞對舞會絲毫沒有興趣，因為他滿腦子想的是研究課題，看書、學習是他最好的「放鬆機會」。所以在同事眼裡，關興亞是「一個沒有業餘生活的大學生，也是來自復旦大學的工作狂。」從早到晚一直在實驗室，看不到他有休息時間。

為了寫好試驗方案所需的國外文獻總結，文獻檢索是一個難關。在大學 4 年裡學的是俄語，到了瀋陽化工綜合研究所，因為研究所圖書館俄文資料多，所以對實習生規定還要學習俄文，而且一年實習結束必須透過俄文考核。雖然俄文也有化學文獻，但檢索十分不便，而且即使查到相關文獻還是英文居多。還有俄文有關化學和化工方面的期刊，偏重理論，有關工業技術開發，即便發表的專利也是相當保密。所以，關興亞必須兩門外語一發揮學，好在關興亞在教會辦的中華三育研究社高中部讀書時還有點英文基礎，只是缺了一些有關化學工程方面的專業詞彙，於是便加緊補習。不久就可以在借助中英詞典基礎上查閱美國化學文摘（Chemical Abstracts, C. A）。又透過 C. A 中分子式索引和化學物質索引找到一些有關四氯乙烷製備的論文報告和專利。經過對文獻的整理和分析，撰寫了數萬字的文獻總結，之後他確定了試驗方案。方案中比較了多種技術路線的優缺點。考慮到乙炔與氯氣的氣相反應速度極快，幾乎可達到爆炸程度，因而採取了相對溫和的反應條件，並引進了四氯乙烷作反應介質，以無水三氯化鐵為催化劑。氯氣和乙炔都溶解在反應介質中，然後進行化學反應。此方案獲得室主任的好評，也是以後工業化的主要生產路線。

搭建實驗裝置，對關興亞來說多少有點尷尬。因為在大學有機化學實驗中，雖然老師說他動手能力很強，而且還學會了吹玻璃，這是大多數同學所不及的，但畢竟大多數化學反應是在用玻璃製成

的三口燒瓶中進行的，一個口裝攪拌棒，一個口插溫度計，還有一個口是加料漏鬥用的。但是，現在研究對象是乙炔和氯氣，兩者都是氣體，控制進料必須使用轉子流量計，還有氣體都有壓力，玻璃製品根本不能耐壓，而且文獻要求的結構是塔式反應器，反應器的升溫又需求由變壓器控制的電加熱裝置。通常的是將電熱絲繞在反應器外殼，為達到保溫目的還要在外面裹一層玻璃棉。這樣的裝置在學校根本沒有見過。好在研究所內其他實驗室有類似裝置可借鑑，但必須根據自己的實驗條件和實驗要求重新設計。

另外，反應器尺寸還需按照進料量和反應條件加以計算，這種工程計算方法過去也沒學過。更讓人頭痛的是還要繪出供機修師傅用的加工圖紙，這對理科大學生來說也算是一項難題。「萬事開頭難」，關興亞經過冥思苦想總算設計出一臺鋼製塔式反應器草圖。但機修師傅能否看懂自己的設計意圖呢？於是，關興亞主動虛心請教機修師傅，並將自己的設計思路和盤托出，並請師傅指點。師傅見此草圖，一下子提出許多修改意見，因為這位師傅經常加工來自不同實驗室的設備，不要說塔式反應器，就是鼓泡式反應器、懸浮床反應器、固定床單管反應器也見得多了。最終，關興亞如願以償地完成了包括流量計、反應器等小試實驗用設備加工和裝置的搭建，從中又學到了一門適用有機化工原料試驗的實驗裝置搭建技術。

後來，關興亞與這位師傅成了好朋友。這位師傅告訴他，許多實驗用設備要靠自己動腦筋想辦法，現成的設備很少，甚至是沒有的。他說建所時許多化學反應器加工需求攪拌裝置，但是這種適合小反應器裝置的攪拌器市場上是沒有的，後來就想到利用自行車上的車軸，再從廢舊倉庫找一個小型馬達，改進一下就解決了攪拌裝置難題。還有帶壓力的反應器，也沒有現成的，也是自己動腦筋用無縫鋼管來替代，這樣帶壓力、帶攪拌的小型反應器就成功了，化學實驗也就能順利進行。所以科學研究不能坐享現成，而是沒有條

件要創造條件，這樣才能攻克科學研究難關。如果所有一切都要為你準備好了，還要搞什麼科學研究呢？

催化劑，也稱「接觸劑」或「觸媒」。因為它能改變化學反應速度，但自身卻不參與反應，僅作「媒介」而已。可反映化學反應產物產量的收率卻取決於催化劑的性能。學校裡關興亞學過一整套催化劑製備和催化反應理論，卻未曾做過催化劑。文獻將無水三氯化鐵作為乙炔氯化制四氯乙烷催化劑，但如何製備無水三氯化鐵以及掌握它在反應物中的濃度要自己在實踐中摸索，經多次試驗才能找到合適條件。不過這些都沒有難倒他，關興亞有良好的數學基礎，先是模仿國外文獻中對化學實驗數據處理的方法，以三氯化鐵濃度為橫坐標，以四氯乙烷收率為縱坐標，制得關聯曲線，但發揮初得到的曲線並不能與實驗結果完全符合，於是就想到不斷加以校正，直到找到了合適的反應條件。

另外，一開始的試驗也並不順利，主要是產物四氯乙烷收率隨反應時間增長而迅速下降，而且更為嚴重的是「發生火花現象」，試驗不得不中斷。於是，想到再查文獻，可是文獻中根本無法找到火花現象的報導。所以，後來關興亞深有體會地說「學術性的論文是不考慮工業化條件的。」連繫到過去在中科院有機化學研究所的實習和自己做過的有關金霉素等有機化合物結構測定實驗，相比之下，似乎工業有機化學產品的研究開發的意義要勝過理論來、理論去的物質結構研究。從此，逐漸打消了再考研究生的念頭，而打算把主要精力放在具有實用意義的工業有機化學產品的開發。

在室主任指導和鼓勵下，經過反複試驗和論證，關興亞終於弄清了產生火花的原因並突破了制約該化學反應正常進行的三大難題。第一，氯氣濃度增高到一定程度就會發生火花現象，適宜的氯氣和乙炔通氣比為 2:1，但反應過程中氯氣消耗得比乙炔少，所以隨著反應時間增長，氯氣積累量增大，氯氣濃度越來越高，最終便導致「火花」現象的發生。第二，原料純度，來自碳化鈣路線生產的

乙炔含有多種能使催化劑三氯化鐵中毒的雜質，所以必須對原料乙炔和氯氣中的水分和雜質進行處理。第三，反應溫度控制，過高的反應溫度會導致發生置換反應，並生成各種高沸點物質。此外，催化劑無水三氯化鐵的濃度也很重要，它對產物四氯乙烷收率的影響至關重要。因為之前乙炔氯化研究工作中偶而也遇到過「火花」現象，但卻未能破解其真實原因，更沒有提出防止產生火花現象的方法，只能降低氯氣與乙炔比例，甚至暫時中斷化學反應。而一個大學剛畢業的實習生，竟然在不到半年時間內，從理論和實踐中解決了此難題，因而獲得了室主任的高度評價。為此，他曾興奮了幾天，因為這是他工作之後的第一個最為得意的成果。老母親還燒了一桌子的好菜，全家為其慶祝一番。不過老父親在讚揚他的同時，卻告誡他不能驕傲，要再接再厲。

1956 年 3 月 20 日，關興亞在實習小結中簡述了 3 點主要收穫。第一，所謂理論上的提高，就是學會或體會到如何用理論來指導實驗過程，例如從催化理論來分析和研究反應中應當注意的因素等等；第二，在操作方面，掌握了一些過去所沒有遇到的實驗裝置，如塔式反應器裝置、平衡壓力裝置、各種通氣方式等等，這對以後工作很有幫助；第三，在收集資料方面，學到如何與工業化條件相適應及技術路線的選擇，過去的資料收集方式都是學術活動的收集方式，是不考慮工業條件的。對這份實習報告及關興亞在實習期間的表現，研究室領導的評定意見是「工作能力強，工作出色，能不辭勞苦主動把工作做好。」

鑒於該研究課題對工業應用的作用，被列入「十年來中國科學研究－－化學」(1949–1959) 成就之一[1]。書中是這樣寫的：「乙炔氯化合成四氯乙烷工作中，瀋陽院研究了反應條件、影響反應的各種因素，以及原料與成品品質及反應過程中的控制方法，同時找出了

[1]中國科學院編譯出版委員會主編. 十年來的中國科學－－化學(1949–1959)［M］. 北京：科學出版社，1963.

乙炔在四氯乙烷介質中反應進行時產生火花現象的原因及防止方法，反應溫度為 80～85℃，四氯乙烷收率為 94%，超過了文獻數據，為以後四氯乙烷的工業化生產提供了重要依據。」

有了四氯乙烷合成工藝研究的經驗，關興亞在瀋陽化工研究院的 2 年的工作期間很快完成了五氯苯酚和乙炔氫化兩個課題的研究。其中五氯苯酚主要用作水稻田除草劑，紡織品、紙張和木材的防腐劑和防霉劑。而乙炔加氫制乙烯原是一條乙烯生產途徑，但隨著石油化工發展，該過程使用的鈀催化劑已在乙烯裝置的部分加氫除炔工藝和許多合成工藝的原料預處理中得到廣泛應用。

為配合乙炔氫化制乙烯的研究，精力充沛的關興亞還關注了當時新興分析技術，諸如色譜分析和示蹤原子在有機化學中的應用。前者力圖縮短化學分析時間，後者從理論上去探索反應機理。傳統中乙炔含量分析是透過硝酸銀溶液吸收來測定的，過程繁複，耗時長，但國外文獻已有採用氣相色譜儀來分析的報導。然而那時全世界色譜分析技術還處於發展初期，1941 年英國生物學家馬丁（Martin A. T. P）研究了液相色譜。1952 年馬丁與杰米斯（James）終於成功地創立了嶄新的氣相色譜分析法，並發明了第一個氣相色譜檢測器，是一個接在填充檢出口的測定裝置。直到 1954 年馬丁與瑞‧依（Ray. N. Y）提出熱導檢測計，才開創了現代氣相色譜儀時代。所以，當時市場上根本無商品氣相色譜儀可售，只有靠自己動手，製造一臺能適用於乙炔等氣體定量分析的氣相色譜儀。1956 年，根據工作實踐和有關文獻，關興亞寫了工作後的第一篇論文「氣相色譜分析」，發表在由留美學者、著名化學家王葆任主編的《化學世界》刊物上。根據文獻所述氣相色譜儀的五大組成部分，即氣路系統、進料系統、分離系統、溫控系統、檢測系統，他搭建了一臺簡易而實用的乙炔含量氣相色譜儀，從而簡化了乙炔含量分析過程，提高了分析效率，而我國南京分析儀器廠成功推出國內第一臺商品氣相色譜儀則在 1958 年。

　　同位素是20世紀科學史上的重大發現之一，同位素示蹤法是隨之產生的一項科學應用技術，廣泛用於生物、醫學、農業、化學等領域，尤其在反應機理研究方面還屬於「尖端技術」。關興亞利用業餘時間，收集了國內外百餘篇文獻，詳述了該技術在各種類型有機化學反應歷程和機理研究中的應用，分兩期發表在1957年的《化學通報》上。由於內容全面新穎，又被譯成日文，轉載在日本化學刊物上，贏得了國內外學者的好評。有意義的是，這兩篇論文的稿酬竟讓他辦了一個與戴贛耀醫生的簡易婚禮。

　　關興亞在瀋陽化工研究院兩年工作期間，共完成了「四氯乙烷」、「五氯苯酚」、「乙炔氫化」3項研究課題。包括在內部刊物發表的論文報告共5篇，成績出色，初步具備了獨立工作能力，並顯露了一個復旦高材生的才華和敢於奮鬥的拚搏精神。

　　大約在20世紀60年代中期，當時上海石油化工研究院的一位領導在蘭州開會時，碰見林華同志的夫人，主管瀋陽化工研究院科學研究工作的李新同志，偶而談發揮關興亞正在開發丙烯腈技術。李新說，在她印象中，關興亞是當年這批學生中的佼佼者，是一個出類拔萃的人才。

瀋陽化工研究院實驗大樓

# 第二節　石化工藝的初步探索

　　1956 年毛澤東主席向全國人民發出「向科學進軍」的號召。國家制訂了《一九五六－一九六七年全國科學技術發展遠景規劃》。同年 5 月 12 日，第一屆全國人民代表大會常務委員會第四十次會議決定，將原重工業部的化學工業管理局、輕工業部的醫藥工業管理局和橡膠工業管理局合併，成立中華人民共和國化學工業部，簡稱化工部。為適應形勢需求，加強科學研究工作，同年 9 月，化工部決定將瀋陽化工綜合研究所調整改組一分為四，將有機合成和合成材料部分遷至北京，建立北京化工研究院；將無機鹽和塗料部分，與瀋陽藥物研究所合併，遷至天津，並從天津油漆廠調入部分人員，建立天津化工研究院；將化學選礦和化學肥料部分遷至上海，與上海天利淡氣製品廠和上海制酸廠合併，建立化學肥料工業管理局肥料工業研究所，1956 年 9 月 25 日，化工部又正式將其改名為上海化工研究院；留下農藥和染料兩部分，改名為瀋陽化工研究院❶。

　　按照專業劃分，關興亞所在乙炔化學研究室遷入北京化工研究院。當時組織上考慮這是解決關興亞夫妻分居的一個極好機會，並與北京有關部門多次連繫，原本以為分居問題即將解決，於是他在徵得組織同意後就寫信告訴在上海紅十字醫院工作的未婚妻子戴贛耀做好赴北京工作準備。因為北京天氣比上海冷，所以還要準備一些禦寒的棉衣製品。但戴醫生卻按照上海人的習慣加緊打毛衣、毛褲，因為棉衣製品到北京也是可以買的。不久，研究所人事幹部告

---

❶楊光啟，陶濤主編．當代中國的化學工業［M］．北京：中國社會科學出版社，1986，6：448.

訴關興亞，因當時北京的戶籍政策，其未婚妻戴贛耀無法調入北京，關興亞只能自己想辦法，找出路。於是，又在研究所人事幹部同意下，他寫信給恩師朱子清教授。朱教授很高興，因為在關興亞畢業時就有意留住他，或者考他的研究生，或者在中科院有機化學研究所作為他的助手繼續從事生物鹼研究，還歡迎關興亞到蘭州大學與他一發揮繼續生物鹼的研究工作。但朱教授也考慮他們夫妻分居問題，於是就寫信給著名有機化學家、中國科學院學部委員、中科院有機化學研究所的汪猷所長，由於汪所長曾經關注過關興亞在該所做的「金霉素結構測定」和「金霉素之接觸氫化脫氯反應」實驗，了解關興亞的工作態度和工作能力。如果不是因為政治運動而是按正常程式的話，汪所長還將有可能參加關興亞的畢業論文答辯，所以當汪所長收到朱教授來信後很高興，一方面有機所要發展正缺乏熟悉有機化學的人才，另一方面覺得關興亞是一個極有培養前途的科學研究人員，於是很快要人事部門發函至瀋陽化工研究院，希望儘快將關興亞調入中國科學院上海有機化學研究所。然而，汪所長沒想到該院遲遲未覆函。原來，新建的上海化工研究院從長遠發展考慮，雖以化學肥料為主要研究領域，但是有機化工同樣需求發展，還打算成立有機化工研究室。所以，瀋陽化工研究院最終還是決定讓優秀人才留在化工系統，正式通知關興亞迅速辦理移交工作，到上海化工研究院去報到。因為當時有關工作調動的消息經常在變化，所以，其未婚妻還寫信，要他好好安心工作，並說工作調動組織上會考慮的，不要過於急躁。誰知，她的信剛發出，便接到關興亞的電報，稱已離開瀋陽，乘火車即將到上海。此事前後歷經近一年，兩地分居問題總算圓滿解決，真是好事多磨。不過，真正離開自己的故鄉和已經年邁的父母親，他還是有點依依不捨。好在他出差機會較多，在丙烯腈成果推廣期間，每年上東北就有好幾次，而每次到東北總要帶著許多當時東北市場緊缺的日用品和副食品，回家看望老母親盡自己的一份孝心。

上海化工研究院建院初期以化肥研發為主，後來逐步形成化肥、有機化工、化工機械、儀表與自動控制 4 個科學研究領域。

1957 年 9 月，關興亞剛到地處上海西區雲嶺東路的上海化工研究院，交通很不方便。雲嶺東路還是「晴天一刀刀，雨天一團糟」的爛泥路。後來，隨著他對周圍環境的逐步了解，尤其是那些早期化工廠的框架，雖然已經發鏽了，但依然矗立在半空。所以，他似乎有一種進入近代上海工業，尤其是化學工業的感覺。

原來上海化工研究院的南大門沿光復西路，過蘇州河便是知名的周家橋地區。1916 年江蘇無錫富商榮氏家族在這裡購地數十畝，開設了申新一廠和申新九廠兩大棉紡廠。江蘇南通著名實業家張謇也開設了大德油廠。之後，商人們接踵而來紛紛在此購地設廠，工廠多了，聚居的人口日漸增多，商業也發展發揮來，於是便形成了周家橋三角場，又開設了很多商店，如服裝、百貨、飲食、食品，形成了街市。

鄰近周家橋，在天山路和長寧路之間有我國早期氯鹼和聚氯乙烯主要生產企業天原化工廠。該廠前身是天原電化廠，有化工實業家北範(範旭東)、南吳之稱的吳蘊初經理於 1929 年創辦的天廚味精廠。吳蘊初早年畢業於陸軍部上海兵工學堂化學專業，他將所學專業知識用於製造「味精」產品，以「佛手」為商標，與日本貨「味の素」相抗衡。味精生產原料是麵筋和鹽酸，但當時鹽酸主要依賴日本進口，為此，吳蘊初決定從法國進口設備創辦「天原電化股份有限公司」。於 1930 年 10 月正式投產，從此，天廚味精真正做到「完全國貨」。

天利淡氣製品廠是吳蘊初從美國杜邦公司引進的國內最早合成氨生產裝置，日生產能力為 7 擔左右，並於 1935 年 10 月投產，1954 年與天原電化廠合併，改稱天原化工廠。1956 年上海化工研究院成立後，天利淡氣製品廠又從天原化工廠脫離成為上海化工研究院的一部分。

鄰近化工廠也不少，一邊是生產染料中間體苯酐生產廠，即華亨化工廠。該廠後來改為上海染料化工七廠。關興亞怎麼都不會想到，到 20 世紀 60 年代為開發流化床丙烯腈技術會多次前往該廠學習取經，受益匪淺。另一邊是創建於 1940 年的專門生產化學試劑的上海試劑廠，該廠有一套以糧食酒精為原料的醋酸生產裝置，其中糧食發酵制酒精工段是在 1932 年美商遠東酒精廠基礎上發展發揮來的。以酒精(化學名為乙醇)為原料經乙醛合成的醋酸裝置建於 1953 年，該醋酸裝置雖然規模小，年產能僅 300 噸，但卻是國內首套合成醋酸裝置。且裝備齊全，連酒精氧化脫氫制乙醛用的銀催化劑都是自己製備的，後來醋酸裝置規模逐年擴大，70 年代為上海石化總廠年產 6.6 萬噸醋酸乙烯裝置相配套的萬噸級乙醛製醋酸乙烯裝置，即採用上海試劑廠生產技術，是上海石化總廠唯一採用國內生產技術建設的有機化工原料裝置。同樣，關興亞沒有想到，因為試劑生產的許多設備與催化劑生產相近，所以，丙烯腈催化劑也會在這裡進行擴大試驗。也許是因為關興亞對這裡周圍環境太熟悉的緣故，所以，後來的丙烯腈研製和催化劑的放大試驗常常會想到沿蘇州河邊的這些化工廠。

上海化工研究院近北新涇的一端，還有不少比作坊規模稍大的小廠，因為靠近蘇州河，工廠原料和產品運輸方便，廢水排放也方便。也許因為當時人們環保意識還不強，汙水稍作處理就排入蘇州河。儘管當時蘇州河已經開始變黑變臭，但考慮更多的是發展生產，為國家多作貢獻，所以鄰近小型化工廠也不少，但卻無人想到要治理蘇州河。

那時，居住在市區的職工大部分從蘇州河靠周家橋的渡口擺渡並從光復西路大門進出。用電拖動的擺渡船比黃浦江上的市輪渡小得多，像無軌電車，頭上有一根「辮子」，直接與電線相連。當時工廠企業和研究單位管理人員還未曾考慮職工避開高峰的錯時上下班制，所以除三班制工人外，上班是上午 8 點到下午 5 點。上下班時的擺渡船擠得像沙丁魚罐頭那樣，使人喘不過氣來。但關興亞上班

要比人家早，下班比人家要晚，常常避開了高峰。用他的話來說是，「這樣也有好處，既省力又可擠出時間多做些工作」。

新涇港是上海長寧區境內一條主要河流，也是吳淞江即蘇州河重要支流之一。新涇港北端，即北新涇又是哈密路、長寧路和北翟路交匯口，是滬西地區重要市鎮。由於江蘇崑山等地區農副產品源源不斷從吳淞江進入滬市，因而這裡集市貿易十分紅火，小販眾多，市面很繁榮，許多職工下班後會帶些蔬菜、魚類等回家做飯用。尤其是週末，雞、鴨家禽類特別多，蔬菜品種更是名目繁多，只是價格比菜場貴一些，但不要「憑票」或「憑證」。因為與上海化工研究院相近，逢年過節時，關興亞也會拎一隻網線袋，從當時被稱為資本主義尾巴的「自由市場」中買些副食品回家。他雖然不操理家務，但多少可減輕妻子的一些負擔，也可為孩子改善些生活，增加些營養。

關興亞所在的上海化工研究院有機化工研究室，主任年長關興亞十來歲，是一名老黨員。早在中央大學讀書時，他就是一名中共地下黨員，工作負責，待人和氣，一點沒有官架子，尤其對下屬和藹可親，有時也會同你聊聊家常。這位主任有一個嗜好，就是喜愛抽板煙絲，一隻煙鬥整天不離手，除非走進實驗室。但他管理嚴格，要求下屬工作不能馬馬虎虎，尤其是實驗記錄和工作小結，不能塗塗改改。文獻總結要求全面，還要提出自己的觀點和想法，否則整個小組就要插白旗。一直到文化大革命才知道，這位室主任竟是前國家主席劉少奇的連襟，但卻絲毫沒有沾過光，反而在文革中受牽連，遭批判。

當時上海化工研究院設立有機化工研究室，目的是開發替代傳統以糧食和煤為原料生產有機化工產品的生產路線。因為傳統生產路線不僅技術落後，消耗寶貴的糧食資源，而且生產規模難以大型化，產品遠遠不能滿足國民經濟發展所需，大量外匯不得不用於有機化工產品的進口。當年的情況是第一個五年計劃實施後，在有機合成化學工業方面基本上仍是空白點。化學工業本身所需求的有機

合成化學原料，也大部分得不到解決，所以化學工業仍處於落後狀態，化工產品遠遠不能滿足工業、農業、國防、輕工以及人民生活需求。主要產品依靠進口。據統計，1956 年化工原料及製品進口額占各類進口物資的首位，1952～1956 年進口總值達 23.8 億元人民幣，占全國外貿進口總額的 10.2%，約為化工部在第一個五年計劃投資的兩倍。為此，1956 年中共第八次全國代表大會正式提出要發展有機合成化學工業的指示。1957 年化工部在制訂第二個五年計劃發展綱要中提出，「在有機合成化學工業各部門中，首先要建立原料基礎，主要發展塑料工業，消滅有機合成化學工業領域的空白點。」同時，綱要還指出，「要配合石油工業，在蘭州、撫順建立以石油氣為原料的有機合成工廠，生產酒精，減少糧食消耗量；增產苯酚提供合成纖維原料；繼續建設完成蘭州合成橡膠廠第一期 1.5 萬噸合成橡膠工程；上海市利用上海煉油廠的石油加工氣，生產聚苯乙烯等塑料原料。」這個綱要得到了國家批准❶。為此，有機化工研究室又下設了石油化工課題組，並由關興亞任專題組長。

那時，課題組以青年人為主，精力都很充沛，其中半數來自應屆高中畢業生。上海化工研究院學習瀋陽化工研究院的老辦法，從提高他們的業務水平出發，搞了個培訓班或稱夜大學，白天工作，晚上讀書，透過兩三年的學習達到大專水平；部分來自社會應徵的老大學生，他們雖然離開化工專業多年，但底子還不錯，是骨幹力量；少數來自藥廠和染料廠的工程師，其中有的還留過洋，工作經驗豐富，但年齡偏大，親臨實驗室操作有點力不從心。相對而言，關興亞年富力壯，在國家一流化工研究單位打拚過幾年，又是復旦大學高材生，所以，可算得上年青的學科帶頭人。因為一個新組建的有機化工研究室的具體研究方向、研究領域、研究

❶張萬欣主編. 當代中國的石油化學工業［M］. 北京：中國社會科學出版社，1987，10：160-161.

課題還在醞釀之中，所以室領導希望他能多提一些有良好發展前景的課題。

說實在話，雖然那時國外石油化學工業已進入快速發展時期，以美國為例，乙烯這個石油化工最有代表性的產品，其生產路線早從糧食發酵的酒精脫水路線轉向石油路線，產量從 1943 年的 12 萬噸迅速攀升到 1957 年的 200 萬噸。1957 年，美國共生產 1700 萬噸石化產品，占全部化工產品的 55%，而甲醇、丙酮、丁醇、甲醛、醋酐及合成氨等基礎化學品幾乎全部來自石油資源。因為原油價格不到每桶 3 美元，美國的石油化工獲得了巨額利潤，日本和聯邦德國，這些缺乏石油資源的國家，也開始進口原油，發揮步石油化學工業。但當時石油作為策略物資，西方國家對中國是禁運的，因此在中國透過進口石油來發展是困難的，而且發展有機化學品主要應該發展與合成樹脂、合成纖維、合成橡膠這三大合成材料相關的單體，或稱原料，如尼龍 6 單體己內醯胺、聚氯乙烯單體氯乙烯、異戊橡膠單體異戊二烯。所以，研究課題除上級下達軍工任務（如烷烴硝化制硝基烷烴等）外，多數是與三大合成材料直接和間接相關的，如環己烷制環己酮進而合成己內醯胺、對二甲苯氧化制對苯二甲酸，即合成纖維滌綸的單體。

然而，當時最為迫切需求解決的是最有代表性的石油化工產品——乙烯的生產問題。為此，許多專家絞盡腦汁提出不同發展途徑。其中關興亞在瀋陽化工研究院做的「乙炔加氫制乙烯」研究課題也是一條途徑，但該方法缺乏經濟性而被否定。

1957 年 11 月，林華以化工部派出的老專家身分參加中國科技代表團隨團專家組，趁蘇聯十月革命 40 週年慶典之機，去蘇聯考察有機化學工業及發展方向等科學研究情況。在蘇聯參觀一家研究所時，了解到他們正在研究用超吸附的方法從含乙烯不到 5% 的氣體中濃縮和提取乙烯。林華就聯想到當時國內油藏貧乏，正在發展鋼鐵工業，而且焦爐氣中含 2%～3% 的乙烯，正可用此法提取乙烯。

回國後，林華就向瀋陽化工研究院下達了用超吸附法分離乙烯的課題❶。

關興亞得到此訊息後，結合上海情況（既有焦化廠，又有煉油廠），而且從國外資料中獲悉，德國人在 1943 年就採用固定床吸附分離技術從焦爐氣中得到 1.8 萬噸的乙烯，於是將「超吸附分離乙烯」作為課題組第一個與石油化工相關的研究課題。因為國外有成功事例，上海地區又有可獲資源，所以很快得到院部的支持。

當時，國外乙烯分離主要有兩種技術，一種是深冷分離，這種方法用低溫將大部分烴類都冷凝下來，然後用精餾法把冷凝下來的烴類按它們的沸點逐一加以分離。該法至今仍是主要的烯烴分離技術，但-100℃的低溫需求的鋼材，當時國內還不能生產。

另一種是油吸收法，或稱吸收精餾法，根據烴類在溶劑中的溶解度不同達到分離目的。其流程與深冷分離法類同，最低溫度在-40℃，對設備用鋼材要求稍低於深冷分離法，但增加了吸收油處理和儲藏設備，鋼材使用量則增加一倍。

超吸附分離技術既有別於上述兩種分離方法，又有別於間歇式固定床吸附工藝，作為當時新興技術是一種連續操作過程，以活性炭或分子篩作固體吸附劑，吸附氣體中要分離的那些組分，然後依次脫附達到分離目的。因為在常壓下，活性炭吸附乙烷比同等量輕油高 20 倍，所需活性炭僅為吸收油的 1/90～1/80，所以分離烴類消耗能量和設備尺寸大大低於傳統油吸收分離法，從而降低了投資費用和生產成本。不過該方法用來分離烴類物質也存在固有缺點，主要是吸附烴類從吸附劑表面脫附必須進行增濕、加熱、蒸發過程，以致吸附劑有效作用時間很短。

按照國外文獻報導，用作吸附劑的活性炭，其比表面積、孔容、孔徑、耐磨率、乾燥率等指標都有嚴格要求。但是，限於當時的實驗和測試儀器等實際情況並不具備測試條件，一臺從義大利進

❶武衡主編，李新副主編．緬懷林華［M］．北京：中國石化出版社，1998，3：105.

口專門用來測定孔結構的壓汞儀要價 4 萬~5 萬美元，要進口如此貴重精密儀器是不可能的，所以，只能「蠻幹」，在實驗中不斷摸索。因為要接觸活性炭，有時難免臉和手沾染黑色粉塵，可他不怕髒，洗好臉和手之後照常去食堂就餐。為觀察活性炭吸附性能，有時連續幾天在實驗室，故被同事稱作「工作狂」。所以關興亞在上海化工研究院工作期間，妻子戴贛耀說：「他這個人調不調到上海來工作，其實是一回事，早出晚歸，家裡什麼事情也不管的，只有工作，除了工作還是工作。」經過幾個月的試驗，終於篩選出一種性能較好的活性炭吸附劑，但要放大試驗卻沒有條件，連原料石油氣的運輸也解絕不了，因此很快就結題了。

之後，他又做過好多課題，如環己烷液相氧化制環己酮、烷烴氣相硝化制硝基烷烴、異丁烯制異戊二烯、仲丁基苯制苯酚、石油氣(丁烯)制甲乙酮、石油氣(丙烯)制異丙醇等。與組內科技人員合作又做過「氯醇法丙烯制環氧丙烷和環氧丙烷水合制丙二醇」、「異丙苯法制苯酚丙酮」等課題。他沒完沒了地做這麼多的課題，希望能夠從中篩選出有工業化前景的課題，最後這樣美好的願望還是落空了。其原因眾多，從現在看來還是一個體制問題，從上海化工研究院看，如果一個項目從小試、中試一直到工業生產全部由研究院來做的話，哪裡來這麼多的科技人員呢？

1959 年 7 月，關興亞還在安排下一個研究課題，此時卻收到了一份下放「肥效站」勞動鍛煉的通知單。所謂「肥效站」，顧名思義是旨在提高化肥使用效率的一個機構。

為推廣應用上海化工研究院化肥試驗裝置生產的化肥，提高肥料利用率，讓上海郊縣早日成為「糧食畝產千斤縣」，實現《農業綱要四十條》規定的單產指標，上海化工研究院決定讓研究人員輪流到郊縣人民公社一邊建設「肥效站」，一邊參加農村勞動，實行與農民「同吃、同住、同勞動」的三同教育，使知識分子在勞動中得到改造。同時，讓知識分子真正感受人民公社的「一大二公」的優越性。其實，雖說關興亞是研究院的技術人員，但化肥與有機化工又是兩

個行業。常言道，隔行如隔山。建「肥效站」有化肥室的科技人員，他的任務還是下鄉勞動，只是有幾天幫肥效站的人乾些雜活而已。

當年的「三同生活」，「同住」還可以，因為被子和生活用品都是自己帶去的，而且下放的幹部都住在農民騰出的房間，大都是客堂或柴草間。「同勞動」，開始有點不適應，好在學生時代在江蘇句容幹過半年的農活，很快就適應了。記得那年正值農村掀發揮興修水利高潮，主要是挖河泥和挑河泥，發揮初挑著河泥爬上一丈多高的坡路有些搖搖晃晃，步履十分艱難，一天下來，兩肩早已紅腫，不過一週之後便逐步適應。然而「同吃」就比較難過，需求勇氣，因為農忙期間，農民們自己吃的也是鹹菜和稀飯，倒不是不喜歡吃鹹菜，而是看農民們醃鹹菜的情景，實在有點不習慣，原來醃鹹菜的容器竟是小孩每天洗澡、大人每天洗腳的木桶。若不吃鹹菜，農民會有想法，影響工農關係和下放幹部的勞動評定，吃下去多少有點噁心，但最終還是吞嚥下去。一直到臨別時，告訴農民最好用兩只木桶，將吃的和用的分開來，然而農民們竟一笑了之，並說「我們早就習以為常，連春節雞鴨魚肉都是放在腳桶裡的」，如今隨著人們生活水平的提高，這種陋習在農村早已經銷聲匿跡了。

當然，這次下放農村勞動鍛煉，他自己認為也有不少收穫。1960 年 2 月 10 日，在他的「勞動小結」中，有關收穫有好幾點，但最主要的還是「自力更生，自己動手」。小結中是這樣寫的，「這種自己動手，利用一切可以利用的材料，把肥效站建立發揮來，不用設計，也不要基建，同樣搞得很好，從而改變了自己過去的想法，正確的是自力更生，自己動手。搞科學研究就需求有這樣的精神。」3 月初工作還沒接上手，便得知，上海市化工局決定成立上海石油化學研究所，他所在石油化學課題組人員將全部調入該所的消息。此後，便進入工作總結時期。

回顧在上海化工研究院的兩年裡，那是「一天等於二十年」的大躍進時代。廣大工人和科學研究人員的忘我勞動中，也出現了一些奇蹟，例如，上海化工研究院「乙炔合成苯」的研發成功曾轟動國內

外。儘管該工藝至今未被工業應用，但也是開闢了一條苯的新來源。然而，有些想法過於「大膽」，且缺乏理論依據，如同20幾年前社會上出現的「水變油」那樣，要從水中提煉酒精，希望在化學工業中也能放出一顆「衛星」。可是，關興亞並沒有去做那樣違背科學的研究課題，只是工作中受「多快好省」中「多」字的影響，一個課題組在不到三年時間裡做了十幾個課題，差不多重要石油化工和有機原料生產過程都摸索一遍。結果是科學研究成果一堆，總結後便歸檔入庫，束之高閣。實際上，即使在今天美國、日本等發達國家，搞乙烯、苯酚等大宗石化產品的技術開發也都是十幾人甚至幾十人的「大兵團」作戰。因為過程太複雜了，需求解決的問題太多了。所以儘管那時科技人員的幹勁很大，不計勞動時間和勞動報酬，連星期天也要來加班，但有點違背了客觀規律。他心知肚明，這種科技「大躍進」難以持久，但為了搶時間，實驗粗製濫造，數據少還不精確，有的連寫一篇像樣的論文報告都不夠條件，更何況工業應用，只能是走過場而已。但那時沒有「多」，課題組哪來三次流動紅旗，只能是插「白旗」。要知道經常插白旗結果是什麼嗎？除了影響課題組每個人今後的工資、技術職稱外，還要與個人的工作態度、政治立場等掛鉤，所以這兩年多的工作，用他的話來說是「初入石化之門」，大量的工作是調研和探索，有成功的，也有失敗的，有些課題如硝基乙烷、環氧丙烷、異丙苯法制苯酚丙酮等至多也只能就是布下種子，開花結果則在其後的上海石油化學研究所。

上海化工研究院實驗大樓

# 第三節　白手發揮家的建所功臣

1960 年 1 月，中共上海市委在閔行召開上海科技工作會議。根據會議精神，為配合高橋地區上海煉油廠和建設中的高橋化工廠，發展石油煉製和石油化學工業，上海市科委批覆同意上海市化學工業局 1959 年 11 月 30 日擬訂的「關於建立上海石油化學研究所的方案」。上海石油化工研究所即中國石化上海石油化工研究院前身，簡稱上海石化院。該方案闡明了建所的時代背景、目的、任務、組織機構及經費預算等內容。

4 月 23 日，上海市化工局召開上海化工研究院、高橋化工廠、上海煉油廠人事科長會議，商定新建上海石油化學研究所工程技術人事配備事宜。會議決定，上海化工研究院支援 11 名（其中工程師 1 名、技術員 5 名、助理工程師 5 名），高橋化工廠 9 名（其中工程師 1 名、技術員 2 名、幹部 1 名、工人 5 名），上海煉油廠 5 名（其中技術員 3 名、助理技術員 1 名、工段長 1 名）。其實，上海化工研究院 11 名均來自該院有機化工研究室的石油化工課題組，換言之，是全組全部遷入上海石化院。

關興亞記得，1960 年 6 月，他是在上海石化院駐市區的辦事處，即地處江西中路和福州路交叉的原新城飯店的底樓報到的，接待他的是一位解放前就參加革命的人事科長，名叫吳克平。當時實驗大樓的地址還在商議之中。開始選址是鄰近上海煉油廠的草高路，但考慮到國家正值自然災害期間，為節約用地，因而改在高橋化工廠內，而且包括食堂、托兒所、浴室等各種生活設施全部依託高橋化工廠，因而又可為國家節省大筆建設費用。

那時候，上海的浦西和浦東生活條件有較大差距。浦東東塘路東側的桂家村，是上海石化院的舊址。東塘路西側靠近黃浦江，此時還是一片蘆葦草地。因為院址的地段屬川沙縣，新分配來的大中專生都是由高南公社代管的市區集體戶口，所以每人每月配給的油票、肉票、魚票及各種票證的發放水平均要低於市區。由於交通不便，學校、醫院等設施跟不上，所以在浦西人的眼裡，「寧要浦西一張床，不要浦東一間房」，他們即使住在老式石庫門裡的亭子間或者閣樓也不願意遷入浦東地區。那時在浦東郊區工作的浦西人都千方百計尋找理由，寫報告要求調入浦西工作，而關興亞卻主動要求從浦西到浦東工作，為的是石油化工事業。妻子也知道他是工作狂，為了工作連小孩生病都可以不管，還對妻子說：「你是醫生，小孩感冒咳嗽你到藥房買點藥就是了。」

黃浦江是上海人民的母親河，它為上海人民提供了主要生活用水和工業用水，借助黃浦江的地理位置又帶動了上海的經濟繁榮，使上海成為國際聞名的大都市。但是也帶來了浦江兩岸居民的過江麻煩。當年，從延安東路外灘乘輪渡過黃浦江的對岸便是當今聞名全球的陸家嘴，是中國最具影響的金融中心，是眾多跨國銀行在大中華地區及亞洲總部所在地。這裡的摩天大樓可與紐約和東京相提並論。可是，在 1960 年僅一江之隔的陸家嘴與對面的外灘卻有天壤之別，乘坐擺渡船過江後要走上 200 米才能到達 81 路公共汽車站。81 路公車屬郊區線路，公交月票不能使用，上海煉油廠、高橋化工廠這類大型企業職工都是每週回家一次，所以，除星期六下午和星期一早晨外，平時車站也顯得冷冷清清，每輛公車的間隔約在半小時左右。

20 世紀 60 年代初，81 路行駛的浦東大道和東塘路的路面非常狹窄，大約在 10 米。最窄處竟容不得兩輛公車同時相對而行，必須讓對面公車開過後，另一輛公車才能繼續行進。另外，路基也很差。從陸家嘴到楊家宅這段路大部分是用小方石頭鋪設的「彈格

路」，因年久失修，高低不平。從楊家宅到桂家村高橋化工廠的廠址，再延伸到煉油廠附近的草高路原先也是用瀝青鋪設的，上海人叫柏油馬路的。但是時間長了，瀝青已經退去，加上自然災害原因，瀝青成了緊張物資，只能利用廢煤渣，所以大部分是用廢煤渣鋪設的「煤渣路」，到處是大大小小的窪地。

由於汽油供應緊張，公車的頭頂還帶著一隻長方形的黑色沼氣袋，行駛過程中還要到充氣站排隊充沼氣。所以從陸家嘴到桂家村20 多個車站能在 1 個半小時到達是算順利的。那時，上海石化院雖說是事業單位，遲到和請事假都不扣工資的，但考勤也抓得很緊，只有極少人因乘坐公車而遲到的。

81 路公車沿線雲集了眾多工廠企業，尤其是大大小小的造船廠和碼頭倉庫，是上海地區的一個重要工業區。例如鄰近楊家宅車站的上海船廠，前身是英商莫聯船廠和招商局的機器造船廠，1958 年研製成功我國第一臺 2000 馬力的船用柴油機，1959 年建成 3000 噸級沿海用貨船，1970 年建成「風雷號」萬噸級遠洋貨船；鄰近八號橋的滬東造船廠是英商愛立克‧馬勒機器造船廠，60 年代初造出 3000噸級航船，70 年代製造出萬噸級貨船；鄰近民生路的中國人民解放軍 4805 廠，前身是 1896 年的英聯和豐船廠，1953 年與江南造船廠復興島分廠合併後成立海軍修造船廠。因為該船廠有豐富的機械製造和銲接經驗，所以，後來上海石化院年產 60 噸丙烯腈中試裝置的固定床反應器也是請該廠加工的。

其實，關興亞對造船工業也很有興趣，因為 1948 年從青島到上海乘的是小火輪，但卻是生平第一次看到海，看到海上的大輪船。然而，陪同他的這位父親好友說，造船工業是一個國家工業綜合水平的體現，中國人還不能自己建造大輪船，更談不上軍艦，所以也很仰慕造船業。後來因為上海交通大學的船舶製造專業在國內高校中是數一數二的，這對化學系在讀的關興亞多少也有些影響。不過真沒想到解放才十年，我國造船工業已初具規模，實在振奮人心。

由於那時國家正值經濟困難時期，而且同屬上海市化工局的上海合成橡膠研究所、上海合成樹脂研究所、上海塑料研究所、上海合成橡膠製品研究所等十個研究所和化工設計室都在籌建之中，所以經費十分匱乏。又因為多數員工都是每週星期天才回家，故宿舍是一個大難題，行政科同志想方設法到周圍農民處租房。那時候，十多個大中專生同居一室，因為許多學生來自全國各地，光行李就一大堆，所以宿舍十分擁擠，就連兩位五十開外的資深工程師也只能擠在這樣的民房內居住。關興亞剛住進民房時，洗臉和洗腳用的都是河水，電燈也沒有，用蠟燭照明。過了好幾個月後才接上自來水管和電線，平時喝的水還要走一段田埂小道，用熱水瓶到高橋化工廠的生活區打水。

後來，因上海煉油廠是新研究所的參與籌建單位之一，所以看到新來員工的實際居住條件後才決定將該廠在草高路的上煉新村騰出幾間房子，同樣參建單位之一的高橋化工廠在新建的職工宿舍內也騰出十餘間空房，作為上海石化院職工宿舍，住宿問題才有所緩解。每個房間放 6 張床，對外地來的大學生也有了照顧，雙人床的下鋪睡人，上鋪放行李、箱包。但書桌沒法放，要想找一個靜心看書的地方也不容易。

職工就餐搭高橋化工廠的食堂。由於國家對新建樓堂館所的嚴格控制，高橋化工廠也是按照「先生產後生活」的原則。千人大廠，建廠初期也只能在用蘆席搭建的簡陋大棚中就餐，一直到 1960 年，年產 500 噸聚苯乙烯裝置建成投產後，有了上交利潤，才蓋了與大禮堂兩用的職工食堂。

大食堂內有數十張用廢舊鋼管銲接成，並帶有座位的餐桌，桌面是用水泥板鋪成的。這個條件比當時上海多數企事業單位只有餐桌沒有座位的食堂相比是好得多了。

由於自然災害的原因，食堂主食稻米與面製品供應有一定比例，麵食占 80%，有時還搭些山芋等雜糧。有段時期，還盛行一種

看來可填飽肚子的「雙蒸法」稻米飯。所謂雙蒸法就是將稻米經過兩次蒸煮，以使 16 兩製為 1 斤的 4 兩稻米可將搪瓷碗盛得滿滿的，看發揮來比 8 兩還要多，稻米飯像爆米花一般，蓬蓬鬆鬆的，但是再盛上一碗免費的菜湯或醬油湯，米飯又凹了下去。後來有人說雙蒸法把稻米的營養都蒸掉了，所以又恢復了單蒸法。

當時高橋化工廠是上海市的重點企業，化工行業接觸有毒有害氣體，多數操作工人有一份「營養菜」，所以上級單位配給高橋化工廠食堂的葷菜要比一般企業單位要多。為讓每個接觸有毒有害氣體的職工享有這份福利，每月都有 27 張營養券，即每人每天一張，但是因為窗口少，職工多，所以要排長隊。由於工廠工人師傅勞動強度大，常常是食堂還未到開飯時間，食堂大門就擠滿了人。上海石化院的職工，知識分子居多，吃飯不會「打衝鋒」，所以到月底，不少人的「稻米券」和「葷菜券」浪費掉了。關興亞對吃飯相當馬虎，一則北方人不喜歡食米飯，二則常常為了工作，到食堂就餐時差不多將近閉門休息了，所以經常是兩只饅頭，一盆青菜，或者是捲心菜，發給他的「稻米券」和「葷菜券」基本是作廢的。在關興亞看來，能填飽肚子就可以了。他不願意將時間花在排隊吃飯上。直到今天，進入耄耋之年的他，仍然是兩只饅頭一頓飯，或是一包泡麵，一般情況是不進食堂就餐的。那時，許多職工每年盼 12 月 26 日即毛澤東主席生日的那一天，因為這一天食堂會免費提供一份有魚、有肉、有蛋的「會餐」，還有是用精白麵粉製成的一大碗麵條，食堂熱鬧非凡，可是因為忙於工作，關興亞有幾次竟將「會餐券」也過了期。

現在的青年人可能無法理解，這麼艱苦的生活環境和工作條件，連一個像樣的實驗室也沒有，怎麼開展科學實驗呢？然而，關興亞這一代知識分子並不畏懼這些前進道路上的困難。從市區至郊區工作，大多數員工並沒有怨言，而且許多從工廠企業調入屬事業單位的上海石化院以後，各種獎金沒有了，許多福利費也都取消了，實際收入少了拾多元，這在低工資年代是一筆不小的數位，但

沒有一個人提出要保留「獎金」和「福利」要求。許多員工是抱著「黨叫幹啥就幹啥」而來到上海石化院的，怎麼可以同單位領導提出要求保留這「不合理」報酬呢？

為了貫徹中共上海市化工局黨委「邊籌建、邊開展科學研究，面向生產大搞協作」的指示，從 1960 年 6 月發揮，上海石化院籌建的同時將關興亞等 11 名科技人員從上海化工研究院帶來的部分課題和上海煉油廠帶來的課題列為上海石化院的首批研究項目。其中丙烯醇、硝基甲烷、對苯二甲酸、氫氰酸、己內醯胺等課題以廠所協作形式在革新塑料廠、華僑化工廠、洋行化工廠和上海合成纖維研究所等單位進行。配合高橋化工廠和上海煉油廠生產需求的一批課題。如異丙苯制苯酚與丙酮、椰子殼製造超吸附分離用活性炭、航空煤油、航空潤滑油 MK－14、抗氧化性能添加劑等項目分別在上海煉油廠和高橋化工廠也以廠所協作方式進行，或獨立進行研究。還有利用高橋化工廠年產 120 噸超吸附石油氣分離中試裝置，廠所協作安排了煉廠氣超吸附分離石油氣中丙烯－丙烷餾分兩個項目。這是關興亞做夢也沒想到的事情，上海化工研究院做的這些小試驗項目已經寫了總結，進入檔案室，這就標誌著至少在一段時間內，沒有工廠去承接這些項目的話，工業化的可能性渺茫。而到上海石化院後，竟然又在原來小試基礎上再要做進一步的工作，並且不少項目有可能透過廠所合作形式工業化。但是，籌建中的上海石化院實驗條件怎麼能同化工部直屬瀋陽化工研究院和上海化工研究院相比呢？一切都要從頭開始。

為開展科學研究工作，在實驗大樓尚未建成的情況下，上海石化院從桂家村農民處租來兩間平房作作實驗室，另從高橋化工廠借來一間宿舍作分析和設計場所。在市區福州路新城飯店底層一小間則作為市內辦事處和採購物資的中轉站。據當地農民說，兩間平房原是農民家的客堂，所以面向大門的一張長臺上還放著幾十塊老祖宗的牌位，後來又用來堆放木柴等雜物。原來客堂還有一口「壽

材」，只是要出租給上海石化院，生怕「壽材」有損，才將這口「壽材」搬走。由於很少打掃，屋內蜘蛛網甚多，平房門前，天晴還可，一到下雨，爛泥地滑滑的，一不小心就會摔跤。最麻煩的是外面下大雨，裡面下小雨。為了不損壞實驗設備和藥品試劑，員工常常從宿舍拿來臉盆接雨水。

那時，儘管實驗室簡陋，但實驗室的必要器具和設備卻一樣不能少。為了搭發揮實驗室，關興亞像個「總管大人」，許多人沒有實驗室工作經驗，什麼事情都要問他。而他與那些主要來自工廠的同仁相比，在兩個部屬化工研究院打拚過幾年，多少積累了一些工作經驗。於是關興亞先列出一大批清單，即需求採購的物資，從名稱、規格到數量。可是，沒有專職的採購員和搬運工，他就帶領大家先做採購員和搬運工，再做化學實驗。好在那時，化學實驗所需化學試劑、燒杯、燒瓶、滴定管等玻璃器皿，還有實驗臺等供應商基本集中在黃浦區河南中路和福州路一帶。只有專用設備，如測溫用儀器儀表、焙燒催化劑等用的馬福爐則需派人到生產廠家去訂購。當時最困難的還是運輸。

籌建中的上海石化院，因為規模小，級別低，申請一輛兩噸載重的卡車還不夠格，裝載量為半噸的三輪摩托卡車，經層層審批少說也需半年才能批下來。但科學研究工作不能停滯不前。所以，被上海人稱作「黃魚車」的三輪車便成為主要運輸工具。

氧氣鋼瓶、氫氣鋼瓶是化學實驗不可缺少的用品。儘管生產氧氣和氫氣的吳淞化工廠就在黃浦江對岸的吳淞地區，但沒有渡口，只能繞到慶寧寺擺渡口過江，這樣來回少說也有 20 多公里。在上海石化院，女同志較多，所以關興亞和剛從大中專學校畢業的男青年便是最合適的「搬運工」。一輛黃魚車可裝兩只 100 多斤重的鋼瓶，兩個人輪流踏車，即使在冬天也常常是滿頭大汗。而且在浦東地區大部分是煤渣路面，既踏不快，又費勁，所以是「辛苦活」。

在同事們的印象中，關興亞是最不怕吃苦的人，運輸氧氣鋼瓶

和氫氣鋼瓶總是跑在最前面，而且從不言苦。鋼瓶運到石化院後，又常常是一個人用肩扛著 100 多斤重的鋼瓶送到實驗室，簡直比一個搬運工還賣力。即使是別的實驗室需求鋼瓶，他也會隨叫隨到。

在關興亞的帶頭下，在缺乏合適場地和足夠資金的情況下，將用於氣體超吸附分離用活性炭製備的擴大試驗放在兩間農民平房中進行。乾燥、炭化、粉碎，以及擠條成型的機械都是土法上馬，自行設計，再請檢修組師傅加工，最後再自己調試而成。在狹小平房內，既要堆放原料，又要製作產品，外人看來連弄堂小作坊都不如，簡直是個「大餅攤」，也有人說是「螺絲殼裡做道場」，而關興亞這種實幹精神又被眾人稱讚為「大餅攤風格」。當時有人認為「大餅攤風格」聽發揮來有點不舒服，但生產的活性炭在高橋化工廠中試裝置上成功應用了，所以他也不計較這樣的稱讚到底是在表揚他還是批評他。

後來，上海石化院的工作逐漸開展發揮來，人員分工也明確了。但是好多課題是他和同仁們從上海化工研究院帶來的。所以，即使不屬他研究的課題，也總少不了請教他。而他總是有問必答，即使一時答不上來，也會幫助尋找相關資料，解決他人的困難，其中有 4 個課題項目給他留下的印象最為深刻。

當時，關興亞進入上海石化院的第一個項目是「超吸附分離烯烴」，原先在上海化工研究院的工作目標是制取乙烯，但到上海石化院，為配合高橋化工廠「120 噸/年超吸附丙烯−丙烷餾分」試驗，主要任務是製備以椰子殼為原料的活性炭吸附劑。其實，當時國內將超吸附技術用於石油氣分離的研究，除了瀋陽化工研究院和上海化工研究院，高橋化工廠也在做類似試驗工作，而且還在該廠第一工廠，即 6750 裝置處還建了一套年產 120 噸/年的中試裝置。

那時，6750 裝置在當時被看作中國石油化工自力更生的典型。其 6750 名稱的由來不得不提及蘭州化學工業公司和上海煉油廠。20 世紀 50 年代，為配合丁苯橡膠生產，並用石油氣中的乙烯替代酒精

來生產丁苯橡膠，蘇聯在蘭州援建了一套5000噸/年的乙烯裝置。化工部根據中共中央關於在第二個五年計劃時期要儘快發展有機合成化學工業的指示，確定在上海煉油廠附近選址建設高橋化工廠，生產聚苯乙烯等塑料。經國家批准，1957年在上海成立高橋化工廠籌備處。

根據編制的設計任務書，建設中的高橋化工廠乙烯年生產能力可達5000噸，但是限於當時石油裂解分離裝置的關鍵設備和耐高溫裂解用爐管及耐低溫冷凍用特殊材料無法進口，而且前蘇聯援建的蘭州化學工業公司5000噸/年裝置建設還未完工就撤走專家，撕毀圖紙，所以必須透過國內試制解決，設計方案不得不重新調整。最後，決定以年處理相當於上海煉油廠年可供石油氣2.7萬噸的四分之一，即6750噸煉廠氣為基礎，將乙烯設計能力定為年產1600噸。在上海化工醫藥設計院的通力協作下，參照前蘇聯援建蘭州合成橡膠廠年生產能力為5000噸乙烯裂解分離資料，其中裂解部分採用管式方箱爐技術，分離部分採用中壓油吸收精餾技術。該裝置於1962年底建成，經調試和修改，於1964年12月25日正式投入運行，成為我國用自己力量建成的首套利用煉廠氣制乙烯生產裝置，結束了高橋化工廠用糧食酒精生產乙烯的落後工藝。

然而，高橋化工廠採用中壓油吸收分離，設備需求耐壓，材料也是一個難題，因此也想用只需常壓的超吸附技術來替代中壓油吸收分離。又因為不經裂解的石油氣中丙烯-丙烷餾分含量相對較高，所以又開展了以丙烯-丙烷為目的產物的超吸附分離技術。這就是高橋化工廠當初採用的「兩條腿走路」的方針。當時，超吸附的中試裝置是建了，但吸附劑活性炭性能一直不理想，為此，高橋化工廠想到與上海石化院共同協作開發「以椰子殼為原料的活性炭吸附劑製備」。由於關興亞在上海化工研究院製備的活性炭吸附劑透過採用不同材料（如木材、果殼、煙煤、煤炭等）、不同工藝條件的試驗，得出一個結果是採用來自海南島的椰子殼為原料制得的活性炭

性能較為理想，但是，因為沒有測試儀器，更拿不出與吸附性能相關的比表面積等材料結構數據，所以，能否在中試裝置上使用受到專家們質疑。不過沒想到用經驗制得的活性炭吸附劑用在高橋化工廠的中試裝置上卻取得了很好的效果，終於在1961年年底，用一年多的時間完成了試驗任務。可惜該項目未得到進一步放大。個中原因除超吸附技術固有缺點外，主要還是蘭州化工公司年產5000噸乙烯裝置在蘇聯專家撤走後，用自己的力量完成了開工過程，拿出了合格乙烯產品。同時國內耐高溫、耐低溫、耐高壓的冶金材料生產技術已有所突破。相比之下，僅適用小規模、低濃度烯烴生產的超吸附技術在石油氣分離方面已失去經濟性和競爭力。另外，那時國家正值經濟困難時期，本著集中力量打殲滅戰的原則，將主要財力用於中壓油吸收裝置建設，並停止了超吸附分離技術試驗。

　　第二個項目是烷烴硝化制硝基烷烴。甲烷、乙烷、丙烷都屬於烷烴，它們硝化後的產物分別為硝基甲烷、硝基乙烷、硝基丙烷。硝基烷烴大部分用於國防工業，硝基烷烴凝膠主要作炸藥。硝基甲烷可用作液體火箭燃料促進劑，發動機燃料的助爆劑。用硝基烷烴為原料制得的硝基醇類，其中最重要的衍生物，三硝酸酯和2-硝基-2-甲基，1,3-丙二醇的二硝酸酯，都是烈性強的炸藥，而硝基醇轉化得到的磷酸酯或有機酸酯又可用作高分子材料的增塑劑。這是一個難度和危險性都較高的課題。因為過程在高溫、高壓，又是強酸的條件下進行，如以丙烷硝化為例，反應在390～440℃，壓力在8個大氣壓下進行，用普通鋼材製成的反應器，根本無法承受硝酸的腐蝕，所以必須採用以瓷磚為內層塗料的不鏽鋼反應器。但是瓷磚與不鏽鋼的黏結是一個問題。而且，當年勞動保護條件較差，一旦硝酸泄漏，後果不堪設想，損傷皮肉是小事，反應過程發生爆炸那是危及整個實驗室，乃至整幢實驗大樓的大事。當時多數課題組成員存在畏難情緒，但關興亞自告奮勇，敢於一人挑發揮重擔，先將實驗裝置搭發揮來，然後開始進行一項又一項的試驗，只是沒有

想到，試驗沒做完便收到下放「肥效站」勞動鍛鍊通知。好在到上海石化院後，程文才等幾位同事又在原有工作的基礎上更上一層樓，取得了放大試驗所需數據。1966 年，上海市化工局正式下文要求上海石化院儘快組建硝基乙烷生產裝置，並限時拿出產品，供軍工部門需求。為此，上海石化院組織一支 40 多人的技術隊伍，在四川永川天然氣研究所的幫助下，借鑑該所硝基甲烷生產經驗，攻克了中試裝置高溫高壓硝化過程中對設備的腐蝕，以及產品分離、化學分析等一系列問題，並於 1967 年建成年產 15 噸硝基乙烷生產裝置，當年即拿出合格產品，滿足上天和下海等國防軍工所需。由於按時完成上級下達的軍工任務，又為研究院創收了幾十萬元，因此多次受到上海市化工局的表彰。

第三個項目是氯醇法丙烯制環氧丙烷。在上海化工研究院期間，關興亞是與楊炳章技術員一發揮合作試驗的，到上海石化院後，他也是負責人，但楊炳章具體工作做得更多一些。

環氧丙烷主要用來生產聚氨酯樹脂，用這種樹脂製成的泡沫塑料具有耐熱性高，對水及許多化學藥品作用穩定，成型方便等優點；聚氨酯樹脂還與金屬及其他材料具有良好的黏結能力，形成的黏合體強度高、品質輕、絕緣性能和隔音性能也都十分好，廣泛用於建築工業、飛機製造工業、造船工業、汽車工業等，是國家當時急需石化產品之一。丙二醇主要用作不飽和聚酯樹脂中間體和抗凍劑。

氯醇法丙烯制環氧丙烷和環氧丙烷水合制丙二醇是在上海樹脂廠進行的。借用了該廠原來氯醇法制乙二醇生產裝置，重新設計改造而成。在小試驗基礎上，最終於 1962 年 6 月完成年產 60 噸環氧丙烷和年產 22 噸丙二醇中間試驗，產品提供給新涇藥廠、革新塑料廠、輕工業局研究所等試用。1964 年環氧丙烷、丙二醇中試產品獲得國家計委、經委、科委三委頒發的工業新產品三等獎。該研究成果又被高橋化工廠採用，建成國內首套年產環氧丙烷和丙二醇各

400 噸的生產裝置。這些產品在 1968 年 3 月「珍寶島」自衛反擊戰中造成重要作用。由於那裡冬天溫度在零下 30 至 40 度，汽油和柴油都要結冰，必須添加丙二醇抗凍劑，否則即使汽車 24 小時發動，也不能保證汽車不發生故障。此外，20 世紀 60 年代中期，由於我國大慶油田的開發和原油產量的增長，為石油化工發展提供了有利條件。在蘭州化工公司「洋法」原油砂子爐制乙烯工業化的同時，國內出現了一大批土法上馬的蓄熱爐原油裂解法制烯烴裝置，到 1970 年大大小小裝置竟多達 30~40 套。因為當時氯醇法制環氧丙烷生產技術已經工業化，所以，以蓄熱裂解產物乙烯和丙烯混合物不經分離直接制得的環氧乙烷和環氧丙烷成為其主要下游產品，也是煉廠丙烯綜合利用重要項目之一，為緩解當時國內環氧乙烷和環氧丙烷的市場供應發揮了重要作用。

第四個項目是「異丙苯制苯酚丙酮」。異丙苯制苯酚和丙酮在當時也是十分新穎的一項新工藝。開題時，海灣石油公司在加拿大建設的首套年產 6000 噸工業裝置還不到十年。因為傳統苯酚生產採用磺化法工藝，生產 1 噸苯酚要消耗 100% 硫酸 1.75 噸和氫氧化鈉 1.7 噸，同時還副產大量硫酸鈉，並造成環境汙染。傳統丙酮生產採用糧食發酵法，一家採用玉米粉、黑麥粉和小麥粉為混合原料的溶劑生產廠，大約每噸溶劑要消耗 5 噸混合原料。而產品中丙酮含量僅 33.5%，其餘 58.5% 為丁醇，7.8% 為乙醇，即酒精。所以開發此新技術不僅有利於改善環境，而且可大幅減少對糧食的依賴，是利國利民的好項目。由於該工藝技術經濟性好，而且一個過程可同時得到兩種價值很高的產品，所以，至今仍是苯酚和丙酮主流生產工藝。該課題在帶入上海石化院後，與高橋化工廠合作，1969 年在高橋化工廠建成國內首套聯產苯酚丙酮 1.5 萬噸/年工業裝置，並在北京石油化工總廠，即現中國石化燕山分公司推廣應用，作為上海石化院與高橋化工廠兩個單位的協作項目，還獲得了 1978 年全國科學大會頒布的科技成果獎。

「異丙苯制苯酚丙酮」工藝比較複雜，流程長，過程包括丙烯和苯烷基化制異丙苯、異丙苯氧化制過氧化氫異丙苯，過氧化氫異丙苯分解為苯酚和丙酮。其中丙烯和苯烷基化以三氯化鋁作催化劑，該步驟基本與高橋化工廠乙烯與苯烷基化制乙苯過程類同，關鍵是異丙苯氧化制過氧化氫異丙苯這一步驟。因為過氧化氫異丙苯是一個極不穩定的化合物，一旦操作不當，便會發生劇烈分解反應，輕者導致生產效率下降，重者則引發揮爆炸的危險。那時就在小試過程中也經常會發生防爆膜破裂的事，但包括關興亞在內的研發者沒有氣餒，而是透過反覆實踐，不斷總結經驗，困難還是被克服了。因為我國石油化工規模工業生產裝置多數是在 20 世紀 70 年代後引進的，但異丙苯制苯酚丙酮卻是例外，60 年代末和 70 年代初就用自己技術力量建成了萬噸級工業裝置。

關興亞十分重視技術資料的收集。到 1961 年，上海石化院圖書館已收集了技術資料 1000 餘篇，藏書 3000 餘冊，初步建成了情報圖書資料系統。這裡同樣包含著關興亞的一份辛勤勞動。他認為搞科學研究不能憑空想像，更不能胡思亂想。為了得到第一手國外資料，他經常借週日休息天到地處南昌路的上海科技編譯館或地處南京西路的上海圖書館親自查閱，那時候還沒有影印機，一整天就用手抄寫。而最辛苦的要算是在細微閱讀儀下閱讀比螞蟻稍大一些的照相版英文或日文的專利說明書，而且一邊看，一邊還要把重要內容抄下來。看得眼睛發酸發花，而膠卷的不斷轉動還會使頭腦發暈。可是他常常在那裡可以呆上一天時間，直到閉館為止。這些資料為上海石化院有關課題研究發揮了重要作用。

如今，上海石化院領導都要請關興亞給新來的青年人，包括博士生、碩士生、大中專畢業生和新來的員工上一堂「上海石化院建院初期艱苦奮鬥，白手發揮家」的院史教育課，希望新員工能繼承和發揚當年老員工們的光榮傳統，為上海石化院作出新貢獻。

上海石油化工研究院實驗大樓舊址

## 第四節　勇挑「丙烯腈」重擔

　　1961 年，自然災害使我國的糧食和棉花大幅減產，億萬人民不得不節衣縮食，從而牽動了中央和各級地方領導的心。同年 6 月，中共上海市委下達了「著重解決人民吃、穿、用問題，急需發展合成纖維工業」的指示。此時，擔任上海石油化學研究所所長的陳承歡便多次與專家和科技人員們商討，要求大家敢想、敢說、敢做、敢為，積極響應市委的號召，並組織他們進行調查研究，開設新課題。

　　幾千年來，人們穿衣主要依靠農牧業提供的棉花、亞麻、蠶絲和羊毛等天然纖維。然而這些天然纖維在產量和品種上都有限度，難以滿足日益增長的人口和人們生活水平提高後的需求。

　　中國是世界養蠶製絲歷史最悠久的國家，早在 4700 多年前就有了絲製品。2000 多年前，我國養蠶製絲技術開始傳到越南、朝鮮、

日本和中亞地區。公元六世紀又透過「絲綢之路」傳到歐洲。歐洲人在蠶吐絲的啟示下，用植物纖維試製成人造纖維真正進入工業化時代還是近百年的事情。

多數中國人對合成纖維的認識還是在 1945 年抗日戰爭勝利後，那時大量美國商品湧入中國市場，其中就有一些尼龍 66（Nylon）的襪類製品。當時人們還弄不清它是什麼材料製成的，只因為外觀薄而透明，就叫它為「玻璃絲襪」，價格昂貴的玻璃絲襪，只有少數有錢人才能穿得發揮。其實，它的化學名稱就是聚醯胺 66 纖維。

繼聚醯胺 66 纖維問世後，在 20 世紀 40 年代和 50 年代，聚醯胺 6 纖維即尼龍 6 纖維、聚乙烯醇縮甲醛纖維即維綸、聚酯纖維即滌綸先後實現工業化生產。到 1960 年全世界合成纖維產量已達 70.2 萬噸，其中美國 30.7 萬噸，蘇聯 1.5 萬噸，日本 11.8 萬噸，聯邦德國 5.2 萬噸，法國和義大利分別為 4.5 萬噸和 3.4 萬噸。

那麼人們不禁要問，為什麼世界合成纖維工業會發展得如此迅速呢？

第一，可以節省耕地面積。大約 1 萬噸合成纖維可織成 2 億 1 千尺布，可供 1000 萬人穿著，相當於 25 萬畝棉花田生產的棉花加工成的棉織品數量。而一套年生產能力為 9 萬噸的合成纖維工廠占地面積相當於一座足球場的占地面積，僅 4000 平方米。又如一頭綿羊身上一年僅能剪出幾公斤到幾十公斤的羊毛，畜養一頭綿羊還要付出很多勞動力。如今我國每年聚丙烯腈纖維消費量約 100 萬噸，大約相當於 1 億頭綿羊產出的羊毛，而放養 1 億頭綿羊所需草地面積至少在 40 萬平方公里。所以，發展合成纖維工業可騰出更多的植棉田來生產糧食。目前我國每年合成纖維產量接近 3000 萬噸，如全部依賴棉花田生產，現有 18 億畝有效耕田面積至少要有 40% 用來生產棉花，13 億人口的糧食供應根本無法保證，這也就是發展合成纖維的最主要意義。先進工業國家，尤其彈丸之地的日本，解決 1 億多人口的穿衣問題主要依靠發展合成纖維工業。

第二，強度高、耐腐性好。合成纖維的許多性能是天然纖維所無法比擬的。以俗稱「的確涼」的滌綸纖維為例，製成的織物挺括美觀，用滌綸製成的結構材料能耐較高溫度，耐磨性也好，吸濕性很低，在自動化設施和照明技術等部門有廣泛應用。以 20 世紀 60 年代初曾充滿市場的維尼綸纖維為例，外觀與棉花相似，但吸濕性和強度優於天然纖維，而且生產成本低，價格也便宜。

第三，可滿足人們穿著多樣化需求。用各種合成纖維織成的衣料、服飾，不但價格便宜，而且色澤鮮豔，美觀大方，花色品種繁多。當時在市場上尤其受歡迎的是合成纖維與棉、麻、毛、絲等混紡的織物和各種合成纖維新產品，成為人們裝飾和美化生活的必需品之一。

此外，像聚丙烯腈纖維，不僅有較好的耐熱性，而且與羊毛相比，最大的優點是不怕蛀蟲侵蝕，還耐酸，與羊毛以適當比例混紡後又可改善外觀光澤，且不影響手感。

舊中國根本沒有合成纖維工業。直到解放初，只有一家化纖廠，即丹東化纖廠，年產黏膠纖維 230 噸。20 世紀 50 年代末，我國從民主德國引進了一套年產 6000 噸人造纖維裝置，建在保定化纖廠，之後又自己設計建成南京、杭州等地的第一批人造纖維工廠❶。

為了解決六億人口的穿衣問題，中共中央在第一個五年計劃期間就提出：「紡織原料必須在發展和提高現有各種天然纖維單位面積產量的同時，大力發展化學纖維，實行天然纖維的生產與化學纖維的生產同時並舉的方針。」

為了建立中國合成纖維工業，1954 年到 1956 年，國家決定從棉紡印染、化工行業中抽調一批技術人員參加化學纖維工業的建設；分期分批選派技術幹部、研究生和大學生到蘇聯學習；結合技術、設備引進，派遣技術人員和工人到蘇聯和民主德國實習；組織

❶張萬欣主編. 當代中國石油化學工業[M]. 北京：中國社會科學院出版社，1987：252.

建廠和生產人員在國內進行技術培訓；在全國多所高等院校設立有機合成、高分子材料和化纖工藝專業，並組建中等專業學校，有計劃地培養化學纖維專業人員，形成了一支化學纖維專業技術隊伍。與此同時，在一些重點研究院所，如中國科學院化學研究所、瀋陽化工研究院、紡織科學研究院等，開展以合成纖維為原料的有機合成、聚合紡絲以及紡絲設備等一系列的實驗和工業性放大的探索試驗，為發展我國合成纖維工業奠定了一定的技術基礎。

　　然而，就在執行第二個五年計劃中，儘管合成纖維研究工作也取得了一定進步，小規模的錦綸（即尼龍 6）和維綸裝置已開始興建，卻未想到遇上了嚴重的自然災害。當時，國家急需尋找一種原料易得、生產過程簡單、成本低廉、投資少、見效快的合成纖維，很快確定是性能最接近棉花的維綸纖維。而從國內維綸纖維研發進度看，還是遠水解不了近渴，為此，1963 年 6 月，國家決定從日本引進成套設備和技術，在北京建設了年產 1 萬噸維尼綸裝置，可織布7000 多萬米。在考慮發展性能接近棉花的維尼綸同時，人們同樣在考慮能替代毛線的人造羊毛，即聚丙烯腈纖維。為此，1961 年 5 月剛掛牌的上海石化院，在同年 6 月，選擇了當時具國際先進水平的「丙烯氨氧化制丙烯腈」課題作為建所後的第一個重大攻關項目。同時，任命關興亞為課題組長，負責小試驗工作。

　　其實，當初還是青年技術員的李喬生和關興亞，提出「丙烯氨氧化制丙烯腈」課題時已作了大量調查研究。當時，國內化學纖維的生產主要是黏膠纖維。這類纖維可以用竹子、木材、甘蔗渣、棉子絨等天然高分子化合物為原料，而且具有很好的吸濕性、透氣性、穿著舒適、光潔柔軟、手感滑爽，還有絲綢感，具有良好的染色性，而且不易褪色。它的不足之處是手感重、彈性差，且易褶皺，不耐水洗、不耐磨，容易發揮毛、尺寸穩定性差，縮水率高，不耐酸和鹼。而從生產工藝看，要消耗大量能源，生產 1 噸黏膠纖維需消耗 600 立方水和 1 萬度電，還要對環境造成汙染。所以，從

長遠發展看，有它的侷限性，不宜大力發展。

維綸纖維雖然在性能上接近棉花，但品質欠佳，品種適應面窄，並不受人們歡迎。相比之下，有「的確涼」之稱的滌綸和有「人造羊毛」之稱的聚丙烯腈纖維更受人們喜愛。但是，滌綸的原料對二甲苯主要來自煉油廠，那時上海煉油廠和上海高橋化工廠僅幾站公車的距離，卻分屬石油部和化工部兩個系統。除高橋化工廠可有償使用煉油廠排出的廢氣，即石油氣外，其他所有產品包括可裂解制烯烴的輕油、苯、對二甲苯都是國家計劃產品，需求打報告調撥供應，手續麻煩且燃料又是國家緊缺產品，在計劃經濟年代只能是可望不可及。然而，建設中的高橋化工廠卻有大量丙烯資源等待應用開發，而丙烯腈正是人造羊毛的最重要原料。所以，上海石化院與高橋化工廠商量共同開發丙烯腈時，兩家單位一拍即合。1961 年8 月，上海石化院正式將「丙烯氨氧化制丙烯腈」列入研究課題。同時在情報室資深工程師孫文溫配合下，撰寫了「丙烯氨氧化制丙烯腈」開題報告，呈送上海市化工局、上海市科技委員會和中共上海市委工業委員會。同年 12 月，中共上海市委工業委員會副主任李廣仁在外灘市府會議室組織召開上海市有關工業局領導參加的「石油氣精分和丙烯氨氧化制丙烯腈」項目工作會議，會上安排了各協作單位分工，並明確由上海石化院為丙烯腈項目總負責單位。要求上海石化院在 1962 年年底要拿出中間試驗裝置設計所需數據，而且必須同時提供中間試驗裝置用催化劑。換言之，在一年零 4 個月內便要完成實驗室階段的所有數據採集，這對一個剛三十歲出頭，大學畢業才六年的青年技術員關興亞來說壓力非同小可。

確實，當接到新任務，並擔任丙烯腈課題組長時，他首先想到的是，正與高橋化工廠合作開發的「環氧丙烷」和「苯酚丙酮」兩個課題的下一步工作。常言道萬事開頭難，一年的辛勤勞動終於使兩個課題的工作可以正常開展發揮來，現在卻要放下研究工作實在有點依依不捨。不過，多年來他不是一直在想搞大課題、新課題、難度

大的課題嗎？如今「丙烯腈」正是這三者都「齊全」的課題。所以，領導將這一個重任交給自己，不僅滿足了自己多年夢寐已求的心願，而且還是為國為民解決穿衣問題而大顯身手的大好機會。想到這裡，他就覺得渾身充滿著力量。

他回顧自己的工作經歷，1955 年在重工業部瀋陽化工綜合研究所即後來的瀋陽化工研究院工作了 2 年，雖說做過 3 個課題，其中四氯乙烷完成得較好，但未做到工業化，就接著做五氯苯酚和乙炔加氫兩個課題的小試驗；在上海化工研究院工作了近 3 年，研究課題多達十幾個，實際只是初期的探索而已，根本談不上工業技術開發；到上海石化院後，滿以為超吸附分離技術有望工業化，但因該技術本身的侷限性，在小規模烯烴生產也許還用得上，真正工業化還是缺乏經濟性，所以，以工業技術開發為目標的一個完整的石油化工產品開發過程還未嘗試過。如今「丙烯氨氧化制丙烯腈」這個課題，上上下下都在看著你，不是能不能，而是一定要工業化，拿出產品，並且越快越好。想到這裡，關興亞不由打了一個寒顫，一度懷疑自己能不能完成這樣重要的課題。不過細細想來，在上海石化院內學歷和資歷在他之上的人有許多，有留美、留日的，有解放前名牌大學化學系畢業的，還有長期在化工廠和製藥廠工作多年的資深工程師，但領導卻未讓他們挑重擔，偏偏看上他這個初出茅廬的青年人。那麼，領導為什麼看中他呢？也許年紀比他們輕，精力充沛，還有是勤奮肯幹，有點優勢。但是這個丙烯腈課題太難了，萬一不能如期完成任務，個人聲譽是小事，誤了國家大事可不好交代，所以有好幾夜未能入睡。當時也有人說，丙烯腈專題組長是吃力不討好的工作。成功了功勞是大家的，失敗了你的名譽就會掃地。但關興亞沒有這樣想，他自己雖非共產黨員，但為國為民做好事這點道理是懂的。所以最終還是戰勝了自己，覺得做工作不能患得患失，事在人為，外國人能做的事，中國人為什麼不能做？有志青年應該為中國人爭這口氣。後來，他在自己的寫字臺玻璃板上寫

下了 4 個大字「發奮圖強」，自己立下軍令狀，一定要在 1962 年底前拿出中試裝置設計所需數據，絕不辜負領導的信任和期望。

當時，參加過抗美援朝戰爭的胞弟關興國來信，也希望他能儘快將這個課題拿下來。關興國告訴他，當年在朝鮮戰場上，志願軍吃的是「一把炒米一把雪」，美國兵是壓縮餅乾、罐頭飲料和罐頭食品。穿著方面更不能比，志願軍穿的是笨重的棉衣和棉褲，蓋的是薄棉被子，而美國兵穿的是份量輕、保暖性好的人造羊毛製品。在零下 30 度的冰天雪地裡，美國兵鑽在由人造羊毛做的睡袋裡，志願軍卻遠沒有這麼好的條件。與他同時入伍的志願軍，尤其是來自南方的志願軍，無法適應冰天雪地的環境。有些志願軍不是被敵人打傷的，而是在 1 尺多深的雪地裡行軍凍傷的，甚至致殘和死亡。如果那時我們志願軍能穿上能耐濕保暖性好的人造羊毛製品，就能減少戰士的傷亡。所以，搞丙烯腈科學研究，不僅有政治和經濟意義，在軍事上同樣有重要意義。

當時，化工部獲悉上海石化院要進行丙烯氨氧化制丙烯腈生產技術開發後，還組織了一個專家考察組前來上海，在觀看實驗裝置和了解研究院人員構成後，一位留美老專傢俬下對關興亞說：「難！難！難！像這樣的條件你們能搞成丙烯腈那一定是天下奇蹟。」言下之意，就憑當時上海石化院的實驗條件和人員結構根本無法搞丙烯腈的。當時，關興亞聽後很不高興，但嘴上卻對這位老專家說：「請相信我們，不出一年，我們一定會拿出丙烯腈的。」後來，此事傳到李廣仁副主任那裡，李副主任在會上說「上海工人階級支持你們，丙烯腈一定會搞出來的」，從而堅定了丙烯腈課題組所有科技人員的信心和決心。

後來，他細細思考老專家的這番話，也不無道理，因為生產丙烯腈的技術難度太大了。為什麼當時世界上也只有一個公司採用丙烯氨氧化技術？道理很簡單，就是技術難度高。回顧國外丙烯腈發展歷史，最初，丙烯腈製造是採用由德國法本公司開發的，以環氧

乙烷和氫氰酸為原料的生產技術。1952年美國聯碳公司用該法進行工業生產，反應中間體是氰乙醇，然後氰乙醇脫水制得丙烯腈。此法缺點是原料昂貴，氫氰酸毒性大，操作過程繁雜。

之後，德國拜耳公司開發了另一條工業路線，那就是在氯化亞銅和氯化銨催化劑作用下，由乙炔和氫氰酸為原料製造丙烯腈。這種生產方法比環氧乙烷法要簡單些，乙炔原料價格又遠低於環氧乙烷，雖然生產成本降低不少。但是副反應很多，所以粗產品中組成複雜，以致產物精製困難。另外，氫氰酸毒性也大，而乙炔生產原料電石又需耗用大量電力。

相比較而言，從合成工藝和分離提純難度遠勝上述兩工藝的丙烯氨氧化法卻具有4大優點。第一，對原料丙烯、氨及空氣要求不高，其中採用一般肥料級或冷凍級氨即可，氧化劑是空氣，可以大量供給，最重要的是採用石油裂解制乙烯的聯產品丙烯，或煉廠催化裂化干氣中的丙烯為原料，生產成本較低；第二，反應不需求加壓，所以對反應器所用材料無特殊要求，換言之不需求特種合成材料；第三，原料無毒，操作安全；第四，因為反應產物比較單一，所以產品精製過程也比較簡單，生產成本低。1949年美國聯碳公司首次發表有關該技術的專利。1957年美國俄亥俄州的標準油公司，簡稱為索亥俄(Sohio)公司開發成功高效催化劑後，於1960年才正式將該技術工業化。然而，僅從此國外工業化與上海石化院開題所相差的時間看，在一年左右，顯然這是一個發揮點高，緊跟世界先進水平的研究課題。所以當時連上海石化院的上級單位某些領導也擔憂，初建的石化院能否完成這項高難度的研究課題。

儘管丙烯氨氧化制丙烯腈工藝技術先進，但其技術難度是環氧乙烷法和乙炔法工藝無法相比的。該新工藝技術涉獵面廣，其中流化床反應器、細顆粒雜多酸催化劑、苛刻的反應條件、複雜的反應產物分離、劇毒副產氫氰酸和乙腈的處理，乃至分析測試都面臨相當技術難題。與化工部直屬的北京化工研究院，國內最早建成的蘭

州化工研究院和蘭州化工公司研究院相比，位於高橋化工廠內，面積為 2000 平方米的 1 號試驗大樓落成不到幾個月的上海石化院，確實差距不小；實驗設備還在完善之中；分析手段以手工的化學分析為主，儀器分析基本空白；稍微精密的分析儀器像氣相色譜分析儀還要靠分析人員自己製作；科學研究人員多數從工廠抽調或剛從大中專學校畢業分配而來，高級人才廖廖無幾，中級人才也是少數，可以說對科學研究工作的方法、規律尚需經過一段時間的摸索和熟悉。然而，關興亞做夢也沒有想到，1961 年 8 月發揮從全國各地分配來的大中專畢業生，個個生龍活虎，幹勁十足，他們沒有思想包袱，說幹就幹，說做就做，他們把參加具有世界一流先進水平的「丙烯氨氧化制丙烯腈」技術開發，看作是極好鍛煉的機會。他們中間的黨團員工作尤為積極，還在各種不同場合表決心，儘快拿出丙烯腈產品。這些青年人對關興亞來說，原本以為是一大包袱，實際上個個是他的好幫手，也給他增添了無窮的力量。

當時，試驗工作開展的初期，如何應對丙烯腈試驗過程中的勞動保護，曾是一個棘手問題。從有關文獻的報導可知，丙烯氨氧化制丙烯腈過程中不少原料和產物對人體是有毒害的，例如丙烯、氨、硫酸、氫氰酸、丙烯腈、乙腈、丙烯醛等。尤其是丙烯腈、氫氰酸、乙腈帶有-CN氰基團的化合物，在短時間內吸入或高濃度接觸會引發揮中毒，輕則引發揮皮膚搔癢，伴有頭昏、頭痛、全身乏力等症狀，嚴重時會發生呼吸困難、意識不清，進而出現抽搐和不停地痙攣，最終停止呼吸和心臟跳動而死亡。這樣的實例國內外屢見不鮮，但由關興亞主持的丙烯腈實驗室和中試裝置從未出現類似現象。

根據衛生標準，國家頒布的有毒物質在空氣中允許濃度是：氫氰酸為 0.0003 毫克/升，丙烯腈是 0.0005 毫克/升，丙烯醛是 0.0005 毫克/升。然而，實驗室內不可能不間斷地測定這些有毒有害物質在空氣中的濃度，也沒有條件去購買這種高靈敏度高精度分

析儀器。所以，關興亞發揮草了嚴格的實驗室操作規程，還規定有些實驗必須在通風櫥內進行。即使如此，也不一定可完全阻止中毒現象的發生。為此，他曾多次請教同仁，還走訪了吳淞化工廠等生產氰化物的生產企業，同時借鑑這些生產企業的經驗，在實驗室養了兩只小鳥，因為小鳥對空氣中有毒物質比人類更敏感，所以一旦小鳥發生中毒情況，就可造成實際的報警作用。

1961 年後，每年總有一大批大中專畢業生進入丙烯腈課題工作，他們雖然工作熱情高漲，不怕苦不怕累，但對實驗室安全事項和勞動保護還缺乏應有認識，所以，關興亞經常在工作中督促和熱心幫助他們，叮囑他們千萬注意安全，莫要後悔終生。不但如此，課題組還有個不成文的規定，那就是凡難度大的、有危險性的工作都是關興亞先來嘗「險」。例如，化學分析需求的各種不同濃度丙烯腈等有機毒物的配製都是他親自動手的。

然而，最讓關興亞一輩子難忘的是「56 天連續奮戰的日子」。丙烯腈正式立題的前期做了大量調研和搭建實驗設備工作，以及在小試驗範圍對催化劑進行的大量篩選工作。在初步確定催化劑配方和製備工藝後，接著就是要進行催化劑壽命試驗。在此催化劑壽命考察期間，要拿出中試裝置所需合成工藝和其他相關數據。此時已是 1962 年 7 月初，好在 8 月來了一批大中專畢業生，報到後經安全培訓和實驗室工作守則教育後，便立即投入「三班倒」運行的催化劑壽命試驗。

當時，雖然來了一批大中專學生，但因為是早、中、晚三班的連續運行，人員還是不夠。但是，這些青年人不計較工作時間，有的從早班連中班，有的中班連夜班。那時加班沒有多一分錢的工資，也沒有調休的時間。因為人員少，只有明確分工，但也不是「各掃門前雪」，而是什麼崗位需求就到什麼崗位去，重活大家都搶著幹。那時搬運原料丙烯鋼瓶、氧氣鋼瓶、氫氣鋼瓶是最重的活，20 多歲的小夥子們跟著關興亞搶著幹，從實驗大樓的底樓背到三層

樓實驗室。

　　由於正值自然災害期間，糧食供應是大問題，為填飽肚子，這些青年人為能不分晝夜地連續作戰，有的將晚餐分成兩份，其中一份留到晚上 11 點鐘中班結束後吃；有的將一天的定量按每頓四兩（當時一斤等於十六兩）來安排；也有的將買稻米或饅頭用的代糧券換成買山芋的券，以使實際供應量增加一倍。而關興亞自己一天之中，基本以饅頭、雜糧和白開水為生，早、中、晚三班都見到他忙忙碌碌的影子，而且工作碰到問題，即使他在宿舍休息，也會及時趕到。整整 56 天對他家人來說，他似乎是一個「失蹤」的人，不說回家，連一個電話也沒有。後來，妻子問其為何電話也不打一個，他推說，200 多員工的上海石化院只有一部號碼為 866032 的電話，由高橋化工廠接入上海石化院的分機是不允許打外線的。

　　1962 年 11 月，由於眾人的努力，終於丙烯腈課題組拿出了年產 60 噸丙烯腈中試裝置設計所需的主要數據。


# 第五節　耐住寂寞　甘當綠葉


　　1962 年，上海石化院領導在聽取關興亞等科學研究人員提出先開發固定床，後發展流化床的建議後，從加快中間試驗進度出發，研究決定暫停部分課題。又根據集中力量打殲滅戰原則，集中全所半數以上人力，並於 1962 年 7 月正式成立丙烯腈項目大組。由來自天平製藥廠的共產黨員、資深工程師劉久之任大組長，但劉久之身體欠佳，長期患病在家休養，實際由沈銀林副大組長負責統籌和協調工作；6 月剛晉升工程師的關興亞任副大組長，負責具體科學研究工作。下設 5 個小組，由關興亞兼任流化床反應

器組長；6 月剛晉升工程師的李喬生任固定床反應器組長；從藥廠調來的資深工程師周修和任產品分離提純組長，同時負責全流程方案；由藥廠調來的資深藥師李華妹任分析測試組長；原任超吸附分離副組長的吳加武任催化劑研製組長。同年 9 月，上海石化院又決定成立以資深工程師巫萬居為組長的化工組，負責中試裝置的設計，並落實設備加工。巫萬居早年留學日本，1956 年在上海珊瑚化工廠，即我國最早有機玻璃生產企業之一，他先用國外進口的有機玻璃廢製品及邊角料裂解複製有機玻璃，後以氫氰酸等為原料透過丙酮氰醇法合成單體甲基丙烯酸甲酯，製造出有機玻璃。受到當時國家領導人之一的李富春副總理接見和表彰。

作為大組技術負責人的關興亞對下設 6 個小組的組長們既明確任務，又放手發揮他們的積極性，碰到問題及時商量對策。據後來成為我國乙烯氣相乙酰化製醋酸乙烯催化劑研製，並首次在引進裝置應用的第一發明人、中國石化總公司勞動模範的吳加武回憶，當時關興亞給了他兩篇資料。一篇是國外某公司 1959 年發表的專利說明書，主要是涉及催化劑的製備。但是，關興亞根據自己經驗對吳加武說，完全按照專利說明書中的實例去做恐怕是做不出的，因為內中有許多訣竅，或者稱「know how」是絕對保密的。專利說明書給你的是考慮問題的思路，不要被專利「捆死」，要在實踐中摸索，還帶上一句鼓勵的話「相信你是會做出來的」。另一篇是發表在美國《石油煉製》，即後來改名為《烴加工》(Hydrocarbon Processing) 上的文章，有 4 個作者，他們分別是索亥俄丙烯腈研究所長、生產工廠主任、催化劑生產主管以及催化劑焙燒工程師，「記住以後可以在化學文摘中根據他們的姓名，即作者索引來跟蹤相關技術的進展」。所以，吳加武一直記住關興亞的經驗之談，並用於醋酸乙烯催化劑的技術開發，實在受益匪淺。

有關資料聲稱，「以磷鉬酸鹽為主體、二氧化矽為載體的催化劑可在丙烯氨氧化製丙烯腈反應中得到較高選擇性」。至於磷鉬酸

鹽和矽膠的具體製備方法、過程控制、主體和載體如何達到合適的比例，以及催化劑的成型方法都需自己摸索。但是，碰到問題，關興亞會主動與你商量。例如在無正規擠條機下催化劑如何擠條成型，當時，吳加武覺得是一個難題，但他提供的經驗是用一根合適尺寸的玻璃管來替代，既實用又省錢。這使吳加武暗暗佩服。因為，這種好辦法是任何書籍也無法找到的，也是關興亞長期工作經驗得到的「訣竅」。

由於成立丙烯腈課題大組後，固定床技術開發成為工作重點，大量合成技術的試驗工作圍繞著固定床的研究開發。此時，似乎負責流化床技術開發的關興亞工作可輕鬆一些了。確實，在一段時間內關興亞圍繞流化床的研發工作相對少了許多，旁人看來工作有點「寂寞」。然而，作為大組副組長卻一點沒有空閒時間，他不僅耐住這種「寂寞」，而且將固定床反應技術在中間試驗過程中迫切需求解決的，除合成技術外的必須要做的試驗，而且又是最危險、最困難的相關試驗攬著自己做。

第一件事是丙烯在空氣中爆炸極限測定。

當時，有些人覺得這個數據可以從化工手冊中查得，而且爆炸極限試驗有危險性，輕者是爆破聲音會驚動實驗室人員，重者要傷害周圍員工和其他設施，而且市場上沒有現存的產品。但關興亞覺得，化工手冊上的數據可以參考，爆炸極限也必須測定。因為在原料氣中，除丙烯外，還有氨和水蒸氣等其他組分。於是，他就根據有關文獻提供的資料，將包括恆溫控制、真空抽提、氣體配製、氣體混合、點火、監控等單元組成的爆炸極限測定儀安裝發揮來。由於當時沒有自動點火條件，用的是火花塞，手工點火，所以有一定危險性。關興亞記得第一次爆炸極限測試裝置就出現了故障，5立升的玻璃瓶發生爆炸，幸好沒有傷到人。他分析了其中的原因，悟出了道理，在爆破控制方面作了改進。這臺儀器看似很土，與現在市場上購買的商品在外觀上不能相比，但卻

解決了加入氨和水蒸氣後，丙烯在空氣中的合適濃度應該是多少的問題。因為丙烯濃度控制得過低，反應器的加工費就要增加，相反，丙烯濃度控制得過高，反應器設計體積要小一些，反應器的加工費就可減少一些，但危險性卻要增加，如果因丙烯濃度控制過高，引發揮包括反應器在內的相關容器的爆炸是絕對不可取的。因為許多石油化工工藝也存在類似問題，所以，後來的「乙烯氧化制環氧乙烷」等研究課題，也將此爆炸極限測定儀用於測定乙烯在氧氣或空氣中的爆炸極限。

關興亞透過測定丙烯、氨、水蒸氣三者在空氣中的爆炸極限，還為中間試驗提供了水蒸氣在其中的合適比例。雖然丙烯氨氧化反應不需求水蒸氣，但加入水蒸氣後可幫助反應產物從催化劑表面解吸出來，避免丙烯腈的深度氧化，提高丙烯轉化率和丙烯腈選擇性；水蒸氣的加入降低了丙烯分壓，使反應比較緩和，也容易控制，還抑制了在催化劑表面的積炭；水蒸氣的加入更有利於降低丙烯和氨混合物易燃易爆的危險性，但水蒸氣的過量加入又會導致設備生產能力下降和能耗的增加。爆炸極限試驗從一個方面給出了水蒸氣的適當加入量，也為工業裝置原料的配比和反應條件的確定，提供了重要基礎數據。

第二件事是固定床反應器出口氣體的最佳冷凝溫度。

丙烯氨氧化產物中含有很多易聚合物質，除丙烯腈外，最易發生聚合反應的是丙烯醛。雖然它的含量不多，但出口冷凝器常常因聚合物而堵塞管道，導致反應難以持續進行，所以確定最佳冷凝溫度十分必要。國外有關資料報導，是透過聚合物的反應動力學來確定的，但不同的反應條件和不同反應產物組成獲得的數據有差異。當時實驗室還不具備做聚合反應動力學測試條件，而且時間也不允許，所以只能用配製組成基本與反應物出口相似的組分進行聚合試驗。

由於丙烯腈、乙腈、氫氰酸這些反應器出口物都是有毒物質，

而且要配製氫氰酸還需用劇毒氰化鈉作原料，所以首次氣體配製工作也是關興亞親自動手的。他說「自己工作年數比他們長一些，經驗也多一些，如讓新來的同志做危險工作，出了事故就對不發揮他們」。透過聚合試驗，他發現反應氣體最佳冷凝溫度並不是像文獻中所述的某個溫度，而是某個溫度範圍，接著，又提出在設計中應該採用的措施，從而，防止在中試過程中，因管道堵塞導致反應壓力上升所引發揮的爆炸可能性。

第三件事是亨利常數的測定。

在丙烯氨氧化反應器出口的反應氣體中，丙烯腈、乙腈、丙烯醛等有機化合物含量總共不到10%，必須用水加以吸收，然後大量(約60%空氣)尾氣另作處理。那末設計的吸收塔應有多高呢？此時必須具備有機物在水中的溶解度數據，用專業語言講需提供這些有機物在不同溫度條件下的氣液平衡常數，即亨利常數。而測定亨利常數，必須自己配製出模擬的反應產物的氣體組成。同樣，這種氣體與上述聚合試驗所用氣體一樣，具有一定危險性，當然又是關興亞自己動手。

此外，為配合李喬生工程師負責的固定床研究工作的開展，作為技術總負責人關興亞時常廢寢忘食，一日三餐常常是饅頭加開水，晚上用四只板凳拼發揮來變成一張臨時舖位，不分晝夜，全心投入工作。每個月除了有一個星期天回家送工資外，幾乎天天把實驗室當作自己的家。每天早晨當組內員工上班時，他早已將原料氣配製好，而且反應器油浴溫度也慢慢升至目標值，甚至化學分析用試劑、溶液配製等所有準備工作全部搞定，從而，為研究工作搶出了時間。他把實驗室當成家，還用自己的被子制止了一場事故的發生。有一次一位同志操作不當心，硫酸噴濺出來，關興亞便奮不顧身用自己的被子擋住了硫酸，然後關上只有開啟關閉，而沒有調節流量大小作用的玻璃閥門。否則硫酸繼續噴濺將傷害實驗室員工，後果嚴重。

20 世紀 60 年代初，氣體分析主要採用現在看發揮來很繁瑣而又費時的奧氏氣體分析儀。這種傳統儀器主要用來分析二氧化碳、總烯烴、氧氣、一氧化碳 4 種氣體的濃度。吸收液的配製，按理是一般分析操作人員的工作，但關興亞考慮到吸收液配製比較繁瑣，有的具有腐蝕性，如二氧化碳吸收液是 40% 的氫氧化鉀水溶液，氧氣吸收液是焦性沒食子酸和氫氧化鉀混合液。為了讓催化劑考察人員能牢牢控制好反應溫度，防止因反應溫度波動而導致數據的偏差，關興亞又常常是親自取樣分析，提發揮奧氏分析儀中的水準瓶，不住地上下拉動，使氣體在吸收瓶中進行吸收，反覆數次，直到剩餘氣體體積不變為止，記下讀數，再計算丙烯腈收率，從而得到第一手數據。所以，從外人看來，他與一般操作人員沒有什麼差別，都是自己動手，一點不像重大項目技術負責人。十二硫醇是當時分析丙烯腈用的化學試劑，但市場上十二硫醇試劑無貨供應，關興亞就想到到市場上購買原材料，自己動手製造化學試劑。因為製造試劑純度要求高，加上經驗不足，所以曾多次失敗，但他並未因失敗而氣餒，分析了失敗原因，找到關鍵所在，即提純方法，最終還是獲得成功，解決了分析上的一個難題。

為了配合合成試驗需求自制一臺色譜分析儀，其中高級恆溫設備無法解決。關興亞不是坐著等，而是動腦筋想辦法，根據恆溫設備原理，並透過舊烤箱的改造製成了恆溫設備。不僅如此，因為色層柱用火磚粉焙燒、蓄電池的充電也需求 24 小時有人看管。為了讓組內同志能很好休息，他自己值夜班，通宵不眠，第二天照常上班。所以，1962 年關興亞晉升工程師，評上先進工作者。1963 年工資又連升兩級，且漲幅很大，從 65.5 元升至 92 元，而一般符合條件的職工都升一級工資，漲幅不超過拾元。但全組乃至全所幾乎無人有什麼反對意見，都說：「關興亞這一切都是靠幹出來的」，如果有什麼意見的話，那就是「關興亞的工作節奏太

快，我們跟不上。」

　　事實也是如此，在催化劑篩選期間，只有一套實驗評價裝置，但催化劑樣品一大堆，由於關興亞連星期日都在實驗室，製備不同金屬氧化物主體含量的催化劑和各種系列催化劑樣品，催化劑性能考察根本跟不上，所以在他手下工作的人也只能跟著關興亞「分秒必爭」地干。星期日加班也是常事，不過大家為工作仍毫無怨言地埋頭苦幹。

　　催化劑是整個丙烯氨氧化制丙烯腈的關鍵技術。當時國外丙烯氨氧化制丙烯腈研發中的催化劑已有多種類型，而發展何種類型催化劑與選擇何種反應器形式同樣重要。所以，關興亞和吳加武等還對國外研究開發的幾大類催化劑的基本情況作了詳細比較分析。從產物丙烯腈選擇性、原料價格以及對人體健康有否影響等因素考慮，將磷鉬鉍系催化劑作為主要研究對象。

　　在關興亞直接指導下，1960 年畢業於大連工學院的吳加武沒有辜負大家的期望。吳加武是一位對工作十分執著且善於思考、勇於創新的科技人員。他反覆研究了文獻中有關催化劑製備的實例，文獻上聲稱催化劑採用氧化鉬、磷酸、硝酸鉍和矽溶膠配成一個溶液共膠化而成。不過真正著手製備催化劑時面臨了一大堆問題。首先是當時我國還不能生產矽溶膠，必須自己製備。吳加武從有關資料中得到啟發，在關興亞指導和鼓勵下，想到用正矽酸乙酯水解來制得矽溶膠，並立即從上海某試劑廠購入正矽酸乙酯。另外主體組分中除硝酸鉍可溶於硝酸水溶液外，氧化鉬和磷酸不能形成溶液。吳加武又想到用可溶於水的雜多酸磷鉬酸來替代氧化鉬和磷酸，經過多次試驗，終於在 1962 年 3 月初，由吳加武、李寶根等共同參與下制得了磷鉬鉍與二氧化矽（$PMoBi/SiO_2$）共膠化的膠凍，經老化、乾燥、焙燒後得到金黃色的顆粒。並將 20 目以上大顆粒催化劑，送交由李喬生負責的固定床反應器進行考察試驗。篩下的 20~60 目細粉催化劑，送交由關興亞負責的流

化床反應器進行考察試驗，最終確定了固定床中間試驗裝置中編號為 1116 型催化劑的配方。

1962 年 11 月，固定床反應器用高活性催化劑初步選定，並獲得相應的工藝條件，加上各種氣液平衡、化學動力學等測定數據，完成了中試初步設計方案要求提供的基本數據。之後，上海市化工局組織有關單位的領導和專家，對中試工藝流程、主要設備及裝置規模作了評審。一致認為小試驗提供的數據可靠，可以展開年產 60 噸規模的中試，還希望透過中試為工業規模裝置提供必要數據。

但是，新的問題又出現了，因為實驗室催化劑製備都以試劑級產品為原料，價格昂貴，考慮到工業生產需求，必須將生產成本降下來。為此，關興亞和吳加武等大膽設想，以自購氧化鉬為原料，用自己的技術來製備磷鉬酸鹽主體，還用水玻璃為原料製造矽膠。儘管困難重重，但一道又一道難關還是被克服了。後來考慮到矽膠的長期供應和生產成本問題，最終還是交由上海某試劑廠專門研製和生產。

催化劑放大試驗也是一個難關，主要是上海石化院缺乏相關設備，例如擠條機、乾燥機、焙燒爐等，而且適用於磷鉬鉍系催化劑製備過程的機械設備的具體類型更不清楚。此時，關興亞便想到當年在上海化工研究院工作時鄰近的上海試劑一廠，並主動與該廠進行了多次連繫。終於在上海市化工局支持下，1963 年 3 月由劉久之和吳加武帶隊赴上海試劑一廠進行催化劑放大試驗。在上海試劑一廠協助下，借用該廠用於試劑生產的設備，再透過多次反覆實踐，才逐步掌握了放大技術。上海試劑一廠是一個有著數十年歷史的化工廠，許多工人師傅有著豐富的試劑生產的經驗。當時社會上流行的一句話是「社會主義大協作」，相互協作是無私的奉獻，根本不計較名和利。所以，當試劑一廠的工人師傅聽說是解決億萬人穿著的人造羊毛項目，都毫無保留地將掌握的

技術告訴上海石化院參加催化劑放大試驗人員，還出點子想辦法解決實際問題。因為許多無機化學試劑的放大試驗過程有許多方面與催化劑放大過程類同，所以這些點子非常實用而有效。

例如開始採用煙道氣焙燒爐對催化劑焙燒時，常有氧化鉬針狀晶體出現，這種現象在三氧化鉬試劑生產時，也碰到類似問題，說明局部位置焙燒溫度有可能超過某溫度值。為此，師傅們提出每隔一定時間翻動盤內物料的建議，直到催化劑呈淺黃色才出料，從而避免了物料過熱現象。當然從現在來看，憑肉眼看產品顏色來判定產品品質似乎缺乏嚴格的科學性，但就當時技術水平而言，已經相當不錯了。

實驗室內濕催化劑的乾燥比較容易，通常是薄薄一層攤開放在烘箱中烘乾即可，但放大製備時卻發現結成大塊。關興亞和吳加武等分析了其中原因，並專程到華東化工學院，即現華東理工大學請教催化劑專家汪仁教授。汪教授提出快速氣流乾燥方案，因為快速乾燥時，水分遷移蒸發速度大於鹽類遷移速度，而且經驗表明，快速乾燥過程操作時還必須用耙子不斷翻動，直到顆粒成流動狀態，乾燥才能終止。當然，現在看來這種生產方法主要依靠手工操作，設備又很土，所以生產過程氣味很大，催化劑分解物氮氧化物對人體刺激很大，讓人又咳嗽又流淚，眼睛發紅，排風機開著也不頂用。但當時勞保用品只有手套和口罩，許多科學研究人員為了早日拿出合格催化劑，也顧不得這一切了。直到1963年9月，中試裝置投料運行前，終於產出1噸合格的編號為1116的高活性固定床用丙烯氨氧化制丙烯腈催化劑，大家才露出難得的笑容。

從小試驗到大規模生產，中間試驗必不可缺。這是因為小試驗碰到的或者說未能暴露的問題，在中間試驗中必須得以解決，否則到工業規模裝置出現的問題再來解決，損失就更大。例如氣體和液體，在化學工業中稱之為流體，流體的輸送和傳熱、設備

材質選擇在小試驗解決往往是不成問題的，即使有問題也很容易解決，但到工業規模，情況發生很大變化。以列管式固定床反應器為例，小試驗通常是在一個管子內進行反應的，反應熱撤除根本不成問題，但當在 1 萬根列管組成的一個列管式反應器時，如何撤除反應熱就是一大難題。中間試驗目的就是解決這些包括流體力學、傳熱學、傳質學等工程問題。

在小試驗的基礎上，上海石化院於 1962 年 8 月成立化工組，進行中試裝置設計，並落實設備加工。當時，固定床反應器加工難度較大，上下兩塊圓形鋼板上需打約 300 個孔，且在兩塊圓形鋼板中間還要安裝長 3 米，直徑 25.4 毫米的列管 287 根，銲接要求極高。因為在 470℃高溫下反應，列管外是易燃熱載體，如銲接處有縫隙反應氣體外泄有可能發生爆炸，後果相當嚴重。為此，反應器加工是由中共上海市委工業委員會出面，請銲接經驗豐富的海軍 4805 廠代為加工完成的。

1963 年 4 月，由上海化工醫藥設計院，即現中國石化上海工程公司的前身，承擔設計的、建築面積為 826 平方米的年產 60 噸丙烯腈中試裝置土建工程開始動工。中試裝置是一個 4 層樓的框架，從外表看同一般的化工生產裝置並無多大區別，但實際流程卻很複雜，原料預處理、合成反應、產品分離、副產品回收，還有冷凍壓縮機等多種輔助設備，真可謂「麻雀雖小，五臟俱全」。框架底層是布滿輸送流體的泵和壓縮機，還有儲藏各種原料、產品或副產品的儲槽，以及幾隻產品出廠用鐵桶。二樓是操作室和分析室，操作室內是一排儀表屏，還有幾隻用廢鐵管做成的簡易鐵凳，供操作人員使用。分析室內有好幾臺自制的色譜分析儀，各種分析試劑琳瑯滿目。關鍵設備固定床反應裝置置於二樓和三樓之間，7 臺分離用塔，從底樓一直穿至四樓平台，塔身進料口、塔頂和側線出料口布滿一個又一個的取樣閥門。

儘管主要設備都由安裝公司的師傅負責安裝，但許多雜七雜

八的事情還是由剛從大中專學校畢業的學生來完成。例如由熱工儀錶廠製造的仿蘇聯的孔板流量計、溫度和壓力測量儀都是自己動手裝在儀表屏上的，每臺儀表少說也有 20~30 公斤重，還有儲槽上的液面計，甚至許多儀表和空氣管道都是自己安裝的。為了趕進度，許多看似文弱的大中專生竟做發揮管工和電焊工，而且毫不遜色。所以，工地上是熱火朝天，有時還挑燈夜戰，可誰也沒有拿到一分錢的加班費，甚至連中班津貼費也沒有。那時，領導親臨現場同大家一發揮勞動，已使這批剛從學校出來的實習生激動萬分。

　　為了確保中試裝置的投料運行，上海市化工局專派甕遠副局長安排高橋化工廠丙烯原料供給。上海石化院成立以主要負責人陳承歡為組長的開車領導小組，主要成員包括化工專家張式副所長、丙烯腈大組長劉久之、副大組長沈銀林和關興亞。參加首次中試運行的還有後來任上海石化院院長的陳慶齡，後任副總工程師的方永成等青年技術員和大中專畢業生。據不完全統計，從當年中試工廠走出來的中、高級工程技術人員不下 100 人，在研究院和國內大型丙烯腈等引進裝置擔任主要領導職務的也有 10 多人。所以丙烯腈中試裝置出了成果還出了一批人才。

　　安全是當時領導最關心的事情，因為丙烯腈及其副產乙腈、氫氰酸都是有毒有害物質，又因為是試運行，有可能出現意想不到的事情，加上設備的「跑、冒、滴、漏」，所以，要求每個操作人員應該掌握防止中毒和急救的知識。每個班都有醫護人員參加值班，個別操作工甚至還學會了人工呼吸、靜脈和肌肉注射硫代硫酸鈉技術，而且將硫代硫酸鈉放在顯著的位置，以備急救用。試車期間，曾有一位操作工，是一位剛從上海化工學校畢業的中專生因不慎臉上碰到氰化物蒸氣，後因及時使用硫代硫酸鈉注射液才逃過一劫。

　　因為沒有報警器，與實驗室一樣在工廠裡也養了幾隻小鳥。

工廠還備了許多裝有活性炭的防毒面具，因為戴上防毒面具空氣中氰化物濃度達 3.6 毫克/升也能堅持 30 分鐘，而不戴防毒面具，空氣中氰化物濃度在 0.1 毫克/升就有生命危險。

為保證中試投料運行能順利進行，關興亞為每個崗位制定操作規程，為操作人員上課講授如何應對突發事件；從底層到 4 樓參加系統檢查、氣密性試驗、系統掃洗、催化劑的裝載、反應器升溫等各項準備工作都親力親為，直到投料順利運行，整整幾天沒有很好合上眼。

在試運行期間，從鼓勵和關心操作工出發，主要負責人陳承歡將廢舊物資賣掉的錢換來咖啡，親自為在崗人員送上熱騰騰的咖啡，因為在國家困難時期，咖啡還是一種「高級飲料」。在一般員工心裡，陳所長是老革命，地下黨員，平時沒有架子，偶然還會同你聊聊家常，但雙手端上咖啡，送到在崗人員手裡，卻無論如何也沒想過，所以多少有點受寵若驚之感，有的激動得連「謝謝」都沒說，臉漲得通紅通紅的。不過心裡想「領導如此關心我們，我們一定要開好車，不辜負領導的期望。」此事在上海石化院一度成為佳話，然而在「四清運動」中卻被說成是「籠絡人心」之舉，實在是無稽之談。

不過，中試裝置確實也出現過一些問題。例如供中和塔用硫酸管道因腐蝕而穿孔，雖然硫酸含量大約是 1.5%～2%，但對人體也是有害的。當操作人員向關興亞匯報如何處理時，關興亞和資深工程師巫萬居等毫不猶豫地奔向現場，關上閥門，奮不顧身地前去搶救，避免了一場大事故的發生。

還有一次，解吸塔取樣管發生故障，關興亞也當機立斷，立即帶上防毒面具，冒著含量高達 80% 丙烯腈蒸氣的中毒危險排除了故障。關興亞沒有顧及自己的安危，心中想的是如何將試驗順利進行下去。

1964 年 1 月，當聞訊上海石化院用不到兩年時間裡便完成丙

烯腈中間試驗後，主持上海市日常工作的曹荻秋副市長，帶領市經濟計劃委員會和化工局領導前來研究院視察，還參觀了丙烯腈中試工廠，稱讚上海石化院員工的「革命加拚命」的精神。

1964 年 8 月，年產 60 噸丙烯腈中試裝置在對分離提純部分進行改造後，繼續進行試運行，打通了全流程，所取得的合格丙烯腈產品送至上海合成纖維研究所，進行聚合拉絲試驗，獲得成功，從而表明得到合格的聚丙烯腈纖維產品。

1964 年 9 月，經上海市科委推薦，以上海石化院「丙烯氨氧化合成丙烯腈新工藝」為主題，製作了彩車一輛，參加在人民廣場舉行的全市遊行，作為上海市科技系統科學研究成果一部分，向建國十五週年獻上一份厚禮。

至 1965 年 2 月，年產 60 噸丙烯腈固定床中試裝置，前後累計運行 4329 小時，獲得 21 噸聚合級丙烯腈產品的同時，初步掌握了合成工藝、催化劑製備、產品分離提純技術。

1966 年 5 月，該項目透過了化工部的技術鑒定，化工部李蘇副部長親臨主持會議。其後，高橋化工廠採用此技術成果成功地建成年產 1000 噸國內首套丙烯腈固定床生產裝置，1970 年 6 月正式投產。從此，邁出了我國丙烯氨氧化丙烯腈工業化的第一步。

儘管當時的各級領導對丙烯腈中試的成績作了肯定，但是關興亞作為主要技術負責人，想的卻是中試暴露的問題和下一步的工作，尤其是現有催化劑性能的改進和流化床技術開發，因為流化床反應技術才是代表當時丙烯腈的世界先進水平。

部分丙烯腈科學研究人員在彩車前的留影
（1964 年 9 月）

在院慶三十週年時，老丙烯腈科技人員在 60 噸中試裝置前的合影（1990 年 11 月，左發揮沈景余、金國林、姚逸民、張銘澄、趙楚駿）

年產 60 噸丙烯腈中間試驗裝置

# 第六節　流化床與四元催化劑

　　丙烯腈固定床中間試驗的成功帶來一片讚美聲，尤其是主持上海市日常工作的曹荻秋副市長，親臨中試工廠後，前來上海石化院「學習經驗」的單位絡繹不絕。可是，關興亞卻想到它的另一面，即暴露的許多工程問題。其中主要還是反應器的形式。

　　丙烯氨氧化制丙烯腈是一個氣固相催化反應，原料和產物都是氣體，催化劑是固體，當時國外常用反應器只有兩種，一種是列管式固定床反應器，另一種是流化床反應器。前者將催化劑固定在反應器的列管之中，通常氣體沿著 3 米左右長列管內的催化劑顆粒間的縫隙由上而下流動；後者催化劑可上下左右運動，當氣流速度到一定程度後，催化劑顆粒開始鬆動和膨脹，到氣速繼續增大時，催化劑如騰霧似地在反應器內處於流化狀態，像一鍋燒開的水在反應器內翻滾運動，所以又稱「沸騰床」。

　　固定床反應器的優點是反應氣體和催化劑固體有較好的接觸，反應器結構也簡單，操作控制相對方便。但是，撤除反應熱效果較差，反應器縱向和橫向溫度不均勻，特別是縱向各點溫差較大，不能發揮全部催化劑的作用。另外，固定床反應器體積龐大笨重，由於催化劑要分裝在列管之中，裝卸麻煩，生產規模因此受到制約。此外，化學反應在 400℃ 以上進行，還要增加反應列管外熱載體熔鹽（主要是硝酸鉀、亞硝酸鈉和少量硝酸鈉混合物）的輸送和循環等輔助設備，以撤除強放熱反應產生的熱量。

　　當時，年產 60 噸丙烯腈中試裝置首先碰到的問題是催化劑裝載。內徑為 25.4 毫米、長為 3 米的列管共 287 根，其催化劑裝載就

花了半個月。

採用傳統的催化劑裝載程式，先用單管試裝催化劑，稱其重，測其壓力降，然後將催化劑分裝在 287 包布袋中，然後，分別裝入反應器的每根列管，這樣就不易漏裝和多裝。裝載速度不能太快，為了防止「橋搭」現象，以免造成溝流，通常要用木錘輕輕地在管外敲擊，邊裝填邊敲擊。之後還要對每根管子進行壓力降測試，並控制其相對誤差在一定範圍內，以保證在生產中每根管內原料氣量分布較為均勻。據當時我國擬引進的一套萬噸固定床丙烯氨氧化制丙烯腈裝置的有關資料稱，9372 根列管，僅裝填催化劑就需數週時間。倘若產能達 2 萬噸，甚至規模更大，不僅裝載催化劑時間更長，而且反應器加工更為困難。所以，固定床反應器的規模不能搞得過大，這又是缺陷之一。

另外，中試結果表明，3 米列管，上、中、下三部分的溫差較大，說明管內裝載的催化劑並未充分發揮其作用。而更嚴重的是床內最高反應溫度，或稱焦點，與管外撤除熱量的熱載體溫差竟高達 25℃。一旦操作不當，催化劑溫度極易迅速上升，即「飛溫」，從而導致催化劑的失活。嚴重的話，過於劇烈的化學反應還會引發揮爆炸。此類事故國外也曾有發生。

不過，當時為了解決固定床反應器縱向催化劑反應效率不等的問題，上海石化院也開發過兩種轉化率和選擇性各不相同的「N6-O」催化劑和「N6-A」催化劑。N6-O 型催化劑的特點是活性高選擇性低，N6-A 催化劑的特點是正好與 N6-O 相反，活性低但選擇性高。具體安裝方法是列管上端即反應原料氣進口段採用活性低選擇性高的 N6-A 型催化劑，反應氣體出口段採用活性高但選擇性低的 N6-O 型催化劑，從而改變原先列管上端反應劇烈活性過高而下端反應緩和活性過低的現象。結果丙烯腈的單程收率顯著提高，從 60% 提升到 72%，無疑，這在技術上也是一大進步。但是，關興亞堅持認為這仍不能解決根本問題，列管內反應溫度與管外熱載體的

溫度之差雖有改善但仍然較高，催化劑飛溫現象仍有可能出現。相比之下，在流化床反應器中，由於催化劑處於流動狀態，只要反應器的結構設計得合理，催化劑層的溫度十分均勻，這就大幅提高了催化劑的使用效率。其次，催化劑裝卸都比較容易，只要盛在一個圓筒容器內即可。反應放出熱量只要透過設在催化劑層內冷卻管可直接撤除，不必使用熔鹽熱載體。因此同樣生產能力的反應器，流化床反應器體積明顯小於固定床反應器。

關興亞在 1963 年發表在《化學通報》的一篇題為「氨氧化法合成腈類化合物」中總結了流化床反應器的 3 個優點[1]：①原料氣在催化劑床內發生激烈攪拌作用，它破壞和分散了在床內可能存在的冷點和過焦點；②反應床內固體介質，與其中含有的氣體比較，有很大的熱容量，因此固體介質可以吸收大量反應熱，但反應床的溫度卻很少變化；③流化床的傳熱效果好，每單位體積流化床有很大傳熱面，一般砂子流化床，每立方英呎有 1000~1500 平方英呎的傳熱面積。所以，關興亞認定，對大型丙烯腈工業裝置而言，流化床反應器是發展方向，必須加快開發流化床反應技術。

其實，流化床反應器在當時並不是新鮮事物。這種反應器是一種利用氣體或液體透過顆粒狀固體層面使固體顆粒處於懸浮運動狀態，並進行氣固相反應過程或液固相反應過程的反應器。20 世紀 20 年代，最早出現的溫克勒粉煤氣化爐就是採用流化床反應器。到 40 年代，石油煉製過程中的催化裂化工藝更廣泛採用流化床反應器。只是用了兩個反應器的「雙器」而已，另一臺反應器作為催化劑再生用。

20 世紀 60 年代，我國煉油工業出現了「五朵金花」，其中一朵是催化裂化。50 年代末，石油科學研究院開展了流化催化裂化工藝和流化模型的研究工作，並於 60 年代初建設了一套流化床催化裂化

---

[1]關興亞，金啟玲. 氨氧化合成腈類化合物[J]. 化學通報，1963，(11)：669-679.

中型試驗裝置，後經北京石油設計院、撫順石油設計院以及多家機械設備加工廠的努力，於 1965 年在撫順石油二廠，建成我國第一套流化催化裂化工業生產裝置。關興亞曾經設想，借鑑國外催化裂化的流化床反應技術，將其移植到丙烯氨氧化工藝，但經過認真評估和分析後，覺得兩者雖有共性，都可採用流化床技術，卻也有個性，因為反應介質不同，煉油工業的催化裂化採用的是價格相對低廉的矽鋁催化劑，儘管損耗量大，但仍有可觀經濟性。但是，若用於丙烯腈生產，催化劑的損耗量過大，大量價格較貴的鉬鉍系催化劑的流失就使該技術缺乏經濟性。而且鉬鉍系催化劑並不存在煉廠催化裂化工藝用矽鋁催化劑的再生問題，所以這種「雙器」流化床並不適用於丙烯氨氧化工藝。

流化床反應器在有機化工產品中的應用，早期實例是萘或鄰二甲苯氧化為鄰苯二甲酸酐，簡稱苯酐。1944 年，巴杰爾/謝爾溫、威廉斯公司首先以萘為原料，採用流化床反應器生產苯酐。我國流化床用於苯酐的研究，最初在 1958 年，根據蘇聯提供的技術資料，並在蘇聯專家薩巴喬夫的指導下，完成了流化床萘氧化制苯酐的中試裝置。同年，上海染料油漆工業公司染料研究室，以蘇聯提供的 K-26 型催化劑，在華亨染料廠進行流化床生產苯酐的試驗。也是在 1958 年，南京化學工業公司用浸漬法試製成功流化床萘氧化釩系催化劑。與當時採用的固定床工藝相比，可以避免局部過熱或爆炸，另外催化劑裝填操作簡單。

當時，國外對用於丙烯氨氧化制丙烯腈的流化床反應器的內部構造十分保密。有關專利僅透露有些類似「用於萘或鄰苯二甲苯氧化制苯酐用反應器」。為此，關興亞專門翻譯了一篇發表在美國《石油煉製》（Petroleum Refiner）的文章「如何設計和操作流化催化制鄰苯二甲酸酐裝置」。譯文後被上海科學技術編譯館錄用，編入「基本有機合成譯叢第五輯」公開出版。

這篇論文主要敘述了流化床與固定床反應器的比較、過濾器、

流化床用催化劑、存在問題和反應器設計與催化劑磨損 5 個方面的問題。關興亞逐字逐句研究了有關流化床反應器設計和耐磨催化劑的製造，以及如何防止出現騰湧、噴射、鼠穴，以及大量氣泡引發揮過量催化劑進入流化床上部，導致後期燃燒等不良現象和所採取的措施與方法。儘管論文提出反應器設計的原則非常籠統，但在他看來極為有用，因為根據這些原則，再結合丙烯氨氧化的具體情況，一個抽象的適用於丙烯氨氧化的流化床反應器已浮現在眼前。

　　為了增加對流化床反應器的感性認識，關興亞又想到當時上海化工研究院附近的華亨化工廠，於是就帶領課題組研究人員到華亨化工廠，請教資深工程師和苯酐工廠當班師傅。甚至還趁工廠檢修期間，不顧難聞氣體，鑽進反應器內部觀察器內氣體分布板和各種內部構件的具體安裝細節。關興亞還與工人師傅邊檢修邊請教生產過程碰到的問題。原來，該廠最早苯酐生產也是採用固定床反應器，因為固定床反應器存在許多問題，如催化劑裝卸麻煩，反應效果不佳，稍有操作不當，催化劑便會「飛溫」而報廢。改用流化床反應器時，由於反應器設計上存在一些問題，加上開始操作沒有經驗，覺得控制不易。當時碰到的最大兩個問題是「溝流」和「騰湧」，這兩種現象的出現，會使催化劑性能明顯下降。而透過實踐不斷改進後，能逐漸掌握操作規律。例如氣流穿過催化劑空隙，朝阻力最小的通道流動而形成的「溝流」，除在設備結構上更要注意氣體分布外，在催化劑裝載時顆粒大小搭配和氣流速度方面也應作適當調節。同樣，對於氣體結成大氣泡，使流化床形成一段又一段的「騰湧」，也在床體結構方面作了改進。這些實踐經驗為關興亞後來用於丙烯氨氧化制丙烯腈的流化床反應器設計提供了寶貴資料。由於關興亞手上拿著檢修工具，身上都是白色苯酐粉塵，看發揮來真像廠裡新來的操作工，根本不像上海石化院的工程師。後來，他告訴年青的科技人員，要虛心向工廠裡的技術人員和工人學習，不能只

是嘴上說說「我們是來學習的」，而是要有實際行動，深入班組，看他們如何操作、檢修，及處理各種不正常的現象，這樣才能將技術真正學到手。

之後，他又透過華亨化工廠發表在《化學世界》1959年第5期和第9期的兩篇有關流化床萘制苯酐的基本情況介紹，以及文章中給出的反應器示意圖，對流化床反應器和流態化技術又有了進一步的了解。當時，給關興亞留下的一個感覺是用16號粗細的鉛絲和玻璃棉組成的過濾器裝置與國外文獻報導的丙烯氨氧化用旋風分離器，雖然都是用來「回收」催化劑的，但後者效果比前者要好得多，但後者卻不一定適用萘或鄰苯二甲苯氧化工藝。但是，國外的旋風分離器誰也沒有見過，必須自己設計。

為了掌握流態化基本理論，關興亞還到北京，參加由中國科學院化工冶金研究所郭慕蓀教授主持的「流態化研討班」。當時郭慕蓀教授已是我國流態化技術的開拓者和學科帶頭人，從美國回來後開發了貧鐵礦流態化磁化焙燒等工藝，在國際上也有一定知名度。儘管學習研討班未涉及丙烯氨氧化用流化床反應工藝，但從理論上加深了對流態化的理解，學會了許多有關流態化的工藝計算，設備加工和裝置構成等基礎理論。

關興亞還請教過中國科學院山西煤炭化學研究所研究流化床的學者。回滬後，借鑑前輩們成熟經驗的同時，自己動手加工設備，大大小小不同尺寸、不同內部構件的流化床反應器搞了10多臺，而且大部材料都是利用舊料做的，連後來這套最成功的加壓帶擋板的流化床反應器也是用舊料製成的。他認為利用舊材料既可節約原材料，還可加快工作進度。因為有時候材料申請到採購常常會浪費許多時間。

然而，同樣採用流化床工藝，因為原料不相同，反應條件不相同，過程傳熱和傳質情況不相同，採用流化床內構件以及分布板的類型也有差異，沒有統一模式。例如，分布板類型就有多種，單層

篩板，凹型篩板、多層篩板、夾層填料等，內部構件又有多種，如垂直管、水平管、多孔板、水平擋網、斜片百葉窗板等，究竟採用怎樣的構造，還需求在實踐中不斷摸索。

其實，要使催化劑在反應器內真正形成流態化可不是一件簡單事情，除與反應器結構和催化劑粒徑尺寸和重量相關外，還與氣體流速相關。氣體流速過大，催化劑將一下吹到反應器上部，流速過低，催化劑則根本吹不發揮來，更何況達到流態化。一直到 1963 年 3 月，丙烯腈單位面積產量僅 22 公斤/（平方米·小時），與工業化要求相差甚遠，而且操作極不穩定，「溝流」、「大氣泡和騰湧」等異常現象時有發生。真是急煞人！時間在一天天過去，就是上面不催促，自己也覺得壓力越來越大。然而，面對一次又一次的失敗，他並沒有灰心，而是堅韌不拔，繼續一頭鑽在實驗室思考失敗原因。他仔細地分析了每一次產生異常現象的原因，並從尋找合適內部結構和催化劑製備兩個方面著手做了大量試驗。透過兩者比較，催化劑製備對產品收率影響更大，於是又將重點放在催化劑方面。

丙烯腈催化劑製備有多種方法，限於當時國內設備條件，浸漬法是主要採用的方法。所謂浸漬法，就是將含有活性組分和助劑部分的液體物質浸漬在固態載體表面的一類催化劑製造方法。其優點主要是：第一，可使用既成外型與尺寸的載體，省去催化劑成型步驟；第二，根據載體生產商提供的不同規格（如形狀、尺寸比表面積、孔半徑、機械強度、導熱性能等物理結構參數）商品載體，客戶可根據化學反應要求，從中選擇或定製合適的載體；第三，負載組分只是分布在載體表面，所以活性組分利用率高、用量少、生產成本也低，而且對鉬鉍類價格較貴的金屬氧化物催化劑而言更有必要。

為追求高丙烯腈收率，當時國外有不少公司曾報導採用銻鈾氧化物催化劑，據稱丙烯腈收率高達 70%。文獻雖說該鈾來源為原子能工業廢棄的副產，但鈾元素畢竟具有放射性，對人體健康是有害

的。但關興亞竟然不顧個人安危敢冒此風險，獨自在實驗室嘗試銻鈾氧化物催化劑的製備。後來，進一步研究發現，該催化劑丙烯腈收率雖可高達70%，副產乙腈生成量又明顯減少，但這種催化劑不耐還原，也就容易失去活性，原料配比中要求有較高的氧含量，氨比也高，並且要求反應溫度更高。所以研究工作很快又轉向到丙烯腈單程收率可達75%，多元組分的鉬鉍系新牌號催化劑。

那時，許多文獻都提及為使流化床所採用的催化劑有良好的機械強度，噴霧乾燥成型是一種常用的方法。1965年關興亞等發表在《化學世界》的「丙烯氨氧化制丙烯腈的進展」一文中指出，「磷鉬酸鉍矽膠催化劑溶液經噴霧乾燥，可得到具有玻璃狀光滑表面的小球，其耐磨性能良好」。然而，當時國內不具備轉速高達每分鐘1萬2千轉的高速離心式噴霧乾燥器，進口這類昂貴設備在當年看來是天方夜譚，一則國家沒有這麼多的外匯，二則這類策略物資對中國是禁運的。所以只能根據國情和反覆多次的實驗結果，並且從節約生產成本出發，向地處山東青島的專門生產矽膠產品的海洋化工廠直接購買包括細顆粒的各種規格的商品矽膠。

開始對山東海洋化工廠提出矽膠產品的比表面積、平均孔徑等參數時，他們覺得似乎太苛刻，因為以往他們生產的矽膠主要是除濕保乾燥用的，與比表面積、平均孔徑沒有絲毫關係，後來透過技術改進，也能生產符合催化劑載體用的矽膠產品。

很快，用外購細顆粒矽膠和相應製備方法得到的新催化劑，在直徑為50.8毫米的流化床反應器中考察，丙烯腈單程收率為58%至59%，儘管運轉1000小時以後，單程收率稍有下降，為55%～56%，但初步具備了進行中間試驗的條件。

1966年，上海石化院將原來年產60噸丙烯腈中間試驗裝置的反應器由固定床改為流化床，規模為年產200噸，同時進行縮短流程和大幅降低能源的「部分解吸」分離精製流程的中間試驗。

流化床反應工藝的中試之初，為了改善流態化狀況，曾在流化

床內加入圓筒形金屬絲網填料。儘管這種試驗在反應器直徑由 50.8 毫米放大至 254 毫米時，結果是基本一致的，但是在年產 200 噸中試裝置上直徑為 800 毫米的流化床中反應時卻失敗了。當時反應器出現的徑向溫差高達 50℃，說明反應熱量難以去除，不得不停止試驗。分析其原因，從現象上看主要是填料的存在嚴重地降低了催化劑粒子的徑向運動速度。進一步深入研究，發現實際上是化學工程上的原因。

　　此時，試驗似乎已經走到了山窮水盡的地步，因為無論採用流化床內不加填料的空床也好，添加金屬絲網的填料也罷，都無法在中間試驗裝置上重複小試驗的結果，那麼規模放大後的癥結究竟在哪裡呢？這時，關興亞又想到了萘氧化制苯酐流化床反應器中的擋板作用。國外也有將擋板沸騰床用於「丙烯氨氧化制丙烯腈」的專利說明書，而且從 1959 年發揮有多篇類似專利發表。後來，由於擋板在丙烯氨氧化用流化床反應器取得了效果，又從中選取了有代表性的專利譯成中文發表在由張式主編的《催化劑專輯》上，題目為「擋板沸騰床丙烯氨氧化制丙烯腈英國專利 981005（1965）」。當時，他最感興趣的是專利說明書中這段話：本發明所採用的特殊反應器是一個內徑 3 吋（1 吋相當於 25.4 毫米）、長 30 吋的 40 號不鏽鋼管，底部封閉。靠近平底反應器底部是多孔鋼板，作為催化劑的支持物和空氣的分布板，空氣由此分布板下面送入，在此點的下部引入丙烯及氨。反應器內構成這些間隔的篩板，固定在 1/4 吋熱電偶套管壁上，這些篩板可以移動位置，用一段段 3/8 吋套管將它們分割為任何希望的間距，在管底用螺帽將其全部裝配固定。篩板切割形成圓形，使之與反應器內壁保持最小的間距。操作時全部反應器浸在能控制溫度的鹽浴中。

　　該專利還給出了 5 個實例。其中具代表性的是實例 1。使用擋板尺寸是 9 目 × 9 目（目是一種顆粒尺寸的計量單位，係指在篩孔中透過的顆粒數，目數越少尺寸越大），含有 0.069 吋孔的金屬篩

網開孔面積為反應器內截面的 33%。該實例比較了接觸時間在 4~8 秒範圍內，不同反應器內擋板數目與丙烯腈等有用產物收率的關係。以接觸時間為 5 秒為基礎，無擋板時，有用產物收率為 71.7%，擋板數分別為 3 塊、5 塊、11 塊時，有用產物收率分別為 77.7%、77.3%、81.3%。所以，該發明專利的要點是強調擋板在流化床反應器中的作用。不過也有不少文獻並不認同擋板作用，因為當反應器直徑增大後，擋板不僅不能提高有用產物收率，甚至有可能發揮相反作用，而且都有相關實驗作證。他雖重視資料收集，但也不完全迷信這些資料，而是詳細分析個中原因。因為作為一個科學研究工作者，他深知加入擋板後是否有用歸根結底要看實驗結果。

　　然而，真正工業用導向擋板是一個什麼樣的結構，包括關興亞自己都沒見過。顧名思義，導向擋板是引導氣流方向的一塊擋板。一個流化床反應器內究竟應放多少塊導向擋板是合適的，放在什麼地方？擋板與水平的夾角是多少度才是合適的？此時只有靠大家群策群力。關興亞先拿出方案，大家討論提出各自看法，然後再改進。他日思夜想，甚至騎自行車回家途中也在想，有一次竟然闖紅燈被交警攔住才反應過來。後來他集思廣益，透過多次試驗，初步確定了一種粗看發揮來像四扇百葉窗，葉片與水平有一個合適的傾斜角，分布在 360 度一圈的 4 個像限內，從而使氣流真正造成引導方向作用的導向擋板。當原料氣體透過時，產生一種向心旋轉的氣流，可以加強催化劑粒子的徑向運動。導向擋板以一定間距整齊地安裝在整個反應段內，一個流化床反應器通常有幾十塊導向擋板，其優點主要體現在兩個方面。

　　首先是強化了反應器的生產能力和操作彈性。在一般不加導向擋板的流化床反應器中，原料氣體總是中間流速快，沿反應器壁周圍流速比較慢，因而催化劑也是在反應器中間濃度比較稀，反應器沿器壁周圍比較濃，容易在中間形成比較大的氣泡，使原料與催化

劑的接觸不良，反應效果欠佳。加入導向擋板後，剛好克服這一缺陷，使催化劑在流化床截面上的分布比較均勻。當氣流增大時，向心力增大，催化劑向中心運動的力量也增大，可以使原料在單位時間內透過流化床的距離更長，用化工術語來說就是反應可在高線速下操作。由於氣流的旋轉運動，對催化劑造成強烈的攪拌作用，因而強化了反應器的生產能力。由於可在較寬的線速範圍內操作，又賦予流化床反應器有很大的操作彈性。

導向擋板還有良好的破碎氣泡的作用。在較高的線速下操作，此時不但有一定數量的大氣泡生成，而且這種氣泡又因導向擋板的加入不斷被破碎。在第一塊導向擋板上生成的氣泡，在穿過第二塊擋板時被破碎了，接著在第二或第三塊擋板上又可能產生新的氣泡，此時新產生的氣泡就不再是純粹的原料氣，而是已滲入一部分經過反應的氣體。這樣，氣泡不斷生成，又不斷被破碎，而在生成和破碎之間，產生了品質的傳遞過程，化學工程給出的術語稱「傳質過程」，發生了在氣泡中反應不完全的氣體和本不是氣泡中反應較完全的氣體之間的摻混和交換，由反應器自下而上，使每個新產生的氣泡中經過反應的氣體成分不斷增加，最終使全部氣體都達到比較完全的反應，從而使化學反應獲得較高的轉化率。

隨著研究的深入，關興亞等還研究了用於流化床反應器的多旋向心導向擋板和單旋離心導向擋板，並且將兩種形式的導向擋板放置於不同位置，使丙烯氨氧化反應更為完全。

帶導向擋板的流化床反應器小試驗首先在直徑為50.8毫米的規模上開展，評價的催化劑是剛開發成功的帶鈰的磷鉬鉍四元催化劑。參加這項試驗的除了關興亞和吳加武外，還有後任上海石化院副總工程師的令狐壽山和我國甲苯歧化和烷基化制苯和二甲苯用絲光沸石催化劑的主要研究開發者程文才等同志。

之後，直徑為150毫米的帶導向擋板的流化床試驗是在上海石化院試驗大樓外的一塊狹窄的空地上進行的，因為反應器高達4米，

所以還動手搭了個棚，作為操作室使用。室內除安放儀表屏外，還有一隻長 1 米多，用廢鋼管和廢塑料軟管製成的座椅。參加這項試驗的除了關興亞和吳加武外，還有同樣是我國甲苯歧化和烷基化制苯和二甲苯用絲光沸石催化劑的主要研究開發者王福生等同志。在這一關鍵性試驗中終於獲得良好結果，其丙烯腈單程收率與在直徑為 50.8 毫米的反應器中的數據相一致，達 66%～69%，且連續運行幾個小時催化劑性能基本沒有改變。

帶導向擋板的流化床反應器開發成功，使我國丙烯腈工業技術又向前邁進了一大步。當時國外丙烯腈流化床反應器是不加擋板的，國內苯酐生產用流化床反應器加擋板，但並不「導向」，而且結構也有明顯差別，所以來自北京和蘭州等地參加協作的技術人員稱它為「關氏流化床反應器」，也有的稱是「中國式導向擋板反應器」。但關興亞卻說這是大家的成果。其實，關興亞對導向擋板的認識也有個過程，而且有關帶導向擋板反應器設計，包括採用多少塊擋板的計算，用去的白紙不計其數。而眾多優越性還是後來透過大量實驗結果才總結出來的。最初採用網狀填料的填充型流化床做試驗時，在直徑為 50.8 毫米的小型反應器中曾有較好合成效果。當時的想法是，這種反應器結構較簡單，加工也方便。但是，當反應器直徑放大至 800 毫米時，出現了高達 50℃ 以上的溫差，反應器外殼熱得紅紅的，如不中斷試驗有可能發生爆炸。之後才「逼上樑山」，大膽嘗試導向擋板這種內部構件，而且當時也沒考慮增加導向擋板後的反應器加工的難度，心裡想只要能將丙烯腈收率提升上去，設備加工複雜性是以後的事情，最多是增加些加工費用而已。後來，對這項具突破性進展的工作有小結稱：最初設計的填料流化床反應器只考慮了過程的傳質，而忽視了傳熱過程，以致反應熱難以導出而造成催化劑因局部過熱而燒結，這也是實踐中的收穫。

帶導向擋板流化床反應器開發成功，與由關興亞、吳加武等共

同開發的四元催化劑是分不開的，因為沒有性能良好的催化劑，即使再好的反應器也是無濟於事的。

為了提高催化劑性能，在關興亞指導下，吳加武著手進行添加助催化劑的研究工作。文獻中提出的各種助催化劑有釩、鎢、鈰、鐵、鈷、鎳、碲等氧化物。然而，吳加武看到了一篇報導，稱「我國富有稀土資源，應設法開發其用途」，就有意識地以各種稀土元素的氧化物為助催化劑進行一系列試驗。最終發現加入鈰的氧化物效果最好，而添加鈰的四元催化劑是國外沒有報導過的。小試驗結果表明，丙烯腈的單程收率可提高到 70%～72%，達到當時國外先進水平。為了購買硝酸鈰，吳加武專程多次前往上海冶金局在江蘇瀏河雙草墩地區的躍龍化工廠。因為該廠還生產許多用於軍工和國防工業的稀有金屬，不少金屬元素帶有放射性，所以去該廠連繫工作也很麻煩，需求與該廠的上級單位上海冶金局說明來意、購買產品的用途，才能開介紹信。另外，從上海浦東到江蘇瀏河要轉好幾輛公車和長途車，來回需整整一天。根據吳加武回憶，那時工廠沒有工作午餐，都是自帶乾糧，回到宿舍已是晚上 8 點，好在搭夥的高橋化工廠的食堂為上夜班的職工提供夜餐，否則辛苦一天，連晚餐也趕不上，只能以饅頭充饑了。

1966 年，根據上海石化院在直徑為 150 毫米帶導向擋板的流化床反應器和採用四元催化劑運行的數據，北京設計院等設計了一臺直徑為 550 毫米帶導向擋板的流化床反應器，為大慶油田建一套年產 5000 噸的丙烯腈裝置提供數據。

然而，就在眾人拭目以待進行更大規模的中間試驗時，無產階級文化大革命帶來了對科學研究工作的衝擊。

第 三 章

# 逆境中
# 勇往直前

# 第一節　「七塔流程」到「三塔流程」

1966 年，對上海石化院而言，本應是一個豐收之年、振奮人心之年。

在中共上海市委工作組領導下開展的清政治、清思想、清組織、清經濟的「四清運動」中，上海石化院黨政機構逐步齊全。1964年末，先是在行政系統設立人事科、行政科、供應科、計劃室；1965 年 7 月，根據高橋化工廠和上海石化院「廠所合一」模式和科學研究發展需求，將科學研究一線由課題組形式升為相應的研究室，分為合成一室、合成二室、化工室和物化室，關興亞任合成一室主任兼丙烯腈課題組長。1965 年 9 月，中共上海石化院支部升格為總支建制，下設 5 個黨支部。在黨總支領導下，上海石化院各科室正在規劃未來發展前景，準備大幹一場，提出更多國家急需發展的石油化工項目。如乙烯氧化制環氧乙烷，作滌綸單體生產最重要原料之一；乙烯乙醯化製醋酸乙烯，作維綸生產原料用，以及原油裂解制乙烯等。

1966 年，至少有幾件事是值得慶賀的。首先是科學研究人員最為關切的成果推廣取得重大進展。2 月，高橋化工廠採用上海石化院開發的固定床丙烯氨氧化制丙烯腈技術，年產 1000 噸生產裝置開始動工興建。4 月，丙烯腈課題被列入 1964～1965 年全國科學技術中間試驗成果彙編。同年，大慶煉油廠年產 5000 噸丙烯腈裝置擬採用上海石化院由關興亞等開發的帶導向擋板的流化床中試成果。

1966 年 5 月，化工部副部長、化工專家李蘇親臨上海石化院，主持「年產 60 噸丙烯腈中間試驗」鑒定會，會議期間參觀了中試裝

置，勉勵廣大科技人員繼續發揚革命精神，多出成果，多出人才。

　　一個成立不到 6 年，上海市化工局下屬、依附高橋化工廠的不發揮眼的研究所，竟然搞出被化工部表彰的，當時世界上還僅有少數國家掌握的丙烯氨氧化制丙烯腈工藝技術，確實在國內化學工業界引發揮了關注。當時在上海石化院參加丙烯腈課題協作攻關，而且丙烯腈研究時間早於上海石化院的老大哥單位，化工部直屬北京化工研究院和中國科學院長春應用化學研究所的同仁不得不對上海石化院刮目相看。

　　不過關興亞並沒有因為這些成績而滿足，而是精心安排下一步帶導向擋板的流化床及其催化劑試驗工作。然而正在熱火朝天開展新一輪試驗時，中共中央召開了八屆十一中全會，透過了「關於無產階級文化大革命的決定」（即十六條）。在此之前，上海石化院開展的是在黨總支直接領導下的批判「三家村」運動。不過，此時科學研究工作還是照常進行。

　　所謂「三家村」，是 1961 年 9 月，北京市委機關刊物《前線》雜誌為活躍氣氛、提高品質開闢的一個「三家村札記」專欄，並邀請時任北京市委書記處書記的鄧拓，北京市副市長、歷史學家吳晗，以及北京市委統戰部長廖沫沙三人合作撰寫，內容大部分是談古論今、談天說地形式，包括思想修養、藝術欣賞等，其中一些文章也批評了當時社會生活中的不良現象，但這種批評與諷喻後來被認為是「有組織有領導的政治行為」，而被誣為反黨反社會主義的大毒草。於是全國上下掀發揮了批判大小「三家村」、「四家店」的運動。

　　那時，在上海石化院批判對象主要是一些平時喜歡批評社會不良現象、評論時事、或者對領導有意見「發牢騷、說怪話」的人。例如對 1963 年的工資調整，有的加兩級，有的一級也加不上，加不上的難免有些牢騷。原來蘭州化工公司引進的砂子爐乙烯裝置是放在上海的，考慮到戰備才將廠址定在蘭州，那末圍繞會不會打仗又有一番議論，還有一些人喜歡傳播政治小道消息。於是上海石化院也

出現了好多「三家村」和「四家店」。此時，研究院大門和試驗大樓走道貼滿了揭發和批判大字報，還有自我批評檢查的大字報。有些人還以為新一輪的反右鬥爭又開始了。可是沒過多久，誰也沒有想到，形勢發展如此之快，來勢洶猛到令許多經歷過多次運動的「老運動員」們也始料不及。

運動之初，紅衛兵們的破四舊、立四新，嚇得「奇裝異服」者不敢上街，就是離市區一、二十公里的高橋化工廠門口也豎發揮了大幅布條，「奇裝異服」者不得進廠。其實所謂「奇裝異服」就是服飾時尚一些罷了。經歷三年自然災害後，本來生活條件已經夠艱苦了，為了省錢，又要趕「時髦」，聰明的上海人買木材自己打家具和沙發，買縫紉機自己做衣服，因為每年每人幾尺布票不夠用，所以又把舊衣服，包括解放前的舊西裝和舊旗袍拿出翻新，為要式樣更時新一些，一些市民還參照外國電影中明星們的服飾進行改裝，並為我所用。哪知到了「文革」便成了「奇裝異服」，碰上紅衛兵，輕則剪「小褲管」和不過膝蓋的「超短裙」，重則剃「陰陽頭」。在紅衛兵們看來，「沙發」和「奇裝異服」都屬資產階級生活方式。

那年夏天，關興亞途經母校復旦大學。因多年未回母校，想趁此機會看望老師和留校同班同學。哪知，這些向學生傳授知識的人類靈魂工程師，已經變成資產階級反動學術權威，而且還要被學生考問化學實驗基本功。有的老師，年事已高，做化學實驗難免手有些發抖，於是說這些教授外面名聲很大，實際連最簡單的化學實驗也不會做，所以成為批鬥對象。戴高帽，在校內遊街，甚至掃地出門，發上幾十元生活費，使其成為「自食其力的勞動者。」關興亞想不通，文化大革命難道就是要打倒有文化的人嗎？

儘管在關興亞心目中紅衛兵的行動過激了，但工廠生產和研究院所的科學研究工作還沒有停頓，只是大大小小的會越來越多。

因為「廠所合一」，又是在同一個黨委領導下，上海石化院的人事和組織關係也在高橋化工廠，所以高橋化工廠在大食堂召開各種

會議，上海石化院的職工必須參加，理由是知識分子更應該與工人在一發揮接受教育。在文革期間，幾乎大會每週有，小會是每天有，不管你是三班制的員工，做完夜班也要參加會議。因此，有時候在嚴肅的階級鬥爭和走資派批鬥會上，常常會出現與會議不相稱的打鼾聲。造反派認為，光開會還不夠，他們叫囂應該像學校一樣，停產、停科學研究鬧革命。

到 12 月下旬，不知什麼地方得到的訊息，說科學研究單位與學校一樣也可以進行革命大串聯。於是，已經靠邊站的領導被迫簽字，每人發給現金 100 元作為赴京串聯車費，大部分員工便乘火車上北京，小部分員工乘火車赴湖南湘潭韶山毛澤東主席故鄉等地，接受革命傳統教育，也有的乾脆回老家探親一次。此時，科學研究工作受到嚴重影響，包括丙烯腈課題在內，大部分研究課題被迫中斷試驗工作。當然也有少部分員工仍然堅守在自己的崗位上，例如圖書館一位馬來西亞歸國華僑，無論誰勸他到北京去串聯，他一概婉言謝絕。因為他覺得當時社會秩序亂轟轟的極不正常，猶如當年東南亞某些國家排華運動，如今好不容易回到自己日思夜想的祖國，有了安寧生活和穩定工作，還要造什麼反呢？所以，圖書館一直敞開著，這給關興亞提供了一個極好的工作場所。在圖書館內，關興亞摘錄了國內外數百篇文獻，還記錄在文摘卡上，重要內容和細節部分整理在一冊又一冊黑簿面的筆記本上，這也算是關興亞在文革初期的額外收穫。因為平時他根本不可能整天撲在圖書館內找資料，大都是見縫插針，更多的是吃過晚飯以後才有時間進入圖書館看資料。不過，從此後，除關興亞和幾個被批鬥的老知識分子和老專家經常光顧圖書館外，大多數青年知識分子因懼怕帶上「崇洋媚外」「白專道路」帽子而不敢越雷池半步，圖書館變為無人問津之地，往日挑燈夜戰的景象已不再重現。

盼星星，盼月亮，總算盼到赴京串聯員工回到上海，關興亞以為工作又可重新開展發揮來，實施他的科學研究計劃。然而，在

1967 年 1 月的「一月革命風暴」影響下，「工人造反隊」首先奪了研究院和各研究室兩級黨政大權。哪知，其他造反派組織不服「工人造反隊」的單獨奪權，並聲稱要按照《人民日報》社論精神，在實行各造反派組織大聯合後才能共同奪權。於是，一個不到 400 人的研究院，一夜之間竟然出現了幾十個造反派組織，有的組織僅一人而已，目的是為了在新生權力機構中分得一杯羹。但多數群眾認為革命與科學研究應該兩不誤，並以科學研究工作為先，所以批鬥會常常是冷冷清清的。

1967 年 7 月，在當時負責全院科學研究工作的沈銀林主持下，排除造反派要繼續停工鬧革命的干涉。沈銀林斬釘截鐵地說：「『工業學大慶』是毛主席號召的，現在大慶年產 5000 噸級丙烯腈裝置等著我們要數據，我們必須分秒必爭，這就是抓革命促科學研究」。說得造反派啞口無言。此後，關興亞帶領丙烯腈科技人員和工廠員工重新投入直徑為 550 毫米的導向擋板流化床中間試驗。長期運行結果表明，丙烯腈單程收率達 68%～70%，接近直徑為 50.8 毫米反應器的結果，從而使我國自行開發的丙烯氨氧化制丙烯腈工藝技術終於跨出了最重要的一步。

其實，當年沈銀林為開展導向擋板流化床中間試驗，也費了很大精力。因為工廠操作工幾乎半數以上來自高橋化工廠的青工，只有崗位負責人和班組長以上技術人員多數為上海石化院編制。在文革之前因「廠所合一」，上海石化院領導要調動高橋化工廠這批操作工，無多大爭議。但到文革之後，工人造反隊掌了權，知識分子成了臭老九，研究院又成了「池淺王八多」之地，此時，要讓已經閒散一段時間的工人們重新復工談何容易。而化工設備有一個特點，長期運行尚可，一旦長時間停止運行，多數設備因經不發揮腐蝕而報廢，因此必須立即恢復運行。為此，請工廠主任、老工人瞿全根向工廠全體人員作憶苦思甜報告，講開展丙烯腈課題研究的現實意義。好在這批青工的多數人還是願意做一個本分的工人，沒有去搞

無聊的派性鬥爭。

提高丙烯腈單程收率，減少副產物生成，簡化老流程也是當時全國丙烯腈會戰的重要內容之一。雖然當時參加會戰的北京化工研究院等科學研究人員均回原單位參加文革運動，但這項工作還要繼續。因為它關係到新建工業裝置，尤其是大慶煉油廠年產 5000 噸裝置的投資和生產成本，而且，透過一段時期的中試裝置運行也暴露出一些問題。而此時，國外有關丙烯腈後處理工藝的進展也有不少新報導，其中包括全解吸和部分解吸方面的進展。在關興亞和金啟玲所寫的「丙烯氨氧化制丙烯腈的進展」❶一文中就提及「產品全部吸收再用部分解吸法分離」，並稱「水吸收液在解吸塔中共沸蒸餾，則塔頂為丙烯腈及低沸物和水，塔底為乙腈和大量水。估計此法在乙腈含量較高時不能完全分開，因為乙腈與丙烯腈共沸分離，需有較多的水分，雖然進料水溶液中存在大量水，但精餾段的水量卻很小，如由塔頂補充一部分水較好」。在此基礎上，又根據操作人員的經驗和建議，關興亞等提出三塔流程及關鍵的萃取解吸塔設想。

由於腈綸生產工藝對原料丙烯腈品質要求較高。其中丙烯腈含量在99%以上，雜質丙烯醛小於 50 毫克/公斤、總氰小於 5 毫克/公斤、水含量小於 0.5%。如果這些雜質含量超標會引發揮聚合反應時間延長、染色困難、纖維性能變脆等不良後果。所以，必須儘快將丙烯腈水吸收液中的雜質脫除。為此，根據傳統大宗有機化工產品精製原理，先用吸收塔將反應出口物中有機化學品吸收發揮來，然後根據它們的沸點逐個分離開來。同時根據丙烯氨氧化產物特徵，在年產 60 噸中間試驗中確定了七道工序 8 臺設備的吸收精製流程。其中包括將所有吸收組分全部解吸出來的全解吸塔，用於丙烯醛與氫氰酸縮合為氰醇的反應器，使剩餘丙烯醛與磷酸反應的酸化器，脫氰醇塔，脫氫氰酸塔，提取丙烯腈的萃取精餾塔，用氫氧化鈉和殘

❶關興亞，金啟玲. 丙烯氨氧化制丙烯腈進展[J]. 化學世界，1965，（9）：385-391.

餘氫氰酸反應的中和塔。

改用三塔流程後，只需 3 個塔就完成了丙烯腈的精製過程，這 3 個塔分別是：將丙烯腈和乙腈與大部分水分開，並使丙烯腈濃度提至 90% 以上的萃取解吸塔；脫除丙烯腈中氫氰酸的脫氫氰酸塔，以獲得粗丙烯腈；將粗丙烯腈中的水脫除，得到精丙烯腈的脫水塔。

這裡關鍵是萃取解吸塔。從化學工程的基本過程原理看，萃取精餾和解吸是兩個不同概念，前者透過加入萃取劑水可將兩個被分離組分的揮發度拉開，從而簡化了精餾過程，例如，丙烯腈和乙腈沸點差只有 4.3℃，如用普通精餾塔，大約需求理論塔板數超過 100 塊、高達 100 米的精餾塔，但採用萃取精餾塔後，因相對揮發度從 1.09 上升到 1.8，使塔高大幅下降，僅需 24 塊理論塔板，從而節約投資費用和生產成本。而將萃取精餾與解吸兩個過程結合發揮來的萃取解吸塔，不僅使投資費用和生產成本得到進一步的下降，而且又因部分解吸，更使七塔流程改為三塔流程，設備占地面積也可減少一半。

後來，關興亞大膽提出將脫氫氰酸塔和丙烯腈脫水塔二塔合一的試驗方案。雖然這項改進可以得到合格的氫氰酸和丙烯腈產品，但考慮到操作控制這種類型的塔有一定難度，所以沒有在工業裝置推廣，但對以後技術改進有一定啟示作用。

由於當時蘭州化工公司從奧地利引進的，年產 1 萬噸丙烯腈裝置採用的是並不先進的「全解吸」工藝流程，所以由七塔改為三塔的「部分解吸」精製工藝流程，對該引進裝置以後的技術改造無疑發揮了積極作用，這也是關興亞等科學研究人員在實踐中的一個重要創新。

文革中有人將年產 60 噸丙烯腈中試裝置中採用的「七塔流程」稱為崇洋媚外的典型。其實並非如此，此七塔流程是根據文獻資料和前人工作的總結，也包括當時化工組參與該試驗共同努力的結

果。而且有了七塔流程的實踐體現，才有後來「三塔流程」的創新。「三塔流程」同樣需求化工組的科學研究人員反覆進行小試驗，尤其是萃取解吸塔將兩個過程結合在一發揮，許多有關該類型塔的各種設計參數都需大量實驗數據作論據。僅關興亞和化工室科學研究人員在設計計算 3 臺塔器主要尺寸時，草稿紙也不知用去多少張。那時，有關這 3 臺塔器主要尺寸的設計計算是由化工組科學研究人員和設計室人員共同完成的，但作為技術項目總負責人，他不是過目就行，而是自己親自動手，關鍵尺寸再重新計算一次。對於假設工藝條件反覆推敲，以保證中試裝置萬無一失。他白天忙於實驗室或中試工廠的試驗工作，晚上靜下來又親自審核設計組送來的計算書和設計圖紙，連星期天也很少回家。在 3 塔流程運行時，又親臨第一線，連續數天，不離崗位，直到正常運行，拿出合格丙烯腈產品。

文革後，關興亞等科學研究人員開發的「帶導向擋板的流化床反應器」和「七塔流程改為三塔流程」兩項成果被看作是上海石化院和所有參加會戰的全體人員排除文革干擾，曲折前進的一個有力證據。

1969 年 3 月，丙烯氨氧化制丙烯腈的導向擋板流化床反應器中間試驗透過技術鑒定。同年，高橋化工廠採用此技術成果，將不久前建成的固定床反應器改為直徑為 1200 毫米的帶導向擋板的流化床反應器，生產能力從年產 1000 噸擴大到 2000 噸，使生產技術水平提升了一個臺階。

1969 年年底至 1970 年 8 月，上海石化院派遣吳加武、黃福賢、李繼賢等科學研究人員，以接受工人階級再教育形式，赴高橋化工廠參加年產 2000 噸丙烯腈生產裝置的開車。同時考慮到該廠配套催化劑的生產，由吳加武等負責建造了一條生產微球形流化床反應器所需的催化劑生產線。

當時，關興亞正在被造反派「審查」之中，儘管未能前往高橋化

工廠親臨裝置的開車，但是當他獲悉國內自行設計和製造的，並且採用當時國際尚屬先進技術的流化床丙烯氨氧化制丙烯腈裝置能正常運轉，而且丙烯腈單程可達收率 66%～68% 時，心中無比激動。在那個年頭，沒有名和利可說，有關方面的報導是「高橋化工廠工人階級自力更生攀登了世界高峰，建成了國內首套流化床丙烯腈生產裝置，有力地打擊了『帝修反』」。而有關上海石化院科學研究人員的貢獻，僅僅是「在接受工人階級再教育中得到鍛練和改造」。然而，關興亞認為，包括他自己在內上海石化院近百名參加丙烯腈研究開發的科技人員多年血汗沒有付之東流，也對得發揮黨和人民的委託。

高橋化工廠首套流化床丙烯腈裝置建設成功在國內產生了重大影響，據當時不完全統計，全國約有 15 個石化企業來上海石化院和高橋化工廠，要求索取技術或協助建設丙烯腈生產裝置。而這些單位來尋找的第一人就是能完整掌握丙烯腈生產全過程的關興亞。不過多數來者也都知道，因為他是繼「地富反壞右叛徒特務走資派」之後的「臭老九」，正在造反派的審查之中，所以不能宣傳他的光輝業績，也不能在公眾場合下接待他們，只有碰到難題無法解決時，才能作私下交談。

# 第二節　淄博會戰既驚又喜

1962 年年初，蘭州化工公司建成我國首套以煉廠氣為原料的乙烯生產裝置。由於煉廠氣供應不足，蘭化公司最終決定用輕油來替代，但是大慶原油的輕油含量較低，且國內交通運輸又需求大量輕柴油。此外，蘭州煉油廠和蘭州化工公司近在咫尺，因分屬石油部

和化工部，蘭州化工公司需用輕油經過部與部之間溝通，還不能超出計劃範圍內的指標。因此，要發展石油化工，多生產乙烯和丙烯就面臨選擇重油或輕油作裂解原料的技術路線。

1962 年 6 月，國務院指示國家科委組織一個由時任蘭州化工公司副經理、總工程師林華為團長，國家科委外事局副局長米國鈞為副團長，北京設計院總工程師盧煥章、北京化工研究院工程師蔡惠林、蘭州煉油廠副廠長兼總工程師龍顯烈、北京石油設計院工程師高士等 6 名成員組成的赴西歐化工考察團。這是新中國成立以來國家派出的第一個以西方經濟技術為主要對象的考察團，成員可謂精幹至極，每人都會兩門以上外語。3 個月的考察不帶翻譯卻走遍了英國、法國、瑞士、比利時、荷蘭等國主要石化企業。10 月 10 日，由化工部副部長李蘇和國家計委副主任柴樹藩陪同，林華帶著引進 12 項工業裝置的建議向周恩來總理進行口頭匯報，對此，周總理大加讚賞，並表示「早就該這樣做了」。一週後，周總理親自批准了引進 12 項工業裝置計劃。

擬引進的 12 項裝置中的石化裝置，包括年產 3.6 萬噸砂子爐原油裂解制乙烯和丙烯裝置和 5 套合成樹脂與合成纖維相關項目。它們是：採用釜式聚合法技術的年產 3.45 萬噸高壓聚乙烯裝置；採用溶液聚合技術的年產 5000 噸聚丙烯裝置；年產 3300 噸聚丙烯纖維，即丙綸裝置；採用奧地利氮氣公司（O. S. W）固定床丙烯氨氧化技術，年產 1 萬噸丙烯腈裝置；採用硫氰化鈉一步法技術，年產腈綸 8000 噸裝置。

1965 年 4 月，為落實蘭州化工公司引進的年產 1 萬噸固定床丙烯腈裝置所需催化劑國內技術配套工作，化工部科學實驗司在上海石化院召開丙烯腈催化劑會戰計劃會議。會議決定成立會戰領導小組和會戰技術核心小組，分別由當時上海市化工局的一名副局長和上海石化院主管科學研究的老專家張式任組長，會戰組由上海石化院、蘭州化工公司、北京化工研究院、化工部第一設計院 4 個單位

組成。會議要求 7 月底提出達到進口技術指標的定型工業化催化劑及相應反應工藝條件和催化劑生產工廠的設計數據，12 月中旬完成會戰全部內容。

在此之前的 1963 年 7 月，在獲悉上海石化院建成年產 60 噸丙烯腈中試裝置後，國內較早從事丙烯氨氧化催化劑研發的蘭州化工公司、北京化工研究院、中國科學院長春應用化學研究所 3 個單位已開始在上海石化院裝置內進行催化劑統一評價。所以，會戰組在原有工作基礎上很快完成了化工部指定的任務。

其實，在全國丙烯腈項目會戰前，蘭州化工公司早已開展了丙烯氨氧化制丙烯腈催化劑的研究開發工作，在北京化工研究院等兄弟單位合作下，經反覆探索、試驗，在載體、活性組分配比和製備方面做了大量工作，初步製成了可適用於擬引進裝置的催化劑。到上海石化院參加全國性大會戰，又透過篩選得到更優良的催化劑，並取得了 20 公斤放大製備催化劑的工藝條件，丙烯腈單程收率可達 66% 左右。之後，又在上海試劑一廠和錦州石油六廠分別進行了不同規模的催化劑擴大製備試驗。

考慮到蘭州化工公司引進丙烯腈裝置配套催化劑的載體是使用奧地利氮氣公司指定的以某國外公司專門生產的矽膠，但這種矽膠價格昂貴，而且當時國內還不能生產這種專用矽膠，所以決定採用來源廣泛而價格低廉的剛玉為載體。但矽膠和剛玉是化學組成完全不同的兩種化合物，前者是矽的氧化物，即二氧化矽，後者是鋁的氧化物，即三氧化二鋁（$Al_2O_3$）。用後者代替前者必須經過一系列試驗。之後，由於會戰取得進展，因而蘭州化工公司引進丙烯腈裝置其第二批用催化劑便可立足於國產化技術。

1966 年 5 月，由化工部李蘇副部長主持的，在上海石化院召開的年產 60 噸丙烯腈中試鑒定會上，同時透過了蘭州化工公司以剛玉為載體的三元組分丙烯腈催化劑。至此，全國丙烯腈會戰已告一段落。其後，到 1971 年該引進裝置正式投產，蘭州化工公司又在原三

元組分催化劑基礎上進一步作了七元組分催化劑的改進，並在引進裝置上取代進口催化劑。運行結果表明，催化劑各項指標優於進口催化劑，丙烯腈生產成本也大幅下降。

1967 年 3 月，根據會戰組提供的設計基本數據，由化工部基建總局在北京召開蘭州化工公司年產 90 噸丙烯腈催化劑生產工廠設計方案審核會議。化工部還打算將此催化劑生產技術用於大慶擬建丙烯腈裝置，並由北京第五設計院承擔設計任務。

然而，大多數人未料到科學研究進展會這麼快。1967 年 7 月，上海石化院在原年產 60 噸丙烯腈裝置基礎上，將原來的填充式流化床反應器改用帶導向擋板的流化床反應器，分離精製流程又從七道工序八臺設備改為三道工序四臺設備，並取得預期效果。很快，大慶煉油廠改變了原先方案，不再採用固定床技術，而是在擬建年產 5000 噸（原計劃年產 1 萬噸）丙烯腈裝置方案中改用上海石化院剛開發成功的、帶導向擋板的流化床反應技術和部分解吸精製工藝流程，並在石油部北京設計院召開丙烯腈設計審查會。

但是，當時參加審查會的科學研究人員認為，丙烯腈規模從年產 200 噸一下放大到年產 5000 噸存在風險，應在反應器結構和催化劑方面作進一步研究。剛巧此時山東淄博石油化工廠打算建一套年產 300 噸丙烯腈裝置。此時，高橋化工廠規模是年產 2000 噸，而且當年參加上海石化院中試裝置試驗的，屬高橋化工廠編制的人員已全部回該廠年產 2000 噸丙烯腈裝置。上海石化院中試裝置猶在，但沒有操作人員，無法繼續進行中間試驗。此外，與會者共同認為，如果在這兩套裝置上都能驗證上海石化院的導向擋板流化床工藝和簡化後的產品精製流程，那末年產 5000 噸裝置的風險就少得多了。所以 1970 年 4 月，由化工部、石油部和煤炭工業部重組的燃料化學工業部，即燃化部下達了在山東淄博石油化工廠繼續會戰的決定。不過這次會戰的對象不再是蘭州化工公司的固定床催化劑，而是為大慶煉油廠的全部國產化的年產 5000 噸丙烯腈生產裝置提供數據。

提發揮淄博石油化工廠，關興亞至今記憶猶新。大約在 1968 年年初，該廠籌備組派了 3 個人到上海石化院。實際是從內部通訊中得知高橋化工廠的丙烯氨氧化制丙烯腈獲得成功，而山東淄博的勝利煉油廠液化氣正待利用。除部分作民用液化氣燃料後，大部分是在火炬中燒掉的，顯然是浪費了寶貴資源。於是他們萌發學習高橋化工廠建丙烯腈裝置，發展合成纖維生產想法。但是，到了高橋化工廠後，方知這個項目主要是上海石化院搞的，而掌握關鍵技術的人是關興亞，只不過他正在審查之中。這 3 個人很聰明，手臂上套著造反派的袖章，到了上海石化院指明非要見關興亞，石化院的造反派掌權人鬥不過 3 個山東大漢，這才讓關興亞出面接待了他們。

關興亞一聽，山東想要搞丙烯腈很高興。那時候，大家都沒有技術保密的想法，為了社會主義建設出力，作貢獻，他們要什麼就給什麼，連中試裝置的圖紙、設計資料、試驗報告都讓他們看。之後，該廠又選派了 20 多位員工在關興亞等科學研究人員指導下，進行為期 3 個多月的技術培訓。包括催化劑製備方法、原料和產品分析、合成崗位和後處理崗位等實際操作，同時將包括固定床和流化床中試所有資料、設計說明書、操作規程全部無保留讓他們帶回山東詳細研究，並作裝置設計和開車時參考。後來，該廠在年產 300 噸丙烯腈裝置設計時不僅多次得到關興亞的幫助，而且還邀請他親臨現場指導。關興亞第一次受邀到該廠時，工廠還在基建中。原來早些時候，這個廠是 1958 年大躍進和大煉鋼鐵時期留下的一個土法煉鋼廠。1961 年下馬後便留下一副爛攤子，人去樓空，荒地一片。籌建時，靠著一百多名工人，頭頂藍天腳踩大地，在野草礦渣堆積的廢墟上，用自己的雙手，彎鋼筋、焊鋼筋、綁鋼筋，打混凝土預製件，才將建廠房用的十根 8 噸重、十幾米高的混凝土大柱子和全部預製件搶在封凍期完成。接著進行冬季吊裝，使土建工程提前 3 個月完成。

儘管丙烯腈裝置設計是採用上海石化院技術，但淄博石油化工

廠畢竟是一個大集體企業，與國營企業高橋化工廠不能相比，沒有正規設計室和專業設計人員，又受經費約束，許多設備只能自己加工。所以，又在關興亞指導下作了較大改動。例如導向擋板流化床反應器的升溫採用煙道氣直接加熱的熱風爐，而不是引進裝置採用的以耐高溫合金鋼為材料製成的加熱爐。脫氰塔頂冷凝回流採用分凝器，除氨採用氨中和塔、在後處理中吸收氫氰酸採用管道化反應、冷凍鹽水換熱改為直接用低溫水等，這已在中試裝置得到驗證，從而縮短了流程，減少了設備 22 臺。

當時，最大兩處改動也是按大慶煉油廠要求進行的。一處改動是流化床反應器原設計是採用軸向冷卻水管將反應熱去除，考慮到結構複雜、製作麻煩、檢修困難，就大膽改為橫向插入管處，經過實踐，表明能夠穩定控制反應溫度，對丙烯腈單程收率無影響。另一個改動是丙烯腈精製流程，當時蘭州化工公司引進裝置採用的是由 9 個塔組成的全解吸精製流程，但按會戰要求縮改為 6 個塔的流程，最後經關興亞提議後又改為 3 塔流程。從而，為當時引進裝置的學、用、再改造和大慶新裝置的建設提供了重要依據。

關興亞第二次受邀到淄博石油化工廠，主要是解決催化劑製備放大問題。那時，該廠部分人員在上海石化院實踐了催化劑製造過程，同時參觀了高橋化工廠丙烯腈催化劑製造工段。但該廠為節省投資，利用自制的土設備和從吉林某化工廠撿來的舊搪瓷反應鍋，七拼八湊，建成一個催化劑生產工廠。由於沒有良好的排氣裝置，勞動保護又差，結果苦壞了操作工人。他們不清楚分解出來的二氧化氮比空氣重，實際情況也不是如他們設計的那樣二氧化氮會從排毒煙囪脫除，當反應結束打開反應釜頂蓋時，二氧化氮「騰」的一聲充滿了整個房間，屋頂和牆壁都被熏成黃色，有的工人脖子燒傷了，眼睛嗆紅了，也有的工人中毒而嘔吐。在這種情況下，不得不請上海石化院派人來協助解決催化劑製造問題。於是，又在關興亞指導下，除了對設備進行某些改進外，最重要的還是嚴格操作步

驟，這樣總算生產了 1.3 噸催化劑。為了保證年產 300 噸裝置的順利運行，最後還是採用由高橋化工廠丙烯腈催化劑製造工段提供，由上海石化院關興亞和吳加武等開發的磷鉬鉍銻四元催化劑，而該廠生產的 1.3 噸催化劑主要作裝置運行過程中，因催化劑損耗所需的補加劑。

關興亞原打算在該裝置正式投料運行時，親臨現場指導。但上海石化院掌權的造反派沒有同意，理由是在審查期間不得出差。同時，決定派吳加武、黃福賢，以及高橋化工廠丙烯腈裝置的嚴苓和沈國達兩位師傅去淄博石油化工廠協助開車。

因為那時該廠安裝的 113 臺設備中，78 臺是修、配、代的舊設備，有些新設備的設計過於大膽，以致開車風險不小，加上沒有自控儀表，基本依賴手工操作，所以開車並不順利，而且險象環生。以開車第一關流化床反應器升溫為例，點火升溫點了好幾次才點火成功，流化床下部溫度從 100℃、200℃、300℃、400℃逐漸上升，但出口溫度遲遲上不去，與此同時飽和塔的水正進入 700℃高溫的熱風爐，發出一陣「吱吱」尖叫聲。此時，好在有豐富操作經驗的高橋化工廠和上海石化院的技術人員協助，開車人員在這千鈞一髮之時當機立斷，馬上投料運行，就這樣使該裝置一次投料生產，產出丙烯腈產品。當時該廠主要負責人帶領一批工人，捧著瓶裝丙烯腈產品和大紅喜報，乘著卡車敲鑼打鼓向上級機構報喜，並作為向國慶二十週年獻禮的禮品。

因為丙烯腈的開車成功，當時該廠負責人為感謝上海石化院和高橋化工廠的開車小分隊，在當時生活條件極為艱苦的日子裡，每人發給兩隻雞蛋供早餐用，使小分隊成員十分感動。

因為當時關興亞還在被審查期間，未能參加淄博石油化工廠的開車過程，但一直惦記著他們的開車成功與否，後來在《合成纖維工業》雜誌看到發表在 1970 年第 3 期的一篇由該廠撰寫的「政治建廠是方向，自力更生闖新路」文章，感動得幾乎流下眼淚，他們因

陋就簡、土法上馬，用革命加拚命的精神先後建成了液態烴分離丙烯和丙烯氨氧化制丙烯腈裝置，實在是人間奇蹟。而自己則是做了應該做的事情，讓多年努力的成果推向全國各地，這也算是對黨和國家的一份微薄的貢獻吧。

按照燃化部下達的會戰要求，上海石化院繼續進行包括磷鉬鉍系和銻鐵系新催化劑的研究開發和流化床反應器的改進，並在淄博石油化工廠年產 300 噸裝置上進行多次試驗達到預期目標。其中在催化劑放大試驗方面，在吳加武、盧文奎等參與下，又先後突破了成型、活化、壽命等關鍵指標，研製成功的微球型新催化劑使丙烯腈單程收率在 70%～75%，不負眾望，交上了一份合格的答卷。而最為高興的是大慶煉油廠，該廠年產 5000 噸裝置設計中，流化床由軸向冷卻水管改為橫向插入管，精製過程中擬採用的三塔流程，以及未來配合 5000 噸裝置催化劑工段的設計所需數據均已得到完滿驗證。從此，新建的淄博石油化工廠在丙烯腈生產方面邁出了新的一步，如今，透過與上海石化院等單位的長期合作，已成為國內丙烯腈生產的重要基地。


# 第三節　囹圄中的五元催化劑


1968 年 5 月 13 日，上海市化工局革命委員會決定上海石化院成立由所謂老中青三結合的革命委員會，許多員工以為無產階級文化革命將進入「鬥批改」的「改」階段。然而兩派爭權奪利導致的動亂不但沒有結束反而愈演愈烈。

1968 年 8 月 4 日，上海市發生震驚中外的攻打「聯司」的「八·四」武鬥事件，美其名曰「文攻武鬥」。「聯司」和「東方紅」本是上海

柴油機廠兩個造反派組織，但兩派為奪權矛盾重重，於是就發生了文化大革命在上海的第一次大規模武鬥。當時，在以王洪文為首的上海工人造反革命總司令部，簡稱「工總司」召集了30萬造反大軍，手執武器團團圍住上海柴油機廠。不但在陸地，還在黃浦江邊設立登陸艇、打撈船遊巡。而聯司成員也有準備築好防衛工事，儲備好糧食和長矛、頭盔、磚石、燃燒瓶等武鬥用具，與工總司決一雌雄。早晨8點整，王洪文下了進攻令，使「聯司」一方死傷多人，其中18人死亡，120多人終身殘疾。因為上海柴油機廠與高橋化工廠及上海石化院僅一江之隔，用望遠鏡觀看的目擊者都說慘不忍睹，把自己的階級兄弟當敵人打。1981年王洪文被特別法庭判處無期徒刑，「八·四」武鬥事件是其中罪狀之一。

此後，上海大型企業內大大小小的武鬥不計其數。9月，上海煉油廠和高橋化工廠也發生大規模武鬥，搞得人心惶惶。原來計劃停車檢修是三週時間，但因為出現武鬥，實際一個月後也難以恢復正常生產。那時，多數員工吃、住都在廠生活區，因為懼怕武鬥，尤其是住在媽媽宿舍的女工，趕緊把放在托兒所和幼兒園的孩子領到自己身旁，或請病假或事假，或藉口各種理由迅速離開廠區，回家避風頭。但關興亞首先想到的是丙烯原料供應問題，因為一旦沒有丙烯可供，丙烯腈小試驗不得不中斷下來，所以立即去高橋化工廠生產乙烯和丙烯的一工廠的儲罐區，將幾隻小試驗用丙烯鋼瓶灌得滿滿的，足夠一個多月可用。同時還關照環氧乙烷課題組將乙烯鋼瓶也灌得滿滿的。所以在高橋化工廠武鬥期間，整個廠區漆黑一片，唯獨上海石化院試驗大樓，丙烯腈和環氧乙烷兩個課題的實驗室燈光是明亮的。食堂停止供應晚餐，夜班操作人員只能自帶乾糧充饑。為了讓組內員工少上夜班，關興亞幾乎天天是上了白班，再上夜班，一直到一個完整的試驗結束。

1968年8月，上海石化院成立清理階級隊伍領導小組。顯然，此時走資本主義道路的當權派靠邊站了，造反派已經掌權，立穩腳

跟，而那些舊社會過來的老知識分子又將成為運動重點對象。果然，沒過多久便宣布對 24 名「清隊對象」進行所謂政治的審查。所謂審查，實是無情打擊，他們大搞逼、供、信，24 小時挑燈夜戰，輪番審訊，並停發工資，使被審查者家人生活受到嚴重影響，所以，這也是文革期間最殘忍的一幕鬧劇。儘管後來被審查對象已平反昭雪，但留下歷史的後遺症確是值得深思的。

主管上海石化院科學研究工作的老專家張式，是上海市化學化工學會副理事長。1952 年衝破美國政府的重重阻撓回到祖國大陸。當時一發揮乘船經日本、香港回國的，還有同在普渡大學留學，後成為我國兩彈一星元勳的鄧稼先。當年張式在美國留學時，從美國圖書館中得到許多有關染料及中間體技術資料，回國後試製成功「直接元」「酸性藍」「安安藍」等新型染料，填補了當時中國染料的空白，因此在染料行業有一定聲望。這樣一位老專家，竟被造反派打成「美蔣特務」。其理由是，為什麼早不回，晚不回，偏要在抗美援朝期間回來？顯然是美國情報機構派來收集軍事情報的。還有一個理由是，與張式一發揮回國的同學，分布在全國各地，都是有權有地位的人，而且在文革中早已成「美蔣特務」了，難道你張式會脫離此干係？不過後來張式的一句話卻弄得造反派無言回答，他說「我是一個中國人，我為什麼要留在美國為美國人服務呢？」好在張式意志堅定，才逃過一劫。

化工室主任巫萬居，生在臺灣省，早年留學日本學習建築專業。解放後，因獲悉祖國建設需求技術人才，因此攜家來到上海。為生產國家急需的有機玻璃，他又自學了化學工程，他不怕接觸生產有機玻璃原料、劇毒物質氰化鈉，所以在上海珊瑚化工廠巫萬居有「不怕死的工程師」之名。但造反派僅憑他出身臺灣，又在日本留過學，不願享受優厚生活待遇而偏要回祖國大陸過苦日子，就認定他是臺灣國民黨和日本派來的雙重特務，為此用盡了逼、供、信手段。但是，巫萬居還是相信黨的政策，不會「冤枉一個好人」，也逃

過一劫。然而，與他生活 20 多年的夫人卻因承受不了衝擊含冤而死。改革開放後，回到日本後的巫萬居還是心繫祖國大陸，與上海市科委下的一個單位合作，開設了一個東平公司，生產當時國內市場緊缺的合成樹脂和高分子材料，為祖國建設也作了一定貢獻。

然而，當時上海石化院還有兩位資深工程師卻未能倖免於難，含冤而死。一個在日本留學後又在韓國漢城大學任過教。解放後在藥廠當工程師。一個解放前僅在民國政府資源委員會做過事而已，就連一般的國民黨員都不是。儘管「四人幫」打倒後，他們得以平反昭雪，但是，文革給他們的家庭和子女帶來了許多不幸，尤其是子女們，即使已成為「可教育好的子女」，但他們不要說進工礦工作，就連進軍墾農場也沒有資格，只能到偏僻山區和農村接受貧下中農再教育。

關興亞也是 24 名被審查對象之一。其實他原本不在審查範圍內，只因文革之中對運動有牴觸情緒而受到審查。他想不通，文革之前的「小混混」，平時牢騷多，工作吊兒郎當的人到文革後卻搖身一變成為造反派頭頭，奪權後還當上了革委會成員。還有他特別看不慣部分造反派在鬥走資派時使用武力，「坐噴氣式飛機」，抽打耳光，並且踏上一隻腳，讓走資派不得翻身。後來群眾發揮來高呼「要文鬥不要武鬥」，但造反派卻說「石化院廟小妖風大，池淺王八多」，誣衊廣大群眾。從此，他發誓不再參加造反派組織的批鬥會。所以他經常推託工作忙而不參加造反派主持的批判會。一次造反派頭頭來到他的實驗室，要他停掉實驗參加批鬥走資派的大會，可關興亞就是不同意，對來人說：「你們不是講抓革命促生產嗎？科學研究工作不能停頓。」還有就是對造反派的各種行為看不慣，不時發出聲音，說他們「無法無天」，所以造反派想借此機會整整他的「囂張氣焰」。因為光是「白專道路典範」是不能作為隔離審查的理由，於是加了兩頂帽子，一頂是「漏網右派」，還有一頂是「資產階級反動學術權威」。

其實，漏網右派是無中生有，他們將反右鬥爭後關興亞向黨交心的內容當作證據，也是無限上綱，甚至將工作上對領導提的意見也被當作反黨反社會主義證據。

至於資產階級反動學術權威更是無稽之談。論職稱，他只是個工程師；論工資收入，可稱為反動學術權威的都是幾百元的，而他卻不足百元。說穿了，此時關興亞還是科學研究第一線工作者，一個副科級的中層幹部怎麼也算不上「權威」。所以將關興亞列入 24 名被審查對象之一，用造反派的話來說是「沒有辮子裝辮子」，殺雞儆猴，看你們知識分子還敢「翹尾巴」？

當然，關興亞並不懼怕進「牛棚」進行隔離審查，他脾氣倔強，不會依附小人，知道他們會打擊報復，所以進牛棚也早有思想準備。他從圖書館借來一堆書刊，準備了換洗衣服，坦然進入牛棚。之後在牛棚裡潛心讀書，造反派要他交代問題，他回答沒有問題可交代。造反派要求他寫學習毛澤東著作心得體會，他也是三言兩語敷衍了事。主要內容是抄「為人民服務」、「紀念白求恩」和「愚公移山」這老三篇。不過到走出牛棚時老三篇已能一字不漏，倒背如流。

1969 年 1 月，工人毛澤東思想宣傳隊，即工宣隊進駐上海石化院，開始清隊複查，共複查了 18 人，還清理了牛棚關押人員，將一些「問題」基本搞清的對象逐步解除隔離，並作了相應處理，對一些「問題嚴重」的對象實行群眾專政。此後，關興亞雖沒落實政策，但看管寬鬆了好多，允許其星期天和春節回家過年。

那時，妻子戴醫生見了從牛棚出來的關興亞心情無比激動。其實，為了自己丈夫不知落了多少眼淚，她怎麼也想不通，兩耳不聞窗外事、一心撲在工作上的丈夫，整天是工作、看書，怎麼到頭來還會落得一個如此「敗名」。說穿了，還是脾氣不好，得罪了這幫造反派。

關興亞回到闊別多時的家，見到自己的妻子一下子老了許多，

多少有點心痛，他知道妻子在醫院工作很忙。手術間的麻醉師，有時回家吃飯接到醫院來電，便要立即去醫院加班。還有是在家裡的3個小孩，他們只能自己照顧自己。好在孩子們也習慣了，父親即使一週回家一次，也不都在家裡，常常是在圖書館看書。母親工作這麼忙，但每天總將飯和菜先燒好再去上班，好在兩個歲數稍大的小孩都學會用煤油爐來熱飯和菜，填飽肚子。

上海是當時「四人幫」的老窩，因而許多外地同志以為上海人對轟轟烈烈的文化大革命投入最多，其實不然。上海人多數是「逍遙派」，關心衣食住行遠勝過關心文化大革命。例如全國各地發生大規模武鬥時，上海人更多關注的是煤球供應。因為交通運輸中斷，煤進不到上海，家家戶戶的煤球爐就沒法燒，全家便要餓肚子，其結果是煤球店排長隊。關興亞的妻子戴醫生也沒有辦法，請假調休也要去買煤球，因為以往這些體力活都是丈夫做的，如今關入牛棚後，只能自己排隊，幾十斤的煤球搬得滿頭大汗。還有是節日供應，老百姓也很關心，因為那時副食品供應很緊張，平時根本無家禽供應，到春節才可分到家禽一隻，買了雞不能買鴨。還有魚票有花色魚和一般魚票區別，黃魚、鯧魚屬於前者，帶魚、鯽魚等屬於後者。也因為關興亞關入牛棚，家裡多數票證是「過期作廢」的。大人不吃倒也算了，實在是苦了3個小孩。但是戴醫生什麼票證都好過期作廢，唯香菸票是萬萬不能過期的，因為她知道，香菸是丈夫一生之中唯一的嗜好。

然而，妻子最關心的還是上海石化院對丈夫的處理意見。因為人雖然從牛棚裡放出來了，但是什麼性質的問題，是人民內部矛盾還是敵我矛盾還不能下結論，所以關興亞只能說：「相信群眾相信黨」。而且一再安慰妻子自己是沒有問題的。還說，解放以來經歷的運動多啦，從三育中學的「三自運動」開始，在交通大學碰到「三反」、「五反」運動；在復旦大學碰到批鬥「胡風反革命集團」運動；在上海化工研究院碰到「反右鬥爭」；到上海石化院又是「四清運

動」。歷來運動都是如此，主要是教育人，但運動初期都是來勢洶洶，批了許多人，最後落實政策，95%以上的人還是好人。戴醫生點點頭，心想事實也是如此，因為她也經過這些運動，而且在醫院裡也是這樣。在一段時期內，不僅學術權威，有名醫生，就是稍有才華的醫生也都去掃地，打掃衛生，而過去的藥工、護士卻成為門診醫生。不過，戴醫生知道自己丈夫的倔強脾氣，生怕他在單位裡再受委屈，所以一再勸其忍耐忍耐再忍耐，千萬不要頂撞他們，除此還有什麼辦法呢？只能是聽天由命了。

　　春節過後，關興亞可以每週回家一次，妻子滿以為他吃盡苦頭後一定會「回心轉意」，少過問一些工作上的事情，多關心一些家裡的事情，特別是小孩的教育問題。因為文革期間學校讀書很不正常，學生上課紀律很差，有些老師也沒有心思上課。可是，他仍一心地想著工作，回家後又總去上海科技情報研究所或者離家稍近些的上海圖書館，收集丙烯腈資料。儘管那時還未回到丙烯腈課題組。

　　當時，他查到了一份德國專利說明書，稱在磷鉬鉍系催化劑加入鐵後，催化劑性能迅速改善。發揮初，他有點猶豫，因為他過去篩選催化劑時也曾添加過鐵元素，但效果並不如專利上聲稱的這麼好。後來又有許多新專利發表，尤其是一家知名的丙烯腈廠商，發表的專利不但包括鐵還有其他多種元素。所以，關興亞想到，過去的工作雖然也考慮在催化劑組分中加入鐵，但相關工作沒做透。從理論上分析，三價鐵離子具有良好氧化還原性能，有利於提高催化劑的性能，尤其是活性和選擇性，但引入鐵元素後，整個催化體系的結構發生了變化，特別是酸度發生變化，如不作相應調整，僅僅添加鐵元素也難以見效。如何調節呢？於是，自己設計了一系列實驗方案，以便今後實施，或者將這些資料轉交給正在進行催化劑開發的丙烯腈課題成員，供他們參考。自己親自動手，至少暫時看來是無望的。

後來，關興亞將自己的想法告訴已進入院革委會主管科學研究工作的沈銀林。沈銀林原本就是丙烯腈項目的副大組長，又是國家重點培養的、工人出身的調干大學畢業生，他十分理解關興亞的心情。從工作出發，考慮到此時丙烯腈課題正為軍工需求趕製一批丙烯醛產品，因此決定與高橋化工廠協作開發「五元催化劑」，於 1976 年 2 月正式立題。立題目的是為高橋化工廠年產 2000 噸丙烯腈裝置服務。因此，作為為工廠服務的課題，在無爭議的情況下，獲得上級批覆。但關興亞因另有工作安排，暫不能親自參加該項試驗工作。具體試驗工作由關興亞得力助手，原丙烯腈催化劑從小試到放大試驗負責人之一的尹克勤和高橋化工廠年產 2000 噸丙烯腈裝置主要負責人彭定躍負責。

根據當時內部刊物《石油化學通訊》1977 年第 1 期發表的「五元催化劑研製」一文稱，如何從加快鐵鉀兩元素之後在催化劑酸度、相關載體微球形矽膠擴孔等方面做了大量工作，最後才確定合適催化劑製備條件和過程。實際上，當時工作也不是很順利，更不是想像中的添加鐵後，催化劑性能馬上就會上升。後來關興亞從理論上分析了丙烯氨氧化的反應機理，鐵的加入有可能是有利於整個氧化還原反應的過程，但鐵必須摻入催化劑結構之中，因為未進入催化劑的結構，或者說游離在結構外的鐵是沒有任何催化作用的。因為沒有結構測試儀器，關興亞提議並指導他們主要在形成催化劑化學結構的焙燒溫度上做大量試驗，透過尋找合適焙燒溫度，將鐵引入催化劑結構中，這才使含鐵鈰鉀的五元催化劑溫度性能取得突破性進展。後來，上海石化院透過 X 射線衍射測試結果表明，五元催化劑製備過程的最佳焙燒溫度是鉬酸鐵化合物生成的溫度，而低於此溫度是不能形成鉬酸鐵化合物，催化劑性能難以提升；反之，超過此溫度，鉬酸鐵化合物相結構發生變化，催化劑性能同樣難以提升。然而，因為沒有測試儀器，當時尹克勤和彭定躍等人僅憑經驗和一系列試驗，不知花了多少日日夜夜才確定了一個合適的製備

條件。

　　後據尹克勤等回憶，儘管五元催化劑的研製，關興亞不是名義上的負責人，但從開始設想到試驗安排，以及在研製過程中遇到困難，解決問題時都有關興亞參與其中。與他同事者，也知道關興亞這個人不求名，不求利，只要把工作做好，造成實際效果，就是自己再多的付出也是值得的。很快在 1977 年 5 月，含鐵和鉀的五元催化劑研製工作基本完成，達到預定試驗指標。在直徑為 50.8 毫米的流化床反應器中，丙烯腈單程收率達到 71%～73%，比含鈰元素的四元催化劑丙烯腈單程收率提高 3%～6%。丙烯轉化率達 98% 以上，副產乙腈量也有所下降。1977 年年底，五元催化劑分別用於上海高橋化工廠和山東淄博石油化工廠兩套生產能力均為 2000 噸/年的丙烯腈生產裝置，經濟效益顯著提高。

　　回憶當年，關興亞在牛棚裡看的是丙烯腈資料，出了牛棚又萌發研製含鐵和鉀的五元催化劑，許多同事們很不理解。對此，他說也有想不通的時候，但想到關牛棚的不是他一人，所以「該吃飯的時間還是吃飯，該睡覺的時間還是睡覺，我還是遵循我的生活習慣。」事實也是如此，就在將關興亞當作漏網右派和反動學術權威批判的大會之後，他洗過一把臉，根本沒有將「坐噴氣式飛機」和「掛黑牌」當作一回事。因為受這種變相武鬥迫害的人實在太多了，「我一個小小老百姓又算得了什麼呢?」他仍與同事們一發揮騎著自行車上下班，說說笑笑，若無其事地行駛在浦東大道上。還要與人比賽，誰先到達陸家嘴渡口，誰請客買棒冰。還說過去每週回家一次，現在不讓我工作了，反而回家次數多了，說來也是「壞事變好事」。後來，有人問他，掛黑牌頸部痛嗎? 他說：「說不痛是假的，不過某某領導的黑牌比我重，鉛絲比我還細，估計頸部的傷痕比我深，隨它去吧，過兩天會好的。」接著一笑了之，顯得十分豁達。

　　游泳是關興亞的一大愛好。儘管工作很忙，平時很少去游泳池。不過到 1967 年高橋化工廠將水廠的兩個沉降池改為游泳池後，

那怕是受到批鬥後，晚上也是照常去游泳，幾乎成為常客，還樂於教人游泳。游泳結束後，再到實驗室或圖書館看上 2 個小時的書，這才回寢室。關興亞說，他之所以有強壯體格，靠的是幼年在河邊的游泳。在東北瀋陽老家，讀初中時他還常常參加學校組織的冬泳。

關入牛棚後，他也與眾不同，不是終日悶悶不樂，而是在一個狹小空間內做做廣播操，就地跑跑步等。除了沒完沒了地寫檢查外，他還是靜心閱讀自己收集來的文獻資料。此外，還熟讀毛主席的詩詞和英文版的毛主席語錄，甚至對看管牛棚的人說這是一次學習英文的難得機會。可是看牛棚的退伍軍人怎麼也理解不了關興亞一個被批鬥的知識分子竟然有如此樂觀的精神。

1969 年底，燃化部下達了 3 個不以昂貴金屬鈀作催化劑的合成工藝路線技術開發任務，它們是「乙烯氣相製醋酸乙烯」「乙烯氣相制乙醛」「丙烯氣相氧化制丙酮」。原先這 3 項合成工藝路線均以鈀為催化劑，並實現了工業化，但鈀礦資源在中國非常貧乏，所以有人提出根據國情開發非鈀合成催化工藝。當時上海石化院革委會決定由關興亞擔任後兩個研究課題的組長，並直接通知了他。但他沒有立即答應，因為他還是情系丙烯腈，認為丙烯腈還有許多工作要做。但沈銀林卻告訴他，原來的丙烯腈課題組已是名存實亡。除了部分員工去山東淄博石油化工廠繼續參加協作外，大部分員工已轉向更重要的軍工任務，那就是丙烯醛的生產任務。

從理論上講，丙烯與氨及氧氣反應產品就是丙烯腈，若丙烯與空氣中的氧氣反應產物便是丙烯醛。所以，兩者化學反應過程接近，生產設備基本可通用。而當時國家急需丙烯醛用以生產國防軍工產品，上海市化工局便限時要上海石化院拿出產品。為此，先在關興亞研製的原直徑為 150 毫米的帶導向擋板流化床反應器中生產了 330 公斤，供上海化工研究院和廣州電器科學研究所試用，後來又在該裝置上生產 200 公斤丙烯醛產品供 932 部隊和黎明化工研究

所用。之後，又抽調部分原丙烯腈成員將生產丙烯腈技術改良移植至濟南輕工化學廠，建立年產 300 噸丙烯醛生產裝置。在這種情況下，關興亞不得不承接了兩個非鈀催化氧化的新課題。

不過，在經過國內外文獻詳實調研後，關興亞心直口快地提出了自己的意見。認為提出「丙烯非鈀氣相氧化制丙酮」課題的想法有些超前。1964 年，日本大協和石化公司已經將丙烯液相氧化制丙酮實現了工業化。但就經濟性而言，不及以丙烯和苯經烷基化制異丙苯合成路線，因為該路線可以同時生產兩種有價值新產品：苯酚和丙酮。所以即使日本大協和石化實現工業化，但預計缺乏經濟性將會關閉新建裝置，何況氣相氧化產品收率低，所以即使試驗成功工業化前景也是黯淡的。他還認為，如果這類課題作為高等院校或者在中科院下屬研究所作為探索性課題是可以考慮的，而作為工業性研發的上海石化院是不合適的。在說明該課題基本情況下，他還是希望試驗有一個結果，因為即使是不可行的話，對後人也是個啟示。如今，40 年過去了，這種不切實際又無經濟性的課題根本無人問津。

於是關興亞恢復了往日的工作勁頭，拿著一大堆金屬管材在臺虎鉗上落料，然後再到電焊間將實驗用單管反應器銲接好。電焊工是一位老工人，是革委會委員之一，她不明白，進過「牛棚」的關興亞還是那麼賣力地工作，勸他享享「清福」算了，否則下次運動來了又要進牛棚的。其實，關興亞心裡清楚，老百姓早已厭煩了文化大革命，尤其是「九・一三」林彪事件以後，許多工人師傅對文化大革命出現了牴觸情緒。原先認為文革結束後經過鬥批改，工人生活會好一些，結果生產上不去，物資越來越匱乏，不僅多年未加工資，還要子女上山下鄉，加重了經濟負擔，造成新的困難。還有在上海石化院幹活的人常常要受批評，說什麼是「只管埋頭生產，即使創造出來財富也是為修正主義服務的」。而不幹活的人，卻是路線鬥爭覺悟高，有的還是活學活用毛主席著作先進分子，所以還有誰肯

「忘我」勞動呢？

　　不久，大慶煉油廠發函到上海石化院，要求儘快派員協助參加該廠年產 5000 噸丙烯腈裝置的試車工作。接著地處山東的勝利煉油廠丙烯腈裝置也將開始建設，也請求上海石化院在技術上給予支持，而且又點名要關興亞帶隊。另一方面，兩個非鈀氣相氧化課題也沒有取得實質上進展，所以 1972 年 6 月在本單位草草地作了小試總結，便結束了這兩個課題。之後，關興亞興高采烈又立即奔赴新的崗位。

# 第四節　馬不停蹄推廣成果

　　一個科學研究項目怎樣才算有了成果？有人認為作為一個科學研究單位，小試驗透過了就算有了成果。有人認為要等完成中試驗證才算有了成果，之後便是設計院的事情。然而，在關興亞看來，作為一個工業性研究單位，一個科學研究項目一定要到工業規模生產後才能說有了成果。他認為，一個工程技術人員應該參與從小試、中試到工業生產全過程，尤其應該到生產第一線，在現場摸爬滾打，接觸實際，掌握第一手資料。科學研究人員應該在現場而不是在書桌上、辦公桌上解決生產技術問題。到生產裝置現場開車，進行技術服務的同時可以學到許多工程技術，最重要的是透過生產實踐發現問題、尋找問題，而這些問題有可能成為新的研究課題。透過進一步研究開發，在解決新問題的基礎上又可使生產技術上一個新的臺階。所以，每次國內採用上海石化院技術建設丙烯腈生產裝置，他都要去親自實踐一番。

　　據不完全統計，從關興亞等科學研究人員成功開發四元催化劑

和帶導向擋板的流化床技術後，先後在上海、山東、遼寧、黑龍江、廣東、江蘇等地，共建成了 12 套規模數百噸到數千噸丙烯腈裝置，總產能約年產 2 萬噸。從現在看，年產 2 萬噸產能實在太小，但在當年我國石油化工初級階段，能夠用自己技術建設具世界先進水平的工藝裝置是一個非常了不發揮的事情。這 12 套裝置都留下了他的足跡，由於當時我國無大型乙烯生產裝置，主要利用煉油廠催化裂化副產液化氣中的丙烯為原料生產丙烯腈，受原料規模限制，最大規模僅年產 5000 噸。不過，當時中國人民解放軍總後勤部 2348 工程基地，即現巴陵石油化工公司設計規模為年產 1 萬噸，但建成後因地處山谷，廢氣無法排除而從未運行過。當年為了備戰，有一個規定是煙囪高度不能超過山頂，否則打仗時就會成為敵人攻擊目標，而丙烯腈裝置排氣管一定要超過山頂高度，所以僅憑這一條就可以將已建成的丙烯腈裝置關閉掉。當然，丙烯腈汙水排放也是其不能運行的原因之一。

在多套裝置的試車中，給關興亞留下深刻印象的有大慶煉油廠、勝利煉油廠、茂名化纖廠。巴陵石油化工公司的丙烯腈裝置雖未開車，但他所花精力最多，因為它是直接關係到中國人民解放軍官兵服裝用料。

因為文革期間，外地武鬥頻繁發生，所以多數上海人都不太願意到外地去出差。關興亞的妻子最擔心的也是他沒完沒了的出差，生怕碰上武鬥，到時「秀才遇上兵，有理說不清」。而且，當時把上海糧票換成全國糧票的手續很麻煩，除單位出證明外，還要退油票等其他相關票證。但是關興亞從工作出發，為推廣丙烯腈生產技術，路途再遙遠，生活條件再艱苦、武鬥再激烈，他也不當一回事。他說：「上海地區難道就沒有武鬥了嗎？不要說各機關單位和企業的大大小小武鬥幾乎天天發生，還有流氓青少年在街上群鬥，哪一天停止過？」妻子被說得啞口無言。於是，妻子拿液化氣鋼瓶來說事。因為那時高橋化工廠剛建成民用液化氣供應站，上海石化院

因黨組織關係屬高橋化工廠管，所以也有液化氣供應。但液化氣供應站僅一處，設在離市區較遠的嫩江路碼頭，平時是靠關興亞用自行車搬運的，如他外地出差誰來搬運液化氣鋼瓶？妻子以為這下就難住了他。但好在當時院領導早已安排了液化氣搬運之事，此時妻子無言可對，只能期望他早日平安無事歸來。

那時買一張火車臥鋪票實在不容易，除非能托到一個在火車站售票處工作人員，開個「後門」，否則就得排上一個通宵隊。買座位票好一些，也要提前幾天排上幾小時的隊。列車上的擁擠程度是現在的年青人難以想像的，走道和兩節列車廂之間的空檔處擠滿了人，甚至連廁所間裡也站滿人，不僅如此，有時還要受「宣傳隊」的折騰。

記得那年去大慶開會，從上海到哈爾濱因火車晚點，火車運行超過 70 小時。那時，車上雖有盒飯供應，但很快被售空。雖自備了乾糧，但開水是沒有供應的。此外，一路上要碰到幾批宣傳隊，又讀語錄，又背「老三篇」，還要大聲歌唱「革命歌曲」和語錄歌。其中有一批人，不知是不是宣傳隊的人，上車便逐個查問乘客的成分。若是「地富反壞右」五類分子就用皮帶抽，甚至被勒令下車。當問及關興亞時，他出示了上海市革命委員會出具的去大慶的介紹信，總算平安無事。這樣一路折騰，到哈爾濱時人早已精疲力盡，幸好大慶煉油廠在哈爾濱有個招待所，讓他足足睡了一個夜晚，第二天才坐大慶煉油廠專車到達開會地點，否則再好的身體也難承受路途的辛苦和疲勞。

多次現場開車，給他留下印象最深的一次莫過於 1971 年 8 月，參加大慶煉油廠年產 5000 噸丙烯腈生產裝置的試車過程。這是一套當時用國內自己技術建成的最大規模丙烯腈裝置。當時雖然化工部下文一定要投入全力將裝置開好，以進一步在國內煉油廠推廣。結果發現原先有「中國式流化床」之稱的帶導向擋板流化床，運行中出現了問題，丙烯腈收率明顯低於年產 2000 噸的高橋化工廠裝置。為

了解決氣固相接觸這一根本性問題，又促使他開發更細顆粒催化劑。

大慶煉油廠與大慶油田有姐妹花之稱。大慶油田位於哈爾濱市和齊齊哈爾市之間的濱洲鐵路沿線附近。這裡，解放前野草叢生、人煙稀少，曾為蒙旗杜爾伯特遊獵地區。1955 年國家組織地質部和石油部分工配合，在華北平原和松遼盆地展開全面綜合地質調查。1959 年 9 月 26 日松遼盆地第三號鑽井噴出工業油流。當時正是中華人民共和國建國十週年大慶的日子，於是便將此油田稱為「大慶油田」。

1960 年代初，黨中央批准石油部在大慶地區組織石油勘探與開發，並從中央軍委抽調 3 萬多轉業、復員軍人參加會戰。全國有5000 多家工廠企業為大慶油田生產機電產品和設備，200 多個科學研究設計單位參加技術會戰。到 1963 年，大慶原油產量從 1960 年的 90 萬噸增加到 400 多萬噸，使全國石油產量達到 647 萬噸，從此，中國甩掉了「貧油國」的帽子。新華社莊嚴宣告：「中國石油產量已經基本自給，中國人使用洋油的時代即將一去不復返了！」

為了就近加工大慶原油，國家決定依靠國內技術和設備在大慶建設一座大型煉油廠。在當時極端艱苦和困難條件下，數千名來自全國各地的創業者，發揚鐵人王進喜精神，奮力開拓，於 1963 年 9 月建成了第一期工程，即設計能力為年加工量為 100 萬噸的常減壓蒸餾裝置和 30 萬噸熱裂化裝置。到 1966 年的第二期工程，又建成了年加工能力為 150 萬噸的第二套常減壓蒸餾裝置、60 萬噸流化催化裂化裝置和鉑重整、加氫裂化、加氫精製、脫蠟、延遲焦化、石油焦焙燒等 14 套裝置，從而成為當時中國規模最大的煉油廠。70 年代初，大慶煉油廠為適應我國經濟建設所需，開始由單一煉油轉向綜合開發和綜合利用。1970 年建設了年產 30 萬噸合成氨和年產48 萬噸尿素裝置，解決增產糧食急需的化肥問題。與此同時，煉廠副產液化氣量與時俱增，而液化氣中丙烯又是其中價值最大的資源，所以又規劃利用液化氣中的丙烯發展丙烯腈生產，以解決億萬

人口穿衣問題。

　　大慶煉油廠年產 5000 噸丙烯腈和年產 3000 噸腈綸抽絲裝置，以及利用丙烯腈副產的年產 1300 噸硫銨裝置，都在 1971 年 8 月正式建成投產。每年向市場提供的 3000 噸腈綸絲，就相當於 2100 萬米棉布所需的棉紗，硫銨作為化學肥料在增產糧食方面發揮重要作用，從而使大慶煉油廠轉型為煉油-化肥-化纖的綜合性企業。

　　關興亞回憶當年參加大慶煉油廠年產 5000 噸丙烯腈裝置的開車過程，真是感慨萬千。當時大慶的施工條件和生活條件十分艱苦，真是「頭上青天一頂，腳下荒原一片」，吃和住都很困難。許多職工還是住在「干打壘」的房子，這種房屋實際是比茅屋還簡陋，是用泥堆成的，而且不分幹部還是工人都是一個待遇，按家庭成員多少來配給房屋大小，不搞特殊化。但是，生產管理制度卻很嚴，層層建立崗位責任制，還有嚴格的規章制度，包括工人崗位責任制、幹部崗位責任制。裝置開車前，大家發揮早貪黑摸流程，學操作，進行預防事故和誤操作的模擬演習。整個工廠從技術員到工人，每個閥門在什麼位置，發揮什麼作用，遇到事故怎麼處理都要一清二楚，不然難以透過嚴格的考核，更拿不到上崗合格證。不過，那時的大慶也不像上海，還在學習「如何破除資產階級法權」和批判「物質刺激」，吃大鍋飯，幹好幹壞一個樣，人人都是 36 元。也許全國也只有大慶一個企業能夠做到社會主義的「按勞取酬」和「賞罰分明」。

　　透過這次年產 5000 噸丙烯腈的開車過程，針對當時裝置暴露的一些問題，他回憶說，早些時候國外發表的文獻，對導向擋板作用褒貶不一。導向擋板在流化床的應用，這是會長的成果之一，但是他很辯證地和實事求是地對待這一成果，並不因為當初是他提出採用導向擋板的流化床反應器而仍然機械地堅持原有觀點，而是重在實踐。他認為當時在反應器直徑為 600 毫米和 1200 毫米情況下，加入導向擋板後，確實改善了流體的流化狀態，所以能夠取得較好的反應結果。但是，裝置規模達年產 5000 噸，反應器直徑達 2800 毫

米時，活性出現下降，這應是反應器放大以後出現的化學工程問題，至少應該重新計算導向擋板數和擋板之間的間隔距離，而且計算公式中的參數必須加以修正。於是，關興亞當即提出或者改變催化劑粒徑，或者拆除部分導向擋板，以改善流體在反應器中的流化狀態的建議，但解決催化劑粒徑問題，就必須重新做一批催化劑，這樣時間不允許，只有採用後者。在關興亞的建議下，大慶煉油廠決定待裝置停車檢修後，根據工程計算和實際操作經驗，將導向擋板由 48 塊減少到 13 塊，之後催化劑重新呈現出良好活性，丙烯腈單程收率進一步提升。類似問題也發生在高橋化工廠年產 2000 噸丙烯腈裝置。為此，在 1971 年 6 月將導向擋板之間的距離從 150 毫米增加到 300 毫米，導向擋板從 98 塊減到 45 塊，同樣取得明顯效果。1973 年 5 月又減至 30 塊。為從根本上改善反應器內氣固兩相的接觸，他開始考慮開發平均粒徑在 50~60 微米的細顆粒催化劑。同時為降低催化劑損耗，又著手進行新型旋風分離器的技術開發，這就是工廠實踐帶來的新課題。

由於大慶煉油廠年產 5000 噸丙烯腈裝置一次開車成功，產品品質達到國家一級品標準。當時燃化部專家們的評議意見是「裝置在技術上勝過蘭州化工公司引進的固定床萬噸級裝置，是國內自己研究、自己設計、自己建設的第一套大型的丙烯腈裝置，工藝先進，產品品質好，科學研究放大效果也很好。」專家的評議結果是對關興亞及其同事們多年來工作的肯定和鼓舞，關興亞心中有說不出的高興。當然文革中造反派對他的不實之詞和種種汙蔑也早就被拋置九霄雲外。

事實也是如此，先於大慶煉油廠丙烯腈裝置投產的蘭州化工公司引進裝置，因採用固定床反應器和全解吸流程出現許多技術問題，若大的固定床反應器熱量撤不走，反應器焦點與鹽溶溫差高達 25℃，操作不穩，導致催化劑活性下降。全解吸流程不僅能耗高，而且產品分離效果差，產品品質達不到要求指標，生產能力達不到設計指標。儘管後來改成自製研發的七元催化劑以及進行了工藝條

件和設備的改進，丙烯腈單程收率有所改善，但固定床撤熱的根本問題仍未能解決，所以一直想改為流化床工藝，這才有後來從美國索亥俄公司引進的年產 2.5 萬噸流化床丙烯腈生產技術。但在 20 世紀 60 年代初，由於中美兩國沒有外交關係，經濟上又實施封鎖，所以引進美國索亥俄公司先進技術是不可能的。而能夠引進奧地利固定床反應技術，產出丙烯腈也在一定程度上也緩解了國內丙烯腈市場供需矛盾。

大慶煉油廠丙烯腈裝置順利投入運行後，煉油廠領導為感謝關興亞的辛勤付出，在當時生活條件極為困難的情況下，派幾名員工在寒冷的冬天到冰河中打了幾條魚，以示慰勞。

在大慶石油會戰取得勝利之後，1965 年，我國又在天津以南、山東東營以北的沿海地界探明了勝利油田，當年就拿下 83.8 萬噸原油，在天津又拿下了大港油田。勝利油田原油年產量從 1966 年的 130 多萬噸提高到 1978 年的近 2000 萬噸，成為僅次於大慶油田的第二大油田。

1966 年 4 月，勝利煉油廠就在山東動工建設。當時在廠址選擇上曾有爭議，大規模煉油廠因原料和產品吞吐量較大，考慮建在沿海地區較為合適，但在當年「備戰、備荒，為人民」的大背景下，連沿海工廠企業都大批內遷，進入山洞，分散隱蔽，所以，勝利煉油廠廠址選在淄博辛店大虎山就不奇怪了。還有建廠方針有一條是廠區不設圍牆，像當年建立革命根據地那樣，要與當地農民打成一片。進廠的農民工和來自全國各地的支援者都是「亦工亦農」，以消滅工農之間的差距。不過，勝利煉油廠建設的進展確實是快，通常需求 3~4 年完成的工程，僅用 1 年半時間就建成投產，也不能不說是一個創舉。

1967 年 10 月，第一期工程建成投產，原油年加工能力為 250 萬噸，所建裝置也是當時國內第一套將常減壓蒸餾和流化催化裂化，以及延遲焦化聯合在一發揮的大型聯合裝置。這樣不僅節省鋼

材、投資，還減少了占地面積。而且聯合裝置採用當時世界上剛出現的聯環交叉熱循環新技術，又在聯合裝置內設置了利用催化裂化再生煙氣熱能的一氧化碳鍋爐，從而大幅提高了熱效。這樣一個現代化的煉油廠，如果還是像傳統煉油廠那樣，將液化氣當民用燃料，將其中可貴的丙烯資源白白浪費，豈不是太可惜了吧！所以勝利煉油廠也想建一套丙烯腈裝置。為此，關興亞根據勝利煉油廠的實際情況和當時國內丙烯腈的技術水平，以及機械加工能力，提出了一份簡要方案。

關興亞對山東這塊土地有深厚感情，在丙烯腈技術推廣中要算在山東出差的次數最多，時間最長。

勝利煉油廠畢竟是國家重點工程項目。它的條件比淄博石油化工廠好多了，不過當時社會也很動盪，兩派武鬥時有發生。因為武鬥，無政府主義泛濫，許多事無人問津，給關興亞留下印象最深的是那裡的公車竟然沒有一塊玻璃，據說是武鬥時砸碎的。因為與其說玻璃配了還是要被人再次砸碎，還不如乾脆維持原狀，所以在寒冬臘月，乘客還必須帶上口罩和圍巾，否則會凍得人直打寒顫。也許當地人都喜歡騎自行車的緣故，所以乘公車的不多，公車數量也屈指可數。而且有時幾輛車一發揮來，有時幾個小時也沒有一輛公車，對外地出差人員來說很不方便，從宿舍到廠區步行一個多小時是經常的事。

不過話倒要說回來，勝利煉油廠的領導把關興亞真當上賓對待，每次都到火車站用轎車來接。有一次火車誤點 5 個多小時，直到晚上 11 點鐘才到。關興亞想今天晚上只能睡車站了，然而一出車站就看見有人舉牌，牌上寫著三個大字「關興亞」。心裡實在激動。心想在上海石化院自己是「牛鬼蛇神」，是一顆無用的小草，可在外面，從領導到工人師傅都十分尊重知識分子，當作「寶」，真是「牆內開花牆外香」。所以，出差開車技術服務再辛苦也值！

1973 年，勝利煉油廠年產 1000 噸丙烯腈裝置終於建成投產了。

裝置運行後，雖然拿到了合格產品，但是也暴露了原設計和設備上存在的一些問題。回上海後，關興亞撰寫了《山東勝利煉油廠丙烯腈改造方案和工藝設備及管道計算書》，其實看似一份報告不足萬字，但工作量卻不小，包括反應器在內每個主要設備都要反覆核算，甚至把增加設備的尺寸列出一張明細表，這項工作竟足足做了2個多月。當這份計算書送到山東勝利煉油廠時，該廠領導除表示感謝外，還對他說：「老關，你是我們工人階級歡迎的知識分子」。聽了這句話，他很激動，因為從來也沒有人說過知識分子的好話。除了改造，還是改造，甚至要脫胎換骨地改造。此後，按照關興亞的改造方案，煉油廠對這套千噸級裝置進行改造，不僅產能翻番產品品質提升，而且原先暴露的一些原設計和設備上的問題都逐一得到解決。

關興亞在勝利煉油廠期間，與工人師傅關係非常融洽。工人師傅說他沒有知識分子架子，而且與一般知識分子有區別，既動口又動手，而不是只動口不動手。因為試車期間，工人操作還不熟練，常常會出現一些異常狀況，一時又無法處理，如反應器內物料的返混，但他會手把手地告訴操作工應如何處理，然後自己親自動手將異常現象處理好。還比如開車前的設備試漏，看似簡單操作，但卻很重要。關興亞會親自示範告之試漏的竅門，所以很受工人師傅歡迎。工人師傅說：「有問題找老關，老關來了我們就放心了。」因為工人們常常惦記他，所以每隔一段時間，他就會「上門服務」，為勝利煉油廠解決開車過程碰到的各種新問題。

茂名化工二廠的年產 300 噸丙烯腈裝置建設比較早，大約是在1969 年末。茂名市地處廣東省西南部，是中國水果生產基地之一，其中荔枝、香蕉、龍眼等「嶺南佳果」馳名中外，還有糧食產量也名列廣東省之首。1963 年隨著當時茂名石油公司，即現今的中國石化茂名分公司各項目的陸續建成投產，工業水平逐年提升，從傳統手工業轉向由石油工業為主，電力、化學、建材、紡織等產業共同發

展的格局。年產 300 噸丙烯腈裝置就是以茂名石油公司催化裂化副產液化氣中丙烯為原料的生產裝置。

因為操作工多數未受過專業培訓，所以關興亞尤其重視職工技術培訓。一直到投入正常運行，上海石化院的趙楚駿、陳欣、方永成等技術人員幾乎每隔一、二個月就前往該廠住上一段時期，及時解決生產問題。有一次，氫氰酸管道出現漏損，而當班的年青的操作工因缺乏經驗，驚得目瞪口呆，束手無策。此時關興亞和趙楚駿正巧在工廠現場，發現漏損後，關和趙奮不顧身，衝向前去關上閥門，及時作了處理，身上還留下了好多殘留物。幸好處理及時，否則後果不堪設想。

事後，工廠原本打算對這位操作工進行處罰，但是關興亞和趙楚駿認為，責任不在操作工，主要是原設計和設備材料存在問題，而且作為該工藝技術開發者，我們沒有做好職工培訓工作。結果廠領導對這位操作工僅作了教育而已。後來，工廠將所得丙烯腈產品經聚合後，送化纖廠加工。首批產品人造羊毛毯，以每條 8 元人民幣的優惠價格賣給本廠職工和參與試車的上海石化院科技人員，以作紀念。

坐落在洞庭湖畔，歷史名城湖南嶽陽附近的長嶺煉油廠和巴陵石油化工總廠，當時是中國人民解放軍總後勤部的 2348 工程基地。建廠目的是解決解放軍官兵的服裝等問題。據稱，那時參加援越部隊反映，由於越南天氣潮濕悶熱，解放軍的軍服總是濕呼呼的，而且強度太差。相比之下，美軍穿的軍服因以滌綸纖維和腈綸纖維等合成纖維為主，抗濕性和強度都比棉製服飾好得多，所以從提高軍服品質出發，國家花巨資建設了 2348 工程。由於當時從戰備考慮曾打算將煉油廠「完全隱蔽發揮來」，甚至進入山洞，加上「文化大革命」開始後的極度混亂，一直到 1969 年 4 月才正式動工建設。1970年，中國人民解放軍化工部軍管會在上海召開「2348」工程設計審核會議，上海石化院派盧文奎等 3 位同志參加丙烯腈項目審查會。

1971 年 5 月，建成年原油加工能力為 250 萬噸的常減壓蒸餾、120萬噸流化催化裂化、60 萬噸延遲焦化、15 萬噸催化重整等煉油裝置和配套工程。用作人造羊毛原料的年產 1 萬噸丙烯腈原是工程首選項目，為此關興亞在這方面的工作沒有少做，還特別認真提出過多條建議。然而，由於有毒廢氣無法排空和環保等原因，還考慮到長江和洞庭湖水資源和居民用水的安全性，丙烯腈裝置最終還是未能投入運行。不過，巴陵石油化工公司一直與關興亞保持著連繫。尤其是該公司創辦的《合成纖維工業》期刊長期聘任關興亞為編委。關興亞也經常在該刊物發表許多有關丙烯腈的論文和報告。

1975 年，鄧小平副總理根據毛澤東主席提出的「要安定團結，要把國民經濟搞上去」的指示，大刀闊斧地進行全面整頓。1975 年，全國工農業總產值比上一年增長 11.9%，創造了文革期間最高水平。就在這一年的下半年，關興亞奉命前往北京，參加石油部編制《關於我國丙烯腈技術發展八年規劃》的工作，還撰寫了《1975 年全國丙烯腈生產技術調查報告》。

《八年規劃》的指導思想是透過上海石化總廠引進年產 5 萬噸丙烯腈裝置的技術後，要全面貫徹周恩來總理指示的「一學、二用、三改、四創」的方針，推進我國丙烯腈工業發展，以進一步解決億萬人民穿衣問題。因為那時(1975 年)全世界丙烯腈產量已達 275 萬噸，而占世界四分之一人口的中國產量竟不到 2 萬噸。所以就提出了一個被當時石油部專家視作雄心勃勃的「宏偉規劃」。由北京維尼綸廠從日本引進了一套年產 1 萬噸的維尼綸生產裝置之後，在「一學、二用、三改、四創」的方針指引下，用自己技術又在全國建成十套「翻版」的維尼綸裝置。所以，丙烯腈也應該學習這種精神，在 8 年或稍長時間內也要建成十套年產 5 萬噸的丙烯腈裝置。也許因為反擊右傾翻案風運動的到來，這份《八年規劃》還未問世便石沉大海了。不過，在北京撰寫的「關於組織國內丙烯腈技術改造的會戰方案」，以及針對各套丙烯腈裝置的具體改造方案在之後的技術改

造中，還是發揮了很好的作用。

綜觀在十年動亂期間建成的 12 套中小型規模的丙烯腈生產裝置，大多數因汙染問題沒有得到很好解決而被迫停運，如茂名市化工二廠年產 300 噸裝置等。也有的裝置借鑑了國內外先進技術，如大慶石化等企業透過反應器的多次改造，還解決三廢問題和使用新催化劑，使丙烯腈生產裝置不僅保留下來，而且實際產能還在增加。

上海高橋化工廠是國內首先採用導向擋板流化床反應器生產丙烯腈的企業，在進行技術改造的同時，還展開了全面品質管理和全面經濟核算，對生產過程各道工序加強把關，產品合格率達 100%；產品被評為化工部優質產品，生產成本也大幅降低；裝置生產能力從最初設計的年產 2000 噸提升到 90 年代末的年產 7000 噸。

大慶煉油廠年產 5000 噸裝置和山東淄博石油化工廠的年產 2000 噸裝置，經過多年生產實踐，不斷進行技術改造，更新設備，完善工藝，生產能力得到發揮。撫順市化學纖維廠的千噸級裝置，從 1970 年投產後，發揮初幾年連續虧損，由於逐年進行技術改造，並採用了新催化劑，並扭虧為盈，1982 年產量超過 2000 噸。

隨著 20 世紀 90 年代的多套大型引進丙烯腈裝置的建成投產，這些完全採用國內技術建設的早期中等規模丙烯腈裝置先後停止運行。然而，在很長一段時間內它們對於推動當時我國丙烯腈和腈綸工業的發展造成了重要作用，在一定程度上緩解了國民經濟對丙烯腈的供需矛盾，也為人民穿衣問題作出一定貢獻。同時又培養了一批技術骨幹，在引進丙烯腈裝置建設和引進技術消化吸收方面發揮了重要作用。而關興亞在其中的貢獻卻是功不可沒，他馬不停蹄推廣丙烯腈成果的許多先進事跡，很長時間內在這些工廠中廣泛流傳。

# 第五節　技術談判和 CT-1 型催化劑

　　十年動亂中，我國化學工業遭到了嚴重摧殘，生產設備被嚴重破壞，大批領導幹部和工程技術人員受到迫害，規章制度被廢除，10 年之中有 4 年的生產是下降或者是停滯不前的。以全國化學工業總產值為例，1966 年為 119.55 億元，1967 年下降為 108.31 億元，1968 年繼續下降至 102.37 億元。然而在這一時期小氮肥和小石油化工卻得到較快的發展。其中全國小型氮肥廠從 1966 年的 150 個廠發展到 1976 年的 1300 個廠，平均裝置產能從年產 800 噸發展到 2000~5000 噸。不過因管理比較混亂、消耗高、虧損大，造成了很大的資源浪費，1976 年全國小氮肥行業淨虧損 9.7 億元[1]。

　　小石油化工是一定歷史條件下的產物，當時地方需求的有機化工原料長期短缺，嚴重影響了地方工業的發展，加上我國重油和渣油價格低廉，有利於以重油和渣油為原料的小石油化工發展。小石油化工的特點是土法上馬，特殊鋼材用量少，投資少，見效快，小批量生產可滿足當地市場急需。據不完全統計，當時國內採用土法蓄熱爐裂解制烯烴裝置多達 60 余套，規模最大的渣油年處理量約 3 萬噸，多數在萬噸左右。然而，小石油化工技術落後，能耗高，產品品質差，環境汙染嚴重。

　　當時，世界石油化工已向著大型化、連續化、自動化、精細化方向發展，技術日新月異，工藝不斷更新。相比之下，中國主要石油化工產品產量與發達國家差距不是縮小，而是越來越大，甚至遠

---

❶楊光啟，陶濤主編. 當代中國的化學工業 [M]. 北京：中國社會科學出版社，1986：23-26.

不及幾乎同時發揮步的日本。以石化工業代表性產品乙烯為例，全球 1972 年產量已達 2180 萬噸，主要生產國家美國、日本、聯邦德國、英國、法國分別為 945.1 萬噸、385.1 萬噸、218.4 萬噸、112.2 萬噸、121.8 萬噸，中國大陸僅 4.44 萬噸❶。

再看看悠關糧食產量的合成氨產量，1972 年全球產量為 3625 萬噸，美國、日本分別為 1375 萬噸、400 萬噸，中國大陸僅 359.6 萬噸。悠關人們衣著的合成纖維產量差距更明顯，1972 年全球產量為 637.6 萬噸，美國、日本分別為 224.2 萬噸、105.4 萬噸，中國大陸僅 5.3 萬噸。

這些統計數據告訴我們，如果還是走「小氮肥」、「小石油化工」、「小合成纖維」這種「小」字帶頭的發展模式，中國的石油化工將永遠處於落後狀態，人民生活也難以改善。

為了擺脫每年花費大量外匯進口石化產品的被動局面，並解決國內人民吃、穿、用的問題，1972 年 1 月，國家計委向國務院報告：為利用國內石油天然氣資源，迅速發展化學纖維和化肥生產，擬與輕工、燃化、商業、外貿等部門共同研究進口化纖、化肥技術和設備。很快得到毛澤東主席和周恩來總理批示，同意了這個報告。

同年 3 月，由燃化部、輕工部和外貿部等有關部門的人員組成了赴西歐和日本的技術考察組，分別就擬引進品種的生產工藝進行技術對比，優選其中先進可靠的生產工藝路線，並開始與外商進行技術交流和合約談判。

經過一年多深入細緻的準備工作，繼北京石油化工總廠（即現中國石化燕山分公司）引進年產 30 萬噸乙烯及相配套 7 套裝置後，上海、遼陽、四川和天津分別採用引進技術，建設 4 個以石油和天然氣為原料的合成纖維生產基地。此外，還決定引進 13 套以石油和天然氣為原料生產合成氨和尿素的生產裝置。

---

❶張成欣主編．當代中國的石油化學工業［M］．北京：中國社會科學出版社，1987：173-186.

這些裝置的引進，除滿足國民經濟為各部門和人民生活需求外，還將從根本上改變我國石油化工落後面貌，縮小與發達國家的差距。

1973 年年初，上海石油化工總廠開始籌建，廠址選在上海金山衛海灘，為節省土地，占地萬畝而不需徵用農田，90%以上的土地透過圍海築堤向大海索取。為方便居住在市區職工的上下班還專門建設了一條從上海西站，即長寧站到上海石化總廠的鐵路和首座跨黃浦江的大橋。

本著周恩來總理有關引進裝置「一學、二用、三改、四創」的指示精神，參加技術談判人員，除併入輕工業部的原紡織部和上海石油化工總廠工程技術人員外，還包括從事相關科學研究工作的研究院所、設計院、土建、安裝公司等專業技術人員。談判內容很廣泛，除生產工藝、催化劑、產品分離、三廢處理外，連主要設備土建時打幾根樁也不放過。關興亞因為長期從事丙烯腈生產工藝和催化劑研究開發，還有中小裝置開車經驗，所以，前階段作為丙烯腈工藝組長身分參與同日本旭化成公司的技術談判。後階段作為丙烯腈催化劑組長身分參與同美國索亥俄公司的技術談判。前後兩階段的談判斷斷續續，時間長達近一年。由於上級部門要求上海石化院承擔丙烯腈生產裝置用配套催化劑的研製，丙烯腈研究課題恢復工作，並由關興亞為主要負責人。因此，在談判期間，還要負責上海石化院丙烯腈細顆粒催化劑的研發工作。

與外商會談的地點在上海大廈。而上海石油化工總廠在滬辦事處是位於延安東路和四川中路南端的一座名為「四川大樓」的樓房。會談項目除丙烯腈外，還有醋酸乙烯、聚乙烯、芳烴抽提、甲苯歧化和二甲苯異構化等十來個項目。這裡既是辦公場所，也是部分參加會談工作人員的住宿處。參加技術會談的中方人員還在這裡進行短暫的外事教育，學習了不少涉外文件和外事紀律，但關興亞只記住一件事，那就是與外方談判人員交談必須透過翻譯。1964 年，上

海石化院有位資深工程師就是因為參與日本高分子代表團技術會談時，未透過翻譯直接與在日本留學時的老師交談，而且還是領導有意安排的，目的是希望他透過老師能夠獲得更多技術訊息，結果在文化大革命被打成「裡通外國的日本特務」。由於忍受不了造反派的批鬥和侮辱，含冤跳樓自盡。關興亞從小在日本人開辦的學校讀過書，可講一口流利的日語，因此，這一條紀律對他來說很重要，否則，一有疏忽後果便不堪設想。

為研究商討談判內容、談判策略，參加談判的人員常常星期天也不休息，且每晚開會，有時過了 11 點鐘公車停止運行，只能步行或騎自行車回家。因為沒有交通工具，中方談判人員又常常在兩座距離數百米的大樓間奔走。

上海大廈位於上海市中心，是上海外灘建築群中三座早期高層建築之一，其他兩座分別是現今的和平飯店和中國銀行大樓。上海大廈的投資者是英資地產公司，由公和洋行英國知名建築設計師弗雷澤設計，新仁記等 6 家中國營造廠承建。1930 年開始建設，1934 年落成，大廈 21 層，77 米高。由於東臨原百老匯路，即今大名路，所以建成時原名為百老匯大廈。如今這座大廈與熙熙攘攘的外灘外白渡橋，猶如姐妹一般，構成了一道美麗的風景線。然而，它卻見證了上海灘的變遷、興衰，以及改革開放以來的巨大變化。

談判對象日本旭化成公司是一家從事石油化學品和塑料、住宅和建築材料、纖維及織物、專用化學品生產的跨國多種經營公司。前身是創建於 1923 年的日本氮肥公司，並在延風工廠生產合成氨。1931 年 5 月成立氨絹絲公司。1943 年合併日本火藥公司改稱為日淡化學工業公司。1946 年 4 月才正式改為旭化成公司。1959 年開始生產聚丙烯腈纖維。1962 年繼美國索亥俄公司丙烯氨氧化制丙烯腈的年產 2.2 萬噸裝置建成後，便成為世界第二家採用該技術的丙烯腈生產廠商。

由於當時中美關係雖在尼克松總統訪華後有所緩解，但索亥俄公司直接向中國轉讓技術在法律上還有許多障礙，所以日本旭化成公司實際造成中間商的作用。技術談判有時是日本旭化成公司的工程師，有些關鍵技術談判則是索亥俄公司的工程師或技術主管。

技術談判之初，因為日方代表並不清楚中國大陸已有 12 套千噸級中小型丙烯腈裝置，認為中方也提不出具體技術細節問題，而且，引進裝置的價格早已確定，所以，日方以為與其說技術談判，不如說技術交底，因而顯得非常輕鬆。會談之初，日方代表如同給學生上課那樣，講的都是一些基本原理和發展過程，很少涉及關鍵技術細節。為了讓日方公司得到更多經濟利益，日方代表還滔滔不絕地介紹了已簽合約之外的所謂「先進技術」，例如微反應器考察評價催化劑性能的裝置，一邊生產一邊給出分析數據的在線分析儀，還有採用復合鋼板製造的塔器等。若中方認為有必要增加這些儀器或先進技術，就得增加合約金額。然而，對於這些儀器的結構、先進的關鍵技術之處都避而不談。

後來，中方談判人員經商量改變了談判方式，以日方主講改為由中方提問題，日方回答問題的方式進行。此時，關興亞作為中方的主談，除提出引進裝置具體問題外，還帶著國內正在開發的技術和正在運行的裝置中碰到的問題，提出了一系列關於裝置主要設備結構、設計依據，以及如何解決反應出口物中丙烯醛與氫氰酸反應產生的「氰醇」處理等許多具體細節和問題。另外，還對反應副產物乙腈、氫氰酸和硫銨處理及相關三廢排放問題提出中方的要求。目的是讓引進技術更多地為我所用，還希望有一些新技術可直接或間接用於正在運行的國內自行設計的丙烯腈裝置。開始，日方對這些問題採用搪塞態度，後來是答非所問。當時，關興亞正想用日語直接責斥日方談判人員，但限於談判前的「外事教育」，必須透過譯員進行交談。後來，中日談判人員熟悉後方知這些日方經濟型或商務

型工程師對於許多技術細節了解甚少。因實在招抵不上中方提問，為此就經常打電話詢問旭化成公司的丙烯腈技術主管。有時，通電話時間長達 1 個多小時。日方談判人員沒想到，在不到半個月的談判時間裡自己竟然明顯消瘦了一圈。因為他心知肚明，如果中方對談判不滿意的話，也許對這位技術主管來說會失去在公司的崗位。後來公司出於對華「友好」態度，確定一個原則，那就是對中國，除關鍵性核心技術外都可以透露，而其他國家則需嚴格保密。因為他們有長遠發展策略，中國數億人口，未來丙烯腈需求量太大。將來不是一個 5 萬噸裝置，也許 10 個 5 萬噸的裝置也遠遠不夠。如果這次談判給中方留下不良印象，對公司的未來將是一個不可估量的巨大損失。那時，日方一位談判人員說，就當時中國機械加工水平而言，至少在 20 年內難以加工反應器等這些關鍵設備，製造自動化控制儀表、電氣儀表更不可能。所以，他們並不認為中國會在 20 年內成為他們的競爭對手。更沒有想到，在不到十年內最為關鍵的催化劑性能會超過他們，並成為他們的有力競爭者。

丙烯腈工藝談判結束後，關興亞接著又代表上海石化總廠參加與美國索亥俄公司就引進 C-41 催化劑專利的技術談判。同樣，他沒有放過每一個製備過程細節，哪怕是美方稱作「know how」的技巧。也許是先簽訂購買專利合約後再進行技術談判的緣故，美國索亥俄公司對於關興亞等提出的問題都作了認真回答，即使一時答不上的，回美國後也會儘量作詳細答覆。直到談判結束一年多還收到該公司的信函，作為對 1974 年 C-41 催化劑上海會談遺留問題的覆信，這是一封遲到的來信。該信函還表達了公司對中方談判者深切的感謝。在索亥俄公司看來，中方提出的美方一時未能解答的問題很可能就是他們下一步要改進的工作，這對他們而言也是一大貢獻。

按照通常習慣，中方談判人員在完成當天談判內容後便商量第二天談判內容，才各自回家或賓館休息。然而，關興亞卻要再花幾

個小時的時間把當天談判內容重新整理一遍，然後再將要點抄在筆記本上。有關設備結構詳細尺寸、流程圖也都收集發揮來，之後將圖紙曬出來整理成文。

他還詳盡地總結了國內外丙烯腈技術現狀與進展，分上、下兩冊彙編成十多萬字的技術總結。這是一份難得的技術資料，作為供上海石油化工總廠等相關管理人員和工程技術人員在施工、開車時的參考，曾造成至關重要的作用，也是後來發展我國丙烯腈工業所不可缺少的資料。

參加引進技術談判，其收穫是多方面的，首先看到的是差距。之前，總認為國內也能用流化床反應器進行丙烯氨氧化制丙烯腈的生產，與世界先進水平差距不會很大，但僅從日方介紹的流化床反應器結構看，差距確實很大。當年為加工大慶年產 5000 噸裝置的直徑為 2.8 米流化床反應器費了九牛二虎之力，請了不少有關方面的專家，包括材料、銲接、機械等方面的專家，才研製成功。沒想到引進 5 萬噸裝置，僅用兩個反應器，每個反應器直徑達 5.1 米，高 17.8 米，還有 4 米高的底座，內置 64 根 U 形冷卻器。就當時國內冶金材料工業和化工機械加工水平，幾乎是不可能的。由於高度自動化控制，操作工人數竟不到國內同類裝置的十分之一，而產能是國內中型裝置的十倍。另外，在催化劑研發方面也有相當收穫。當時日本旭化成公司為兜售其與索亥俄公司性能接近的 A–112 催化劑時透露了兩條訊息。其一是 A–112 催化劑前期的評價和篩選是在微型反應器中進行的；其二是催化劑壽命試驗是在 1 吋半流化床反應器中進行的，而且從催化劑生產廠出來的催化劑新產品只要在 1 吋半流化床反應器中得到驗證，即可用於年產 2.5 萬噸的流化床反應器，不存在放大效應。這兩條訊息看來也沒有很深的技術含量，但長期從事丙烯腈催化劑研發的關興亞卻十分感興趣，因為這兩條訊息是日本丙烯腈催化劑研究者總結的經驗。若為我所用就可使催化

劑的研發少走好多彎路，省略了某些過程和中間放大環節，也就節省了許多時間。

在此之前，關興亞一直在考慮是否要搭建一臺微型反應器來篩選催化劑。因為微型反應器是現代化學中的一項新技術，當時還屬發揮步階段。微型反應器裝置簡單、操作容易，還能及時獲得分析數據，在催化劑研發中有明顯加快篩選和評價的作用。但是，是否適用於流化床丙烯腈催化劑研發還未見報導，透過技術談判，得到了確認，所以便下決心自制微型反應器。

通常微型反應器特別精細，一般內徑在 4~8 毫米，長約 100~200 毫米，裝載催化劑量僅 0.1~2 克。因此當反應物經過催化劑時，反應產生的熱量很小，這就可維持在等溫條件下研究催化劑的特性。後來實踐表明，這種微型反應器用於初期催化劑篩選，相對比較催化劑性能時確實發揮了一定的作用。

催化劑在反應器中的放大效應也是關興亞十分關切的問題。以往的做法是逐級放大，從小試到 60 噸、1000 噸、5000 噸的逐級放大，既推遲了工業化的進程，又浪費建裝置的費用。關興亞也一直在尋找合適的放大規模，此後透過技術談判也得到啟示，這就是 1 吋半的流化床反應器規模已可，而傳統的逐級放大似乎是勞命傷財。

1974 年，關興亞談判結束回石化院後，第一件事就是找來多年從事色譜分析的夏德良等幾位同志進行微型反應器的製造工作。

關興亞參考了國外有關微型反應器製造方面的資料，親手繪出裝置中回通閥、管狀電爐、定量管、六通進樣閥的圖紙，請機修組的老技師沈富林師傅實地加工這些設備，讓從事色譜分析的同志著重解決反應產物與色譜分析的連接和結果顯示等關鍵技術。其中包括反應氣體聚合及大量水分存在下對分析結果的干擾；消除管道材料對混合原料氣及反應氣管壁吸附及催化劑外擴散和內擴散的控制因素，並儘量

做到所得數據與 1 吋半流化床反應器獲得一致的反應結果。

　　由於，上海石化總廠多套有機化工原料生產裝置的配套催化劑任務落在上海石化院，而且還要培訓一大批上海石化總廠的青年工人和技術人員，所以實驗室顯得特別擁擠。為了抓緊工作進度，關興亞在試驗大樓屋頂陽臺一間原作催化劑製備的排風房搭建了一個簡陋的實驗室，打算在自制的微型反應器中研製出用浸漬法，而不是日本旭化成公司和美國索亥俄公司用的噴霧法工藝，得到與上海石油化工總廠年產 5 萬噸丙烯腈裝置用 C-41 催化劑性能相當的細顆粒催化劑。並且將新研製的催化劑用於國內自己建造的丙烯腈裝置，從而提高國內丙烯腈生產技術水平。

　　催化劑是丙烯腈生產工藝的核心技術，通常外商對催化劑生產工藝是守口如瓶的。當時對於是否要購買 C-41 催化劑專利，關興亞是有想法的。因為在參加技術談判前，燃化部早已下達了引進裝置催化劑配套任務。1973 年元月，燃化部在京召開配合進口石油化工裝置催化劑科學研究工作座談會後，上海石化院開始做了大量準備工作。1973 年年底，由關興亞主持的噴霧法丙烯腈催化劑在小試驗已取得突破性進展，如果放大製備過關，就不必花 50 萬美元去購買這十幾頁紙的專利，也可為國家節省一筆可觀的外匯。上海石油化工總廠從大局考慮，一套引進裝置可運行幾十年，但催化劑壽命至多一、二年，而且流化床反應器用催化劑是要損耗的。如果每年按市場價進口催化劑，價格年年都在漲，所以從長期考慮必須立足於國產化。

　　那時，上海石化總廠認為雖然上海石化院在催化劑小試驗階段已經取得進展，但不能保證放大到生產規模完全沒有問題。如果年產 5 萬噸丙烯腈裝置配套 C-41 型催化劑，連同備用催化劑也用完，而催化劑生產裝置還未能建成或拿不出合格產品，這不僅將影響丙烯腈裝置的正常運行，還涉及下游腈綸生產裝置和國家下達的合成纖維產量指標。所以，上海石化總廠最終還是決定花 50 萬美元購買了 C-41 型

催化劑專利。但是，一定要索亥俄公司承諾在年產 360 噸丙烯腈催化劑裝置上能產出達到 C-41 型水平的催化劑。

因為上海石油化工總廠購買 C-41 型催化劑專利一事已經敲定，所以催化劑技術談判相對於工藝技術談判就比較寬鬆，實際也就是技術交底。不過後來才明白，光買專利還是不能生產出合格催化劑，還必須購買兩臺關鍵設備，即高速離心式噴霧乾燥器和焙燒用轉爐，而且這兩臺設備不是索亥俄公司製造，而是由另外兩家專門公司製造。

當時美國索亥俄公司在技術談判中主要是對專利中的權限作了說明。用 50 萬美元買來這份總共才十幾頁紙的專利，其真實的意義是今後在這套年產 5 萬噸丙烯腈裝置上可以採用中國人仿製 C-41 牌號的催化劑，而不存在侵權問題。但是，完全依靠這份專利也是很難仿製成功的。因為當時國內還不能生產高速離心式噴霧乾燥器和焙燒催化劑的轉爐，所以又要我們買他們的這兩臺關鍵設備。然而，對於關興亞針對實際催化劑生產過程經常出現的重複性問題，提出的許多有關相關設備結構、中間控制手段等卻很少提及，有關催化劑的開發思路和方法更是避而不談。不過，有一點對關興亞的工作很有啟示，那就是一些大型物化測試儀器，如 X 衍射光譜儀、順磁共振波譜儀以及穆斯鮑爾儀，不僅可用在丙烯腈催化劑研發上，而且有時還用在催化劑製備過程。譬如，催化劑焙燒過去只有透過實驗，採用在不同溫度或不同氣氛條件下找到一個合適的焙燒條件，但卻未能從催化劑內在結構上去分析。後來，漸漸明白催化劑焙燒目的之一是使其形成一種對催化反應有密切關係的相結構。而如何應用這些大型物化測試儀器來提示催化劑的內在結構，充分發揮其在催化劑研發和生產中的作用正是我國的薄弱環節。此後，關興亞透過對大型物化測試儀器的學習和研究，並將其用於生產實踐，解決了上海石化總廠 CT-1 催化劑的生產問題，為國家節省了 500 萬美元。

幾十年來，國內外工業催化劑研製主要依靠傳統的「炒菜法」，

也就是憑實踐經驗來篩選。隨著科學技術的發展，尤其是大型物化測試儀器出現，作為催化劑表徵手段與活性評價的新技術，提供了大量實驗數據，從而使廣大催化研究工作者有可能深入討論催化劑活性與選擇性和催化劑表面性能和內在結構的關係。同時工業催化劑製備的長期經驗積累，使人們開始考慮如何從反應機理、催化劑結構等多種途徑來設計催化劑。1968 年前後，英國催化科學家唐丹在國際上首次提出催化劑設計構想。日本學者米田幸無則提出數值觸媒學，將多相催化劑的化學特徵數值，如酸鹼性和氧化能力等與反應基質的分子特性、熱力學數據、量子化學的反應指數等進行線性關聯，以預測催化劑製造方法與篩選範圍。

但是在關興亞看來，將多年來催化劑研究開發的實踐經驗總結出一整套催化劑設計理論，無疑可以使從事催化劑研發工作者少走彎路，不過要想只做極少幾次實驗，甚至不做實驗便得到所需工業催化劑是不可能的，只有兩者結合才能不斷開發出新型高效催化劑。

另外，過去製備催化劑之所以重演性欠佳，實際在很大程度上是與缺乏測試手段相關。這些分析測試手段猶如眼睛，沒有眼睛只能是盲目或者是憑經驗來生產。但這類大型儀器費用昂貴，有的儀器如掃描電子顯微鏡價格高達十多萬美元，當時上海石化院根本無力購買。後來得悉上海測試技術研究所擁有多臺大型測試儀器後，才透過上海市科委，並派多年從事催化劑製備的金國林同志作為與該所的協作人員，學習大型測試儀器分析技術，這樣既可加快催化劑開發進度，又培養了催化劑物化性能測試人才。

為爭取上海市科委對上海石化院進口大型測試儀器在經費上的支持，關興亞在適當場合多次向科委有關領導匯報丙烯腈催化劑研究進展和存在問題，並以上海石油化工總廠年產 5 萬噸丙烯腈裝置為例，該裝置每年平均消耗催化劑約 100 噸，每噸以 2 萬美元計，一年催化劑費用支出高達 200 萬美元。如果引進大型物化測試儀器，

使催化劑研發進程加快，每年就可節省 200 萬美元。

在關興亞的宣傳和鼓動下，上海市科委決定加大對上海石化院催化劑研發工作的支持力度，並於 1979 年 8 月在市科委和市化工局共同支持下，共進口了 6 臺大型物化測試儀器，其中包括測定物相結構的 X 射線衍射儀、主要測定有機化合物結構的紅外光譜、測定元素含量的原子吸收光譜儀、測定催化劑孔結構的壓汞吸附儀等，總金額達 12.9 萬美元。這些儀器為加快並提前完成燃化部下達的環氧乙烷、醋酸乙烯、丙烯腈和甲苯歧化等引進裝置配套催化劑研發發揮了重要作用。為加快上海催化劑工業技術的進步，上海市科委同時還決定將上海石化院作為上海市催化劑測試中心，為上海各催化劑研發和生產企業服務。

關興亞非常善於學習新生事物，包括各種催化理論、大型物化測試儀器基本原理和在催化劑研發和生產中的應用技術等，並且將其應用在自己的工作中。當時，國內以著名數學家華羅庚為代表的數學界人士推廣的正交試驗設計就引發揮了關興亞的注意。這是一種研究多因素多水平的設計方法，它是利用排列整齊的正交表對試驗進行整體設計、綜合比較、統計分析，實現透過少量試驗次數找到較好生產條件的一種手段。以某化工產品為例，與該產品轉化率相關的有 3 個因素，3 個水平，如反應溫度 80℃、85℃、90℃，反應時間 90 分鐘、120 分鐘、150 分鐘，鹼用量 5%、6%、7%。如果按正常試驗需 27 次，但採用正交試驗法它可減少 9 次為 18 次。所以，關興亞將正交試驗基本原理用於丙烯腈催化劑的篩選，以減少試驗次數，加快研發進程。

由於採用微型反應器和正交試驗設計法，在不到一年時間內，關興亞在實驗室共考察了近 200 個樣品。可喜的是在實驗室研製的採用浸漬法製備的多元催化劑，其中部分催化性能已接近或達到 C-41 催化劑水平，經放大製備試驗之後，主要用於國內帶導向擋板的

中型規模的丙烯腈生產裝置，經濟效益十分顯著。

　　20 世紀 70 年代初我國引進的一批石油化工裝置，所用催化劑多達 90 多種牌號，一次裝填量約 6000 噸，其中技術含量較高的約 40 餘種，主要是氣固相反應催化劑。為使這些催化劑及早立足於國內生產，國務院決定加強催化劑研製開發工作，並由燃化部陸續安排研製單位。1974 年 10 月，燃化部在北京首次召開引進裝置配套催化劑工作會議。關興亞和時任上海石化院革委會副主任沈銀林等赴京參加會議。會上正式確定上海石化院為丙烯腈、甲苯歧化和醋酸乙烯等裝置配套催化劑的主要研製單位。會上關興亞還作了一個丙烯腈催化劑研發過程的經驗介紹，受到與會者的高度評價。

　　儘管當時用浸漬法和噴霧法製備的七元催化劑性能都達到 C-41 催化劑水平，看來似乎只是製備方法的差異，其實不然。因為同是流化床反應器，但反應器尺寸不同，內部結構不同，對催化劑性能要求也各不相同，尤其是催化劑的顆粒度和比表面積等物性數據存在明顯差異。此外，用浸漬法製備的催化劑存在浸漬順序和次數問題，常常會發生溶液混濁現象和金屬組分分布不均勻問題，從而使局部區域化學組成偏離正常配比。如用掃描電子顯微鏡對這兩種催化劑形貌進行比較，發現兩者截然不同，用噴霧法制得的催化劑表面光滑，顯然耐磨性能好，壽命長。用浸漬法制得的催化劑表面粗糙，耐磨性差，壽命也短。所以採用噴霧法更能保證引進裝置所要求的催化劑性能。過去，關興亞也曾考慮用噴霧技術，但沒有每分鐘高達 1.2 萬轉的噴霧乾燥器，只能因地制宜採用浸漬法來製備催化劑。

　　每分鐘高達 1.2 萬轉的高速離心式噴霧乾燥器，當時國內還不能生產，必須從丹麥尼羅公司進口。然而，要進口就得申請外匯，那時國家外匯十分緊缺，要層層審批，沒有半年、一年根本批不下來，但科學研究工作卻不能因為少一臺設備而停頓下來。

　　關興亞常說「搞科學研究不能等」，所以考慮再三，決定採用兩

條腿走路的辦法。為解決眼前問題，與上海合成樹脂研究所協商，借用該所的進口噴霧乾燥器，先把催化劑試樣做好。與此同時，自己動手製作噴霧乾燥器。關興亞還親自帶領有關人員去上海合成樹脂研究所等單位測繪各種類型的噴霧乾燥器結構，又經反覆研究，最終將上海某油脂廠油水分離用的高速離心噴霧機頭和尼羅公司的轉盤結合在一發揮，設計成一種新型高速離心式噴霧乾燥器，並由上海石化院設計室設計，由機修組師傅加工，其中老技師沈富林師傅發揮了重要作用。試製成的樣機，經驗證完全達到製備細顆粒丙烯腈催化劑製備要求，為此還獲得了 1980 年上海市化工局科學研究成果二等獎。

當時，用噴霧法製造丙烯腈催化劑另一個難關是二氧化矽含量為 40% 的矽膠製備。這種高二氧化矽含量的矽溶膠，按照專利要求必須使用國外某公司生產的產品，這樣將又增加一筆外匯開支。專利聲稱，載體二氧化矽的含量多少將直接關係到催化劑的各種性能，能否達到專利要求催化劑粒度分布、主體與載體比例等各項指標，最終還會影響催化劑的活性指標和單程收率。為此，關興亞決定在原先成功研製含量在 25% 二氧化矽的矽膠基礎上再做工作。

正當關興亞和陳欣等為研究開發二氧化矽含量達 40% 的矽溶膠緊張而有序地工作時，突然獲悉上海試劑二廠、廣州人民化工廠等都已有現貨產品可供。於是即刻派員上門採購，試驗表明，基本可用，但也有不足之處。之後，經多次改進並根據上海石化院提出的規格，才解決了催化劑載體矽溶膠的國產化問題。

從 1974 年 11 月，以替代引進年產 5 萬噸丙烯腈裝置 C-41 催化劑為目的，在原有研發工作基礎上，正式開始噴霧成型 FC-69 流化床催化劑的研製，到 1975 年 10 月，即在不到一年的時間裡基本確定了主載體組成和製備工藝，性能達到 C-41 催化劑水平。為此，被上海石化總廠命名為牌號 CT-1 的催化劑，同年 12 月透過由上海市化工局組織的技術鑒定。1976 年 12 月又將該成果由上海醫工設

計院設計，應用於建設中的上海石油化工總廠化工二廠催化劑裝置，規模為年產 360 噸。

然而，這套用國內技術自行設計的催化劑生產裝置能否產出合格產品，一直到 1982 年年產 5 萬噸丙烯腈裝置更換新催化劑前才得到驗證，而此前一直使用的是引進裝置時附帶的備用催化劑。

當年與日本旭化成公司技術談判的上海大廈

關興亞與夏德良在商討微型反應器解決方案(1974 年)

# 第 四 章

# 創造發明
# 碩果累累

# 第一節　具專利權的 MB-82 型催化劑

　　專利是一種知識產權，是無形資產。建立專利制度，對保護和鼓勵發明創造，促進科學技術和經濟發展發揮著重要作用。追溯世界專利發展過程，從 1474 年 3 月 19 日威尼斯共和國建立了世界第一個專利制度以來，至今已有 500 多年歷史。該專利制度規定「在10 年期限內，未經發明人同意與許可，禁止他人再製造與該發明相同及相似的裝置。」還規定「若他人冒然仿製，將賠償專利人金幣百枚，仿製品也將立即銷毀」。工業革命後的 1623 年，英國製定了「壟斷法」，承認專利權人在一定期間內有製造和使用其發明產品的壟斷權利，這是世界上第一部專利法。之後，美國於 1790 年，法國於 1791 年，俄國於 1814 年，荷蘭於 1817 年，西班牙於 1820 年，印度於 1859 年，德國於 1877 年，日本於 1885 年，相繼實行專利制度。19 世紀末期，由於資本主義經濟迅速發展，國際貿易交往越來越多，各國各自為政的專利法已不能適應這種形勢需求。專利制度開始向國際化方向發展。1883 年，由法國等 11 國發發揮簽定了「保護工業產權巴黎公約」。1967 年，51 個國家在瑞典斯德哥爾摩簽定並成立「世界知識產權組織（World Intel Lectual Property Organization），到 1974 年，該組織又成為聯合國的 15 個專門機構之一。我國於 1980 年 3 月加入該組織，並成為第 90 個成員國。加入這個國際組織，將意味著從此日發揮，中國將不能仿製和複製有關國家的產品和生產技術。換言之，按照他人專利來生產丙烯腈催化劑將是一種侵權行為。

　　當時，上海石化總廠年產 5 萬噸丙烯腈裝置自 1977 年正式投產

後，原打算在以後的一個時期將採用購買美國索亥俄公司專利生產的國產化催化劑。然而，引進裝置帶來的 C-41 催化劑還沒有用完之時，該公司便向上海石化總廠推銷性能更好的 C-49 催化劑，聲稱換用 C-49 催化劑可使生產裝置產能增加 13%，如考慮精製回收率的提高，總產量可增加 19%。這就是說，上海石化總廠年產 5 萬噸丙烯腈裝置，如用 C-49 催化劑更換 C-41 催化劑，可增產近 1 萬噸丙烯腈產品。如按該外商所稱，大約每 5 年推出新一代催化劑，那麼，丙烯腈催化劑的國產化不僅渺茫，而且已建年產 360 噸丙烯腈催化劑裝置也形同虛設。所以，關興亞發誓要開發具中國專利的丙烯腈催化劑。

專利對於他來說，既熟悉又陌生。說熟悉，世界上有關丙烯腈的專利說明書差不多都看了，依靠國外這些已經到期或即將到期的專利和自己的辛勤勞動，基本掌握了丙烯腈的生產技術，有些地方還有不少創新之處。說陌生，此時關興亞還沒有在世界任何一個國家申請過專利。但他知道中國丙烯腈生產技術要走向國際市場就必須要有自己的專利。而我國專利機構當時還在籌備之中。

關興亞很清楚，要開發具有自己專利權的新催化劑和各種新技術再也不能走以往的仿製路線，不僅要避開國外專利的權限範圍，而且還要有新穎性、創造性和實用性。

所謂新穎性是指世界上沒有過的；創造性是指發明的技術水平要超過現有技術水平；實用性是指可在產業上採用。

那時，北京和上海的圖書館和科技情報研究所相繼舉辦了各種形式的專利學習班和研討班。除介紹世界各國專利發展概況、專利文獻檢索方法外，還探討了如何避開國外相關專利的技巧和申請國內外專利的途徑等。儘管工作很忙，但為了擁有專利權的丙烯腈催化劑，他還是抽出時間認真參加了幾次專利研討班。因為申請專利，主要是由專職的專利代理人去完成，所以，他關心的是如何在研究開發新產品時，避開國外相關專利。後來，透過與會者的交

流，認識到要開發具專利權的包括催化劑在內的新產品，僅僅避開國外相關專利是不夠的，應該在認真分析國外專利的基礎上，跳出國外專利對研發工作的束縛，取其精華，棄其糟粕，這樣才有上述的新穎性、創造性和實用性。實際上，在認真分析國外專利之後，關興亞也發現，某些外國專利商，為迷惑或束縛競爭對手，在其申請的專利中水分不少，真正有價值的專利還不是很多。不過，當時他還是下了好多功夫，比較和分析了主要丙烯腈專利商發表的專利。後來，彙總成文，發表在《化學反應工程與工藝》上，題目為「丙烯腈工業催化劑的開發」❶。

該文討論了各種丙烯腈催化劑的化學組成、製備工藝和生產中的一些關鍵問題。實際上，該文也間接地反映了關興亞當年開發MB-82型催化劑的思路。文中，他首先羅列了主要丙烯腈專利的特點。例如：

美國索亥俄公司在20世紀70年代前主要使用磷鉬酸鉍的CA型催化劑，其丙烯腈單程收率為58%；

1965年，聯邦德國的卡那帕斯（Knapsack）公司在鉬鉍催化劑上加入鐵元素，反應溫度從470℃下降至430~440℃，丙烯腈單程收率提高到70%；

1967年，日本旭化成公司改進了鉬鉍鐵催化劑，製成A-112催化劑，丙烯腈單程收率達70%~73%，且副產乙腈明顯減少；

1972年，美國索亥俄公司在卡那帕斯公司添加鐵元素基礎上，形成多元鉬鉍系催化劑C-41，丙烯腈單程收率達73%~75%；

之後，日本住友化學公司在鉬鉍鐵基礎上引入鉈元素，以降低催化劑表面酸度，但因種種原因而未工業化；

日本三菱化成公司推出鉬鎢鉍鉛系催化劑，使丙烯腈單程收率達79%~83%；

❶關興亞，陳欣. 丙烯腈工業催化劑的開發[J]. 化學反應工程與工藝，1985，1(4)：1-12.

日本宇部興產公司推出鉬鉍銻系催化劑，丙烯腈單程收率達80%以上；

美國孟山都（Monsanto）公司將銻鈾和鉬鉍鐵系催化劑結合發揮來；

義大利蒙特蒂遜（Montedison）推出鉬鈰鋅系催化劑；

英國蒸餾（Distiller）公司提出鉬酸鈷系催化劑。

然後，關興亞在分析和總結上述催化劑相關專利主要特點和存在不足之處的基礎上，認定鉬系催化劑的多元化是發展趨勢，並結合精細化催化劑製備工藝，制定了一系列試驗計劃。

1982年9月，上海石化院決定將關興亞主持的，目標達到和超過當時國際先進水平的 MB-82 型催化劑正式立題，並開始進入準備階段。1983年4月與國家科委攻關局、化工部科技局簽訂科技攻關項目專項合約。與「MB-82 型丙烯腈催化劑的研究開發」一發揮簽訂的上海石化院項目，還有兩項，即「ZA-3 型甲苯歧化與烷基轉移催化劑的研究開發」和「CHC-Ⅱ（氧氣法）環氧乙烷催化劑的研究開發」。後兩項催化劑也作為引進裝置配套催化劑研究項目。

應該說，到 1982 年上海石化院的實驗條件與 60 年代建院時相比，已有天壤之別。尤其是進口了 X 射線衍射儀、傅立葉紅外光譜儀等大型物化測試儀後，催化劑表徵技術基本齊全。但關興亞認為僅僅停留在催化劑的表徵水平上遠不能充分發揮這些儀器的作用，只有將其真正用在催化劑開發、催化劑製備及其工業生產裝置的全過程才對得發揮國家用稀缺外匯購來的這些珍貴儀器。

為了用好這些大型精密儀器，他認真地學習了這些儀器的基本原理和國內外學者在催化劑研發中的應用實例，白天沒時間看，晚上帶回家裡看，還提出許多試驗方案。開始課題組同志有點不理解，把這些儀器當一般分析儀器使用，將考察和評價好的催化劑，當試樣分析便完了事。但他覺得這樣做既不能發揮大型物化測試儀器的作用，更不能加快催化劑研發進程，認為應該將這些儀器分析

結果同催化劑結構關聯在一發揮，而且應該有意識地做一些系列化的催化劑，如不同某元素含量的催化劑或不同比表面積的催化劑，以透過大型物化測試儀器的檢測來尋找出某些規律，然後再來指導研究工作。

例如催化劑焙燒，這是催化劑製備中的重要一關。一般認為，只要掌握焙燒溫度和相關氣氛即可。但不同催化劑在相同溫度和相同氣氛下焙燒，其結果幾乎是完全不同的。所以，關興亞製備了各種類型、不同焙燒溫度的樣品，用 X 射線衍射儀測定這些催化劑的物相組成，用電子自旋共振波譜儀測定這些催化劑的順磁性和耐還原能力，並且將分析數據和催化劑評價結果關聯發揮來，從中尋找它們的規律，從而加快了催化劑的開發進程。這既是他開發催化劑的新思路和新方法，也是利用現代化儀器和科學技術在催化劑研發應用中的一種新嘗試。那時，上海市科委曾組織上海測試技術研究所的一批技術人員，來上海石化院，了解大型物化測試儀器應用效果。上海石化院將丙烯腈催化劑開發作為典型例子，為上海石油化工總廠每年節約了數百萬美元的外匯而受到表彰。

儘管應用大型物化測試儀器可加快催化劑開發進程，但研發工作量還是很大。據關興亞的助手陳欣副總工程師回憶，跟著關興亞工作雖然學到許多知識，但工作量實在太大，除上班準時外，下班是沒有時間的，晚上做到 11~12 點鐘是常有的，還有星期天基本沒有休息的。

為了工作，關興亞連發工資的那天也可不回家。據夏德良同志回憶，有一次關興亞讓他把工資送回家，關興亞的妻子戴醫生對夏德良講，他這個人只有工作，家裡事情一點也不管。連小孩高考也很少過問，腦子裡只有丙烯腈，還說「自己事情自己處理」。戴醫生知道他的脾氣不會向領導提任何要求，所以要夏德良轉告上海石化院領導，有沒有房子可分，因為老夫妻倆加上步入成年的一子兩女共 5 個人，居住面積僅 10 余平米，怎麼生活呢？別的單位正在落實

知識分子政策，作為高級工程師的關興亞何時才能落實政策？可是，夏德良將此事告訴關興亞後，他只說一句話：「別聽她的，現在國家困難，能過就算了。」

1985 年 11 月，由關興亞主持的「丙烯腈 MB-82 型催化劑研製（小試）」、「丙烯腈反應汙水回收硫銨」、「乙腈連續回收工藝的研究」、「硫銨回收基礎設計」4 個項目均透過中國石化總公司組織的技術審查。後 2 個項目是上海石化院化工室和開發室承擔的，但也是在他指導下進行的。

1986 年 2 月，MB-82 型丙烯腈催化劑透過了中國石化總公司技術鑒定，性能達到國際 80 年代工業應用水平。同年試生產的 MB-82 型催化劑，推廣應用於山東淄博石油化工廠改造後的年產 2000 噸丙烯腈裝置，結果表明，丙烯腈單程收率可達 76%，而且原料配比中氨的比例比較低，副產物丙烯醛生成量少。與前述世界各公司發表的專利相比，充分體現了它的新穎性和創造性，而且催化劑組成又有「標新立異」之處，加上實際已在工業裝置上得到應用，因此完全符合申請專利的新穎性、創造性和實用性要求，終於成為具有自己專利權的第一個丙烯腈催化劑。當年，為在淄博石油化工廠推廣 MB-82 型催化劑，關興亞和他的助手陳欣，經過計算，重新設計了包括旋風分離器在內的流化床反應器。結果表明，新設計的旋風分離器效率優於引進裝置，初步形成了具有我國自主知識產權的丙烯腈核心技術。

鑒於 MB-82 型催化劑在工業裝置的成功應用，達到當時國際先進水平。1987 年 7 月和 1988 年 7 月，分別獲得中國石化總公司科技進步一等獎和國家科委頒發的國家科技進步二等獎。

MB-82 型催化劑先後在國內 6 套丙烯腈裝置中得到應用。其中規模較大的是蘭州化工公司採用索亥俄公司引進技術的年產 2.5 萬噸裝置。這套裝置由蘭州石化設計院按照索亥俄公司採用的當時性能最好的催化劑性能參數進行設計，並由蘭化建設公司進行安裝。

1989 年 3 月與上海石化院簽訂購買 MB-82 型催化劑供貨合約書，1991 年 11 月底丙烯腈裝置建成後，首次將 56 噸 MB-82 型催化劑裝入流化床反應器。從 1991 年 12 月到 1993 年 9 月共運行 13680 小時。結果表明：

第一，MB-82 型催化劑比進口催化劑的反應溫度低 10℃。

第二，在一般情況下，隨著反應溫度的上升，副反應也會相應增強，尤其是氨氧化變成氮氣的反應也會增強。因此反應溫度高是不利的，氨的消耗要相應增加，而降低反應溫度，不僅能降低氨耗，還對延長催化劑使用壽命和反應器的安全操作，以及減輕反應產物的深度氧化都是有利的。

第三，空氣分布板壓降及反應器頂部壓力。經過 13680 小時的運行，流化床內空氣分布板壓降仍在反應器負荷範圍內正常變化，基本保持在 0.015MPa±0.003MPa（1MPa 大約相當於 10 個大氣壓），沒有超過設計值，這說明 MB-82 型催化劑能適應引進的流化床反應器，具有推廣意義。

理論上講，反應器頂部壓力隨著投料負荷變化而變化。壓力過高，反應物與催化劑接觸時間長，雖然可提高原料丙烯轉化率，但是也容易使得到的產物丙烯腈深度氧化為二氧化碳，從而使丙烯腈單程收率下降，同時還容易出現反應尾氣中殘留氧含量過低現象，氧含量的過低又導致催化劑因為缺氧而活性下降。但實際情況是，MB-82 型催化劑適應非平衡操作，甚至頻繁的開車和停車。停車時從反應器中卸出的催化劑外觀看，無明顯微粒黏結傾向，並仍呈淺咖啡色，而顏色過深便說明有缺氧失活的可能，所以這說明催化劑耐還原性比較強。

第四，丙烯轉化率及各產物分布。MB-82 型催化劑的丙烯轉化率與進口催化劑的設計值相近，但是丙烯腈單程收率要比進口催化劑的設計值高出 1%~3%，這說明 MB-82 型催化劑性能優於進口催化劑。

MB-82 型催化劑的一氧化碳生成量明顯偏低，但二氧化碳量又明顯偏高，然而，MB-82 型催化劑的一氧化碳和二氧化碳生成總量仍未超過進口催化劑的正常值。另外，從副產物丙烯醛生成量來看，MB-82 型催化劑明顯低於進口催化劑，這又是 MB-82 型催化劑的優勢之一。因為丙烯醛在後序分離中是最難以脫除的一種副產物，而且它的存在對丙烯腈最終產品品質影響又最大。所以在丙烯腈生產中，最大限度抑制丙烯醛的生成量一直是人們努力的目標之一，而 MB-82 型催化劑卻做到了。

根據上述綜合分析，蘭州化工公司對上海石化院 MB-82 型催化劑有個評價，那就是「從 MB-82 型在工業裝置上使用了 13680 小時運行結果表明，其性能與進口催化劑相比，具有反應溫度低、焦點穩定、操作壓力小、氨比低、丙烯轉化率相近，丙烯腈單程收率高等優點。這對提高反應器生產強度、降低單耗、延長使用壽命都有利。」

關興亞回憶當年在蘭州開車過程，其實發揮初不是很順利。主要是催化劑大量損耗，後來查明原因是流化床反應器內 U 形散熱水管泄漏造成的。這才使廠方決心使用新型國產催化劑。此外，透過長時間運行，他對使用該催化劑的工藝條件控制有了新的認識，提出了許多有益建議。例如，要盡可能保持高負荷運行，以使反應器內旋風分離器在接近最佳分離催化劑狀態下進行，從而使催化劑損耗降低到最低程度。另外，原料氣配比、壓力、接觸時間、反應器中 U 形散熱水管使用分布、補加催化劑均勻性都是重要操作指標，應盡可能按設計條件進行相對穩定控制，這樣才能使催化劑使用處於良好的工作狀態。

那時，關興亞已近花甲之年，那些操作工多數是二三十歲的年青人，看到這位老專家連續在操作室工作十多小時，而且還要經常到現場巡查，很是敬佩。12 月份的蘭州室外是夠冷的，如遇大風，青年人也頂不住，何況一個花甲老人，因而多次要他回宿舍休息。

但是，他不怕寒風，堅持在現場與工人們一發揮操作，連午餐和晚餐也是吃工廠食堂送來的工作餐。他說，每一種催化劑使用發揮來都有它的特點，所以操作條件應略有調整，一旦操作過程中出現異象，他可及時提出改變方案，以便新型 MB-82 型催化劑能在工業裝置上正常運行。這種對工作認真負責的態度深受蘭化公司技術人員和工人們的讚賞，說「我們青年人要好好學習關老總，他的工作勁頭比我們大。」

化學反應千變萬化，但同一類型工藝也有它的共性之處。丙烯腈屬於脂肪族腈類化合物，間苯二甲腈屬芳香族腈類化合物，前者從丙烯透過氨氧化反應，後者從間二甲苯也透過氨氧化反應，換言之，兩者都是氨氧化的產物。所以關興亞想到將丙烯氨氧化工藝用的流化床反應器和細顆粒催化劑技術移植到間二甲苯的氧化工藝。而當時國內外普遍採用的技術是日本昭和電工株式會社開發的固定床反應技術。

間苯二甲腈有多種用途，但主要還是用於農藥百菌清（化學名為四氯間苯二腈）的原料。百菌清是一種高效、廣譜、低毒、低殘留的農藥殺蟲劑、防霉劑。作為農藥對防治果樹、蔬菜菜葉等多種害蟲很有效，對水稻、小麥、棉花等多種病害也有很好的防治作用。此外，還可用作工業防霉劑、水果保鮮劑等。間苯二甲腈加氫產物間苯二胺是性能優良的樹脂固化劑，也是聚氨酯樹脂及尼龍樹脂的原料。

不過，技術移植並不等於技術照搬，應該以丙烯氨氧化的流化床反應器和催化劑為基礎，再根據間二甲苯氨氧化反應特點，重新來設計流化床反應器和相應的用噴霧法製備以矽膠為載體的細顆粒釩鉻催化劑。

在關興亞直接指導下，建立了苯二甲腈課題組，並由 1964 年畢業於華東化工學院的諸玉梅高級工程師任課題組長。在全體課題人員的努力下，很快開發出適用於間二甲苯氨氧化用自由床型的流化

床反應器和添加硼、磷等元素的釩鉻系催化劑。而自由型的流化床工藝與帶導向擋板的流化床工藝雖有共性之處，但內部結構，尤其是構件有很大差別，這是在多年實踐中的一個創新。

1985 年 4 月，關興亞作為中國石化上海石油化工研究院副總工程師，出席了雲南省石油化學工業廳受化工部委託，在昆明召開的雲南化工廠年產 1000 噸百菌清工業性試驗裝置初步設計審查會，並介紹了如何將丙烯腈生產工藝中的一些新技術移植到間苯二甲腈的生產過程，獲得了與會者的高度評價。同年 12 月，間苯二甲腈合成用的顆粒催化劑擴大試驗透過了化工部組織的技術鑒定。

1987 年 11 月，由上海石化院生產的 9 噸間苯二甲腈用 NC–Ⅱ細顆粒催化劑應用於國家經委重點項目雲南化工廠年產 1000 噸百菌清裝置，1995 年 1 月，與雲南化工廠、雲南省化工研究院等單位協作進行的雲南化工廠「1000 噸/年百菌清工業性試驗」項目，榮獲雲南省人民政府 1994 年度科學技術進步一等獎，為我國農藥工業作出一定貢獻。同年 12 月，NC–Ⅱ細顆粒催化劑在台灣省榮民化工廠的間苯二甲腈裝置應用獲得成功，為大陸石化工業爭得了榮譽。

20 世紀 90 年代，關興亞在將丙烯氨氧化反應技術用於間苯二甲腈生產，並獲成功後，上海寶山地區一家面臨停產的芳香腈類化合物生產廠也慕名前來上海石化院，要求提供技術支撐。因為原主持間苯二甲腈課題的諸玉梅同志已調至其他崗位，所以關興亞請他的兩位助手陳欣和吳糧華以及課題負責人陳金華高級工程師到該廠實地了解情況，並根據該廠要求的生產能力，專門為其設計了一臺流化床反應器，還提供了一批細顆粒催化劑，從而使該廠發揮死回生。之後又在國內多套包括染料、醫藥等精細化工行業用的芳香腈類化合物生產企業得到應用，對我國芳香腈類化合物的發展造成了推動作用。到 2000 年國內間苯二甲腈年生產能力已達 6000 噸，所用催化劑幾乎都由上海石化院提供，其間苯二甲腈收率達 80%，產品純度超過 99.7%，在國內處於領先地位。此外，上海石化院開發的甲苯氨氧

化制苯甲腈 BN-98 催化劑，苯甲腈單程收率高達 82%；氯代甲苯氨氧化制氯代苯甲腈用催化劑，其產品單程收率達 86.0%。兩種催化劑在工業上應用，均已達到國際先進水平，從而推動了我國芳烴氨氧化反應領域內的催化反應工程和催化劑的研發。

採用上海石化院技術的昆明苯二甲腈生產裝置

關興亞（左二）等在淄博石油化工廠的合影

# 第二節　為國節省美金五百萬

　　上海石油化工總廠是 20 世紀 70 年代初期開始籌建的，中國第一個大型石油化纖原料基地。1974 年元旦正式動工，為了節省建設資金，所有土建設計任務，全部由國內自己承擔。經過 3 年多的緊張施工，一期工程於 1977 年上半年建成，同年 7 月打通了所有生產線的全部流程，生產出合格的維尼綸、腈綸、滌綸和聚乙烯產品。經過一年半的試生產，於 1978 年 12 月經國家驗收，正式交付生產。

　　年產 5 萬噸丙烯腈生產裝置是該廠一期工程 18 套重要裝置之一，總投資金額是 1.26 億人民幣，為年產 4.7 萬噸腈綸提供重要單體。整個裝置設備總重達 7000 噸，共 431 臺，工藝配管 6500 米，

閥門 8350 只，儀表 2142 臺，建築面積 2927 平方米。在不到 3 年時間內完成從基建到投料試運行，這是前所未有的創舉。當時施工安裝中最困難的是兩個龐然大物的運輸和吊裝，兩臺流化床反應器，直徑均為 5.1 米，高 17.8 米，還有 4 米高的支座，從日本船運金山衛後，因沒有如此規格載重車，所以運至施工現場是個大問題。結果還是大家群策群力，採用最傳統的辦法，用土法製作運載工具，先在地上鋪發揮道木和鋼管，用人推絞盤牽引，將沉重的反應器慢慢拖至現場。到設備安裝時，日方要求用龍門吊車，國內也沒有這個條件，還是建築安裝公司想方設法花了幾天功夫，才制訂了一個吊裝方案，艱難地完成了兩個龐然大物的安裝。

裝置投運後，一直使用國外進口的配套催化劑，1976 年新催化劑加入量為 111.8 噸。1977 年發揮因催化劑磨損每年大約需補加催化劑 80 噸，到 1980 年，備用催化劑即將用完，準備採用國產催化劑之時，意外情況出現了，生產丙烯腈催化劑的上海石油化工總廠的化工二廠催化劑研究所發現生產過程出現問題，連續生產幾批催化劑都是廢品。當時催化劑研究所的工人和工程技術人員想方設法，採取了多種措施還是解絕不了問題。在這種情況下，上海石油化工總廠化工二廠的領導和催化劑研究所所長決定到上海石化院，請技術人員到現場協助解決難關。當時周姓所長還幾次到上海石化院說明問題的嚴重性，因為若確實自己不能生產，還得繼續申請外匯購買進口催化劑，否則將影響國家下達的腈綸生產指標。

為此，當時主管上海石化院科學研究工作的沈銀林覺得這是有關國家生產計劃的大事，便立即通知關興亞，暫停正在開展的部分試驗工作，全力解決上海石油化工總廠丙烯腈催化劑生產問題。此時，關興亞不覺一驚，兩個月前還傳來喜訊，說兩位從美國來的技術人員將兩臺分別從鮑文(Stork-Bowen)公司和燃燒(C-raymond)公司購進的噴霧乾燥器和回轉焙燒爐調試好，還生產出兩批合格丙烯腈催化劑產品，之後才返回大洋彼岸不久。怎麼換上自己試生產就

盡出廢品呢？說實話，如果還是出廢品，每個員工要扣獎金倒是小事，繼續向索亥俄公司高價購置催化劑是大事，而且還要丟咱們中國人的臉。花 50 萬美元買了美國人的專利，又花了 39 萬美元購買了噴霧乾燥器和回轉焙燒爐。這還不算，總廠還派了兩名專家專程去美國驗收設備，設備到廠後又請美國人來調試，怎麼輪到中國人自己操作就出了問題，這豈不是讓洋人看笑話嗎？

當然，上海石化總廠也想過，再請老外來廠協助解決問題，但合約言明，他們只負責設備問題，而且當場驗收時雙方都簽了字，說明設備已無問題。所以即使再找老外，他們也不能保證整條流水線不出問題，更不能保證產出合格 C-41 催化劑。

其實，提發揮上海石油化工總廠丙烯腈催化劑生產裝置，關興亞還有一肚子話要說。當初在要不要購買 C-41 催化劑專利時，總廠曾徵求過他的意見。他也坦率地提出過自己的看法，認為上海石化院研製的 FC-69 催化劑各種性能已達到 C-41 催化劑水平，在這種情況下再花 50 萬美金購買 C-41 催化劑專利不是浪費國家錢財嗎？後來，總廠一再解釋主要從保證年產 5 萬噸丙烯腈裝置的生產角度出發，萬一催化劑在放大上出現問題，影響裝置運行損失就遠遠超過 50 萬美元。之後，他雖然理解總廠的用意，但仍保留自己的看法。

上海石油化工總廠耗資 50 萬美元購得 C-41 催化劑專利後，還打算邀請關興亞一發揮赴美考察，但他卻說：「我是不同意購買 C-41 催化劑專利的，讓我去考察，豈不是與自己過不去嗎？」當時有些人說關興亞有點「傻」，到第一世界去兜一圈有什麼不好呢？出國一次，至少還能捧上一個大彩電回來，不去白不去。那時候一個大彩電的售價要 2000~3000 元，要抵上一般工人的半年工資了。但他說國家的錢也不能亂花，都是老百姓的血汗錢。

其實，在關興亞看來，協助上海石油化工總廠丙烯腈催化劑試生產也屬本分事。這套投資 223 萬元人民幣，占地面積 2857 平方米，年產 360 噸丙烯腈催化劑生產裝置設計的技術數據大部分是上

海石化院提供的。如果是提供技術數據有誤，建成後裝置不能正常
運行當然多少也是有責任的。再說，上海石化院早就與上海石油化
工總廠化工二廠簽訂了協助該廠進行丙烯腈催化劑試生產的技術服
務協議書。還有，也許將來上海石化院新催化劑研製也會碰到類似
問題，這不是一次很好的學習機會嗎？

更重要的是，從國家層面考慮，年產 5 萬噸丙烯腈裝置，有兩臺
流化床反應器，直徑均為 5.1 米，一次催化劑加入量共 111.8 噸，一
年因催化劑磨損等需補加量近 80 噸，兩者相加催化劑用量近 200 噸，
按照 1980 年第二季度索亥俄公司公布的市場價為每公斤 25.3 美元計
算，總價約 500 萬美元，如能國產化這不就為國家節省了 500 萬美元
嗎？按照當年人民幣與美元兌換價，相當於人民幣 4000 多萬元，這
是一筆巨額費用。為國家節省外匯就是為國家多作貢獻。

當時，上海石化院主管科學研究工作的沈銀林也從深層次考
慮，如能解決丙烯腈裝置催化劑的國產化，其意義遠遠超過 500 萬
美元，甚至再加一個零也不止。因為如何推進引進裝置催化劑國產
化，它涉及的不僅僅是單純的經濟和技術問題。當時不少引進裝置
的負責人對採用國產化催化劑還存在不少顧慮，如果用得比較順利
的話，那當然是一件大好事情，皆大歡喜。但如果發生問題的話，
輕則再換一批進口催化劑，重則有可能影響大局，尤其是影響國家
下達的生產指標。在計劃經濟年代，一個企業完不成國家下達的任
務，至少是廠領導不稱職，當然這也僅算是個人小事，但是影響國
民經濟發展計劃是大局，責任非同小可。所以，多數廠領導不想冒
這個風險。換言之，從全國範圍看，催化劑和新技術推廣應用阻力
不小。但是，上海石油化工總廠領導想法卻有所不同。為了趕超世
界先進水平，提高國內配套能力，上海石油化工總廠從建廠開始，
就確定一個原則：凡國內科學研究成果基本達到或接近國外水平
的，優先採用國內成果。同時，在石油化工部和上海市科委支持
下，該廠已與國內 30 多家科學研究院所建立了廣泛的科學研究協作

關係。根據這一原則，總廠有關部門積極組織催化劑、助劑、油劑這三劑的國內配套研製，並「積極、慎重、大膽」使用國內試制的三劑。當時在總廠第一期工程隨裝置引進的 10 種催化劑、42 種助劑、7 種油劑中，丙烯腈催化劑和醋酸乙烯催化劑，無論從重要性，還是附加價值看都是 10 種催化劑中名列前茅的。而且這兩大催化劑，連同甲苯歧化催化劑都由上海石化院配套研製的。如果第一炮丙烯腈催化劑打不響，後面兩個催化劑怎麼辦？後面一大批催化劑、助劑、油劑的國產化又怎麼辦？所以，下死命令一定要在短時期內把 CT-1 丙烯腈催化劑生產好，而且一定要趕在年產 5 萬噸丙烯腈裝置大檢修前，把國產新催化劑用上去。為此，命令關興亞立即組織精悍小分隊儘快前往上海石油化工總化工二廠催化劑研究所，除催化劑製備人員外，分析和儀表各部門須密切配合，全力以赴，用當年搞 60 噸丙烯腈中試精神來搞引進裝置配套催化劑的國產化。同時要在石化企業中進一步樹立「上海石化院」良好形象。

那時候，上海石化院已歸屬上海高橋石油化工公司，該公司是由國務院領導親自批准的國內第一個跨行業的聯合企業。但是工作條件仍很艱苦，交通工具除兩部卡車外，只有一輛改裝的「麵包車」，相當於現在有十來個座位的中巴車，主要是為接送外國專家來院，進行大型精密儀器安裝和其他外事活動用。但為了赴金山小分隊成員能「輕裝上陣」，就用這輛改裝麵包車將他們送到上海石油化工總廠招待所，而且還為每位小分隊成員最關注的家用液化氣鋼瓶作了安排，保證了液化氣供應。

關興亞、盧文奎、尹克勤等小分隊成員到達上海石油化工總廠化工二廠催化劑研究所時已臨近中午 12 時許，大家也顧不上吃午飯，立即與所裡的同仁們交換了意見和各自的想法，關興亞代表小分隊表態：「不完成任務絕不回上海石化院！」當即使催化劑研究所的領導和技術人員十分感動，緊握關興亞的手，連聲說：「謝謝，謝謝。」然後，一直到下午 2 時許，小分隊才回招待所食堂各人吃了

一碗麵條充饑。

原先催化劑研究所領導的安排是考慮到上海石化院小分隊成員路途辛苦，午餐後便在招待所休息，第二天上午開始討論下一步工作設想。然而，關興亞覺得要真正解決問題，不能紙上談兵，還是到現場考察為好，這才推遲了午餐的時間。眼下關興亞最關心的是樣品和原始記錄。關興亞希望催化劑研究所在催化劑生產過程中每個步驟都能像上海石化院那樣留有樣品和原始記錄。因為有了這兩樣東西，尤其是樣品，就可能透過分析儀器這雙「眼睛」科學地找出其中的原因。但遺憾的是，也許工廠關注的是「生產」，並沒有留下關興亞所需的每步驟過程的「樣品」，原始記錄也是殘缺不全。

當天，關興亞回招待所後，一直在思索一個問題，在上海石化院的擴試裝置上能生產合格產品，而規模放大後卻出現了問題，是否在放大效應方面出現了問題，還是操作的失誤？如是前者怎麼拿出兩批合格產品，如是後者問題倒好辦，只要嚴格按照操作規程生產就能解決問題。也許會有更為棘手的原因，例如設備，尤其是關鍵設備出了問題。

當時催化劑研究所也分析了出廢品催化劑的原因，大致有兩種可能性。一種是操作失誤，還有一種是運行設備問題。不過跟著美國專家調試兩臺關鍵設備，即噴霧乾燥器和回轉焙燒爐的工人和技術人員看不出關鍵設備有什麼問題。看來似乎是操作失誤可能性更大一些，因為該催化劑研究所在製備醋酸乙烯催化劑時，夜班操作人員的工作疏忽也曾導致催化劑指標未達標。但是，現場操作的工人和技術人員認為這種可能性很小，因為吸取了上次醋酸乙烯催化劑的經驗教訓，完全嚴格按照專利要求和操作規程進行的。關興亞想，其實對生產裝置，尤其是生產裝置的引進關鍵設備，上海石化院技術人員也沒有經驗可言，而且到催化劑研究所來也不是做「老娘舅」來的，判斷誰對誰錯，關鍵應該用事實和數據來說話。

根據上海石化院研製的細顆粒催化劑的經驗，C-41 催化劑製

備大致有 3 個步驟：漿料配製、噴霧乾燥和焙燒活化。漿料配製是催化劑製造中極為重要部分，其目的是將各組分按一定比例和順序混合配製成一種黏性懸浮液供噴霧成型使用。噴霧乾燥是將處理好的漿料在噴霧器中乾燥並成型為微小球狀物，這一步是物理過程，相對而言比較簡單。主要問題是噴霧器的選型和採用合適的噴霧條件。焙燒活性是將成型後催化劑在焙燒爐中加熱，並發生一系列固相反應得到催化劑成品。

從理論上講，物質結構與其性質是息息相關的。而催化劑研究所領導希望及早進行試運行的「示範」操作，讓上海石化院工程技術人員在示範中找出問題癥結。但關興亞並不急於倉促運行，因為在不明原因下的試運行，到頭來還是出廢品，這也是一種浪費。報廢 1 噸催化劑少說也要浪費十幾萬人民幣。此時他的想法是不放過每個生產中的細微環節，即使是已經標定過或分析過的原材料也都要再重新分析一次，還有是廢催化劑的各種物理和化學參數。別以為廢催化劑沒有用，透過各種分析手段可以告訴我們，它們哪些反映物質結構的物理和化學參數是與合格產品有明顯差別的，從而可推斷造成這些差別的原因又在何處。

於是，關興亞又想到了兩種尋找產生廢催化劑原因的途徑。一個途徑是與上海石化院的小試驗裝置或擴試裝置相配合，將上海石油化工總廠化工二廠催化劑研究所每步催化劑生產過程的樣品在上海石化院小試驗裝置做對比試驗。另一個途徑就是利用催化劑表徵手段，直接用於工業催化劑分析測試，尤其是比較廢催化劑和合格催化劑在結構上的差異，並與以前工作中所做的一系列試驗，用大型物化測試儀器測得各種參數的變化值相對照。

在各種準備工作完畢後，關興亞這才打算啟動首次催化劑生產裝置的試運行。當時，他告訴催化劑研究所的同仁，這次試運行目的主要是排除操作失誤造成的因素，所以必須嚴格按照專利要求和操作規程，但是結果如何還難說，大致有 3 種可能性。第一種可能

性是一切順利，拿到合格產品，說明原先操作上有失誤；第二種可能性是仍然出廢品，但是透過上述兩種途徑有可能找到出廢品的原因，然後再採取相應措施，以期在第二或第三次試運行拿出合格產品；第三種可能性，既出廢品，又一時找不出原因。然而，綜合分析估計第二種可能性的機率比較大，而在尚未找出廢品的原因之前產出合格產品可能性極小，即使有的話也純屬偶然機會。

眾人期盼的第一次試運行開始了，眾人猶如面臨新戰場一般，慎之又慎地進行每一步操作。而關興亞等小分隊成員自始至終沒有休息片刻，他們必須認真觀察全過程，還不時地取了一大堆樣品。其中各製備過程階段的樣品還帶到上海石化院去分析考察。但遺憾的是第一次試運行的結果，雖然基本排除了操作因素，但仍是廢品一堆。儘管這是關興亞預料之中的，但多少感到有些壓力，因為催化劑研究所的部分員工已在發出焦慮的聲音：「連國內最有權威的丙烯腈催化劑專家，按照操作規程也未能拿到合格產品」。莫非洋人的專利或是兩臺關鍵設備出了問題，此時似乎又走到山窮水盡疑無路的地步。

然而，具有大將風度的關興亞面對困境並沒有洩氣，更不會束手無策。他按原先設想好的兩種途徑來尋找出廢品的原因，要用科學，尤其是現代分析儀器，像一雙尖銳的「眼睛」來觀察問題、解決問題。因為在以往試驗中碰到許多類似問題也都靠這雙「眼睛」來解決。

好在上海石化院這幾年「羽毛有點豐滿發揮來」，由於上海市科委和化工局的支持，已購進了 X 射線衍射儀、孔結構分析儀、紅外光譜儀、原子吸收光譜儀，還有能直接觀察催化劑形貌結構的掃描電子顯微鏡。有些測試項目，上海石化院不能做的就送至上海測試技術研究所去做。為充分發揮這些儀器的作用，關興亞將每一步驟留下的樣品分成若干系列，進行詳細而系統地測試分析。

數天后，從上海石化院傳來兩個重要分析結果。第一個結果是

用上海石油化工總廠化工二廠催化劑研究所配製的漿料，經上海石化院實驗室用噴霧乾燥器和焙燒爐製備的催化劑各項指標都達到C-41催化劑要求，這就表明催化劑生產第一步漿料配製不存在問題。

另一個分析結果是用上海石油化工總廠催化劑研究所噴霧乾燥器制得的樣品，在上海石化院實驗室焙燒爐制得的催化劑，各項指標同樣達到 C-41 催化劑的要求。而且兩種催化劑經 1 時半流化床反應器評價，也都達到 C-41 催化劑要求，丙烯腈單程收率超過 70%。

顯然問題出在第三步驟回轉焙燒爐的焙燒過程。所以儘管第一次試生產結果看來似乎是失敗的，但是發現問題的癥結所在也是一大收穫。

根據尹克勤同志回憶，關興亞為尋找問題，與在上海石化院一樣，沒有上、下班時間，晚上常常一個人在催化劑研究所生產工廠裡轉來轉去，思考問題。而發現癥結就在焙燒爐時，則天天守在回轉焙燒爐旁，拿著焙燒爐的結構圖紙在分析對照，並且接連有幾個星期天未回家。

那末回轉焙燒爐的問題又出在哪兒呢？很快，上海石化院物化測試室和上海測試技術研究所有關催化劑結構測試的報告送到了。廢催化劑，尤其是色澤較深催化劑的 X 射線衍射儀及其他多種儀器測得的圖譜，與正常樣品相比出現了明顯偏差，也就是說催化劑結構發生了變化，而不同結構體現出的性能當然是不一樣的，長期實踐經驗還表明，色澤較深催化劑也很可能是局部過熱造成的，顯然回轉焙燒爐的溫度控製出現了問題。

關興亞等人分析了回轉焙燒爐的結構，認為催化劑出現局部過熱，很可能是測溫元件或者是溫度計插入爐體的部位，也或者是爐體斜度發生了偏差。因為長期積累的經驗表明，斜度與焙燒催化劑的溫度和停留時間密切相關。有時溫度是控制在合適範圍，但停留時間過長，同樣會使催化劑結構發生變化。於是先請儀表專業人員

對測溫元件和溫度計插入部分作了校驗，而且又重新測定其爐體斜度。結果發現爐體斜度雖從人們肉眼難以觀察到它的變化，但儀器測定結果表明，實際已略微偏離操作範圍，於是又重新作了校正。這才使實際控制的焙燒溫度和停留時間更符合專利說明書的要求範圍。

1981 年 11 月，在關興亞、盧文奎和尹克勤 3 人的直接指導下，進行了第二次試運行，眾人目光緊緊盯著回轉焙燒爐的催化劑出料口，催化劑色澤回歸正常，更未見以往出現的不到 30 釐米的結塊物料。於是，送至一吋半流化床反應器進行考察，評價結果，丙烯腈單程收率超過 70%，所有指標全部達到 C-41 催化劑要求。從此，上海石化總廠自制的牌號為 CT-1 的丙烯腈催化劑生產裝置開始正式進入正常運行。

1982 年 3 月，年產 5 萬噸丙烯腈裝置的其中一臺反應器全部更新換上國產 CT-1 催化劑 94 噸。1983 年兩臺反應器分別補加 CT-1 催化劑 37 噸和 55 噸，從而結束了依賴進口 C-41 催化劑的歷史。這不僅為國家節省了 500 萬美元的外匯支出，而且作為上海石化總廠首批國產化催化劑也推動了國內相關引進單位催化劑國產化的進程。然而，關興亞一絲不苟的敬業精神，至今仍留在上海石化院和上海石油化工總廠化工二廠催化劑研究所員工的印象中，就好像是關興亞為他們上了一堂活生生的教育課，學到了冷靜分析問題和一絲不苟的敬業精神。不過關興亞謙虛地對催化劑研究所幾位工程技術人員說：「其實我們也沒有什麼高明之處，只是比你們多了幾雙眼睛，也就是多了幾臺大型分析測試儀器，這就是科學的力量。」

在歡送上海石化院小分隊回院的會議上，上海石化總廠化工二廠的一位領導幹部深有體會地說：「當初我們不理解關老總說的不要買美國人專利，總以為買了專利、買了關鍵設備，催化劑生產可高枕無憂了。其實，真正學到外國先進技術還要花費更多精力進行消化吸收。」後來，當得知關興亞正在開發各種性能超過 C-41 水平

的新催化劑時，又表示衷心祝賀，還希望早日在年產 5 萬噸丙烯腈裝置上用上 MB-82 型催化劑，增產更多丙烯腈，解決億萬人民的穿衣問題。

　　長期從事丙烯腈催化劑研發的關興亞，用切身體驗告訴催化所幾位同行。他說，從技術保密角度來說，催化劑製造工藝中的訣竅比其化學組成更為重要。因為催化劑作為一種商品，使用者可以透過化學分析和儀器分析手段很容易獲得它的化學組成，而且在通常的專利說明書中也會透露相關訊息。但是製造工藝中卻充滿了無數個「訣竅」。打個不恰當的比喻，新手按照菜譜做菜，即使過程敘述很詳細，也無論如何燒不出像特級廚師那樣的美味可口的菜餚。在催化劑製備中，專利就相當於菜譜，設備調試和催化劑製作過程就相當於特級廚師的烹調過程。所以，關興亞認為關鍵之處就是要反覆實踐，找到催化劑製備過程的「訣竅」。

　　不久，美國索亥俄公司獲悉，上海石油化工總廠已能生產各項指標均已達到 C-41 型催化劑的水平後，又上門兜售性能更好的改良型催化劑，還提供了有關該催化劑在原料消耗、各種產物收率，以及公用工程的具體指標，並與 C-41 型催化劑作了比較，說明採用新催化劑在技術經濟方面的優勢，但卻避而不談該催化劑副產硫銨生成量等不足之處。在上海石油化工總廠表明不採用該催化劑來更換 C-41 型催化劑時，又不惜虧本大幅降低包括 C-41 型催化劑在內的價格，實際是想在「競爭」中扼殺剛剛發揮步的我國丙烯腈催化劑工業。因為如果以後丙烯腈生產裝置產能大幅增長，所需催化劑量遠不止幾十噸或上百噸，至少是幾百噸或上千噸，這樣大的市場在世界其他地區不可能存在的。一直到 20 世紀 90 年代，兼併索亥俄公司的英國石油公司，即 BP 公司的總裁來華，受當時的國務院領導人接見時，還帶來一份關於合資生產丙烯腈催化劑的意向書。中國石化總公司有關部門為此事徵求過關興亞等人的意見。然而，此時，在關興亞主持下，上海石化院的 MB-82 型和 MB-86 型催化

劑性能早已達到甚至超過該跨國公司開發的新型號催化劑的水平。當然合作生產丙烯腈催化劑的意向也只能婉言謝絕了。

生產丙烯腈關鍵設備之一——焙燒轉爐

# 第三節　茂名工業示範裝置

　　我國廣東地區受氣候條件限制不適宜種植棉花，多年來廣東紡織用纖維原料主要靠外省調入或國外進口。但廣東地區富有甘蔗渣、木材、石油、煤、石灰石等化纖原料，所以，發展人造纖維是有有利條件的。1978 年，我國改革開放初期，廣東地區因鄰近港澳地區而出現了一大批以服裝、手工業為主的「三來一補」企業。所謂「三來」就是來料加工、來樣加工、來件裝配。「一補」就是補償貿易，係指由港澳或國外廠商提供進出口信貸進口生產技術和設備，由我方企業進行生產，以返銷其產品的方式分期償還對方技術設備價款或信貸本息的貿易方式。服裝類「三來一補」企業的發展對化學

纖維的需求量日益增長。

　　1981 年 10 月，廣東省茂名市工業工作會議決定，利用茂名煉油廠催化裂化液化氣中的丙烯為原料，在原茂名市化工二廠年產 300 噸丙烯腈生產裝置基礎上，建設一套規模為年產 5000 噸的丙烯腈和腈綸生產裝置，並組建包括茂名市化工二廠、紡織廠及針織廠的聯合企業，名稱為「廣東省茂名化工紡織聯合總廠」。該企業由茂名市地方和茂名石油工業公司合資經營。

　　有南方油城之稱的茂名地區，其茂名石油工業公司曾是我國第一個五年計劃中 156 個重大工程項目之一。

　　1954 年春，燃料工業部石油管理總局在茂名查明的油母頁岩儲量高達 50 多億噸，含油率 6%～7%，具有工業開發價值。1955 年 4 月，燃料工業部副部長李人俊率領一批專業人員到茂名，再次全面核實頁岩開發的可行性。1956 年 4 月，國務院批准籌建茂名石油工業公司。

　　1958 年元月，茂名人造石油基地正式動工興建。1959 年 2 月，建成了撫順式內熱圓型爐和經改進的樺甸式氣燃方型頁岩干餾試驗爐各 1 臺，油頁岩礦經過緊張施工也開始開採，並逐步形成年產頁岩油 20 萬噸的生產能力，還配套建成年加工能力達 100 萬噸頁岩油加工裝置。

　　以後，隨著我國天然石油資源不斷開發，茂名石油工業公司又逐步轉向以煉油為主的工廠企業。1963 年，建成首套年產 100 萬噸常減壓蒸餾裝置，開始加工原油。到 80 年代初，原油加工能力已達 500 萬噸。1986 年，石蠟加氫精製裝置建成投產後，24 年間共建成燃料油生產裝置 22 套，潤滑油生產裝置 18 套，並透過挖潛改造，加工能力大幅增長。其中年加工能力為 300 萬噸的常減壓裝置有兩套，還有年產 40 萬噸的熱裂化裝置，年加工 60 萬噸的延遲焦化裝置，年加工 80 萬噸的催化裂化裝置，年加工 10 萬噸的催化重整裝置，成為我國原油加工手段比較完善，產品品種比較齊全的燃料油

和潤滑油型大型煉油企業。

從提升液化氣附加值和企業經濟效益出發，茂名石油工業公司決定與茂名市地方政府合作，利用其中丙烯資源發展丙烯腈和腈綸生產，並請上海石化院承擔丙烯腈工藝基礎設計。

關興亞接到此任務後，立即想到這是一次採用國產化丙烯腈技術再創新實踐的極好機會。他總結了國內外丙烯腈生產實踐經驗，採用先進的布局理念，把握好正確的設計思路，希望建成一個節能的，總體水平能接近和達到國際先進水平的丙烯腈生產裝置，並期望在今後國內丙烯腈生產裝置建設中能造成示範作用。

說實在的話，儘管依靠自力更生，國內建成了12套中小規模丙烯腈裝置，解決了從無到有的問題，但與引進裝置比實際差距卻很大。生產規模不到引進裝置的十分之一，且消耗定額也遠不如引進裝置。

以引進的年產5萬噸丙烯腈裝置為例，生產1噸丙烯腈，只需丙烯1.17噸、氨0.5噸、蒸汽1.37噸。而國內自行設計的裝置，同樣生產1噸丙烯腈，需求丙烯1.58~2.5噸、氨0.6~1.1噸、蒸汽8.9~42噸。按20世紀80年代初的原料價格計算，引進裝置的每噸丙烯腈的生產成本為1346元，而國內自行設計的裝置則在1700~2100元之間。

關興亞仔細分析了產生差距的原因。

第一，反應器結構方面。引進裝置採用自由型流化床，結構簡單，冷卻水管和過熱管可發揮導流和破碎大氣泡作用，流化品質較好，而國內設計裝置，是帶導向擋板的流化床，存在放大效應，氣固相接觸較差。

第二，催化劑方面。引進裝置採用進口 C-41 催化劑，丙烯腈單程收率在72%~75%，並且活性降低緩慢，國內設計裝置，採用第二代粗顆粒催化劑，丙烯腈單程收率為65%，有些單位採用自制的催化劑，丙烯腈單程收率還不到50%，而且催化劑損磨量大。

第三，在熱量回收方面。引進裝置的反應熱量回收較充分，裝置滿負荷運行時，幾乎沒有外來蒸汽也可運行。國內自行設計的裝置，因規模較小，反應熱利用率不高或者說基本無法得到合理利用。萃取塔、精餾塔仍需求大量外供蒸汽。空氣壓縮機用電而不是用蒸汽來啟動。汙水不循環，且排放量大。因此消耗了大量水、電和蒸汽，造成了公用工程消耗的增加。新裝置設計必須盡可能消除這些產生差距的因素。

不過該引進裝置也存在不足之處。

第一，反應生成熱的利用雖較好，但熱能尚未得到充分利用的場合也不少，如廢水處理方面，其燃燒爐，每小時耗用重油 1.2~1.5 噸，甲烷和氫氣混合物 300~500 立方米，且爐子的廢熱沒有利用。燒 1 立方米廢水耗油 200~300 公斤。

第二，副產乙腈回收率不高，約有 40% 的乙腈損失。另外還有約占總產物 5%~6% 的「未知物」既不作分析，也不作回收。

第三，裝置超負荷運行產生了一些設備和技術上的問題，如受到空氣壓縮機風量、熱交換器等能力的限制，以及脫氫氰酸塔系的聚合物增多等。

針對上述分析，關興亞為茂名設計的年產 5000 噸丙烯腈生產裝置的亮點是：

第一，新設計流化床反應器不再設導向擋板，並且引入上海石化院剛開發成功，並在千噸級工業裝置應用獲成功的高效旋風分離器，每噸丙烯腈產品催化劑損耗為 0.6 公斤，略優於引進裝置水平，並從根本上解決反應器內氣體反應物與固體催化劑的接觸效率問題。

第二，採用各項性能指標達到當時國外先進水平的 MB-82 型催化劑，使丙烯腈單程收率有望達到 75%。

第三，合理利用反應熱量，大約每噸丙烯腈可產生 3500~5000 千卡熱量，若將其作為副產蒸汽，可回收 6~8 噸高壓蒸汽，使主要

塔系不再需外供蒸汽。同時增加燃燒爐等有關設備的熱量回收和利用，以進一步提高回收效率並降低公用工程消耗。

第四，採用新開發的分離提純流程，其中包括乙腈連續回收新工藝，使乙腈回收率再提高 20%，而且化學處理簡單、化學品用量少，沒有高濃度鹼性汙水；復合萃取解吸新工藝，改變了萃取解吸工藝中氫氰酸的分離規律，使游離氫氰酸幾乎全部從塔頂蒸出，而且塔頂乙腈的提濃不再受塔頂氫氰酸濃度限制可達 80%。

第五，按照即將執行的我國環保法要求和廢物排放標準，增加廢氣處理、硫铵汙水處理、乙腈解吸塔汙水處理、鹼性汙水處理等環保措施。

1982 年 12 月，關興亞一行攜帶著一份「茂名化工紡織聯合總廠年產 5000 噸丙烯腈初步設計報告」參加了專家評審會。這份報告充分反映了上海石化院設計思路，許多想法比 1981 年在《合成纖維工業》雜誌上發表的論文更有建設性。報告的反應部分由陳欣撰寫，產品分離部分由方永成撰寫，總報告由關興亞撰寫。

在專家評審會上，關興亞詳細地介紹了設計依據和設計思路，由於擬建裝置的各項技術指標接近或達到當時引進裝置水平，而且還有不少創新處，因而受到與會專家和茂名市有關領導的高度評價。與會者一致認為，使用上海石化院剛開發成功的 MB-82 型催化劑，單程收率不僅比當時國內中小型丙烯腈裝置的高很多，而且還超過引進裝置用催化劑水平。這就意味著，同樣尺寸的反應器，原設計產能是 5000 噸，換了新開發的 MB-82 型催化劑有可能超過 5000 噸，大大節省了投資費用。採用新開發的 MB-82 型催化劑，原料丙烯單耗大幅下降，每噸丙烯腈消耗的丙烯降至 1.13 噸，接近引進裝置 1.12 噸水平，所以生產成本又可大幅下降。然而，是否能達到預期效果，還得看裝置建成投產後的實際運行情況。

茂名這套年產 5000 噸丙烯腈裝置的工程設計由茂名石油工業公司設計院承擔。原打算在 1984 年投產的，後來因設備加工等原因才

推遲到 1986 年的下半年。

因為這是一套用自主技術開發的裝置，儘管受原料來源的制約，除設計能力是引進裝置的十分之一外，其他各項技術指標都要相當或超過引進裝置水平。也因為該裝置開車成功與否，直接影響到未來大型丙烯腈裝置成套技術的國產化，所以從某種意義看，也是一次丙烯腈成套技術國產化的嘗試和演習。為此，上海石化院領導十分重視該裝置的試運行，並派出技術力量雄厚的小分隊赴茂名協助開車運行。

小分隊由關興亞任總負責人，丙烯腈課題組參加的人員包括副組長陳欣，催化劑製備的吳糧華、催化劑評價的徐建榮、分析測試的夏德良。其他人員包括總工程師辦公室曾參與該裝置設計的凌自興主任、化工室曾參與產品分離提純設計的江桂秀、周玉剛、林遇春高級工程師，以及儀表組楊志章工程師等。

據參加過廣東茂名丙烯腈裝置開車的人員回憶，1986 年上海石化院已是中國石化總公司直屬單位。為執行 1982 年國家科委制訂的開發國內丙烯腈技術工作計劃，儘快實現丙烯腈成套技術國產化，所以中國石化總公司十分重視這次開車工作，而且所撥科學研究經費較以往屬地方企業研究單位有較大幅度增長。所以，從提高工作效率和關心員工身體健康出發，在火車臥鋪票買不到的情況下，近十人的小分隊成員全部乘坐飛機到廣州。這是所有小分隊成員沒有想到的，因為那時按紅頭文件的規定，一般工程技術人員是不能乘飛機出差的。

在此之前，關興亞等人出差茂名實在太辛苦。因為買不到火車臥鋪票就要坐 40 小時到廣州，而且那時火車特別擁擠，到廣州去做生意的人很多，常常是滿員，就連廁所都被人或物占據，送飯的小車也無法推行，所以喝水吃飯都是問題。到了廣州，價格昂貴的賓館不能住，普通旅館要憑介紹信，而且多數是可住十多人的通鋪，

有時連普通旅店也住不上，只能在浴室臨時住一晚上。第二天一早再坐長途巴士，顛簸十多小時才能到茂名。通常到達茂名市已是下午六、七點鐘，順利的話可住上茂名石油工業公司的招待所，如碰上招待所有會議任務接待與會者，就只能住茂名市的小旅館。小旅館衛生條件較差，除悶熱潮濕外，小蟲不少，所以，休息不好，難免影響工作。

不過這次到茂名情況有所不同，為讓小分隊成員精神飽滿地投入丙烯腈裝置的開車，茂名石油工業公司派專車到廣州白雲機場迎接，然後送至該公司在鄰近廣州火車站的站前街招待所，在兩人合住的帶空調和廁所標準間住一個晚上，第二天早晨乘坐大巴士專車直達茂名石油工業公司外賓招待所。

那時候，廣州是改革開放的尖端城市，商品經濟比較發達，沿街大小商店的商品許多是進口貨，人稱「泊來品」，但這些泊來品多數需用港幣或人民幣兌換券。在上海只有在一般平民百姓不能光顧的友誼商店和華僑商店內才能買。但廣州人很會做生意，你用人民幣也可以折算到等價的港幣或人民幣兌換券，而且在廣州即使折合到人民幣也比上海便宜得多。還有新建賓館酒店很多，而且這些賓館和酒店，如中國大酒店、白天鵝賓館竟可以讓一般民眾隨意進出，這在上海人看來是難以想像的。因為在上海就連 20 世紀 30 和 40 年代建成的國際飯店、錦江飯店，還有和平飯店、上海大廈都是警衛森嚴，普通公民是謝絕參觀的，只有外賓、港澳同胞、華僑和持有介紹信的人們才能自由進出。

還有，廣州北京路那裡專買女人用品的「女人街」，也遠勝過上海老城隍廟福民街的小商品市場，商品琳瑯滿目，價廉物美。在女人街，款式時尚的港式服裝、高級面料、花式折傘、連褲襪、香皂，各種商品應有盡有。男士們喜歡的各種洋煙，「萬寶路」、「健牌」、「良友」等，價格幾乎是上海的一半。小分隊成員真想能在廣

州住上幾天，好好瀏覽一下這座改革開放的尖端城市。再順便捎一些洋貨到上海，或孝敬父母，或贈親朋好友。然而，他們首先想到的是要把茂名年產 5000 噸丙烯腈裝置早日投入生產。

為了保證裝置順利開車運行，關興亞最擔心的是操作工的專業素質，因為這些多數來自紡織廠的女青工，受文革影響未能讀好書，再加上從紡織工業轉到化學工業一時難以適應。於是關興亞想到學習大慶石化總廠的經驗，組織他們學習化工基礎知識，並加強崗位培訓。他親自編制教材和操作規程，還要每個操作工熟悉自己崗位的每個閥門、管道走向，控制儀表的使用方法、事故處理方法等。在開車前進行了一場考試，不合格者再培訓，直到考試合格才能上崗。

從裝置系統捉漏、泵和壓縮機等的單機試車、不投物料的化工試車，一直到催化劑裝載，反應器升溫、正式投料，關興亞參與全過程，並擔任實際上的總指揮。為使裝置順利開車，他兩天兩夜沒闔眼，一直堅守在崗位上，他還要求上海石化院開車小分隊成員盡可能留在崗位上，以及時處理髮現的問題，直到裝置正常運行。

投料初期，也發生過許多問題，其中主要是操作不穩定，原因一時還找不到，但關興亞根據他多年開車經驗，對原料丙烯作了化學分析，結果發現來自煉廠的丙烯雜質甚多，且丙烯含量忽高忽低，根本不符合規定指標。找到原因後再採取相應措施這才使裝置逐漸進入正常運行。

儘管關興亞十分注重操作員工的崗位培訓，但終究是第一次開車運行，一些員工在操作上的失誤也難以完全避免。其中有一次失誤是丙烯腈成品罐鹼性物料的混入，好在關興亞在現場處理及時未釀成大禍，若發生燃燒或爆炸，後果不堪設想。另一發揮事故是插溫度計的管道腐蝕，這也是關興亞在現場親自發現的。此時，五十開外的關興亞顧不上腈類化合物的毒性，冒著生命危險，挺身而

出，如同年青小夥子那樣，迅速地爬上幾十米高的分離塔頂，關閉閥門，又一次避免了事故發生。不過，在關興亞看來，最主要還是設計上存在問題，設計者為節省些投資費用，卻忽略了安全性，是考慮不周。因為有時多用一個止逆閥門，物料不會倒流也許就能防止一場事故的發生，而認真選用合適材料，尤其是防腐材料同樣也可避免另一場事故的發生。

第二次開車，一臺分離塔一直運行不正常，連同去開車的設計者都找不出原因所在，因為第一次開車時還是正常的。然而也只有關興亞想發揮來，第一次開車後，檢修中發現該塔最下部有半塊塔板較難清洗，操作工便自作主張馬馬虎虎處理了。因為只有半塊塔板誰也沒有想到會如此影響該塔分離效率。那麼現在問題會不會就出在這半塊塔板呢？停車檢修後，專門對這半塊塔板作了技術處理，之後此塔才恢復正常運行，所以，連設計者也不得不佩服他的細心，別人想不到的問題他都想到了。

當年，為了保證茂名化工紡織聯合總廠年產 5000 噸丙烯腈裝置的正常運行，關興亞在茂名足足住了 3 個多月，那時候手機還是少數人用得發揮，磚頭般大的手機價格都要 2 萬多元，顯然普通打工者是沒有能力購買的。在招待所打長途電話雖說也很方便，但是上海的公用電話卻很難傳呼，尤其是過了下午六時，公用電話站早已無人傳呼，而白天關興亞要忙於工作，哪有時間去打電話與家人溝通呢？所以對家人來說，在這段時期關興亞似乎成為一個「失蹤的人」。

在茂名工作期間對上海，尤其是家中發生的一切關興亞全然不知。當時，上海石化院的原上級單位上海市化工局考慮到改善高級知識分子生活條件，分配給關興亞一套地處徐家匯裕德路的兩室戶公房，待他兒子自行「設計」、簡單裝修後，透過院部赴茂名出差的同志轉告給關興亞。關興亞十分高興，特地在晚上寫了一封近一、

二百字的家信，但遺憾的是上海的新地址因寫錯又退回茂名。所以，茂名出差結束回上海他竟找不到自己的新家。到上海後，他打電話詢問院辦公室一位工作人員，方知新家的住址。

因為開車成功，為慰勞上海石化院開車小分隊成員，茂名化工紡織聯合總廠組織小分隊成員去鄰近一處荔枝園採摘新鮮荔枝。傳說，這裡產的荔枝在唐朝專供楊貴妃，現在主要供出口。荔枝園一般不對外開放，只有對來茂名的貴客開放，所以這是一個難得機會，小分隊所有成員都去了，唯有關興亞對此「不感興趣」。因為此時關興亞想的是下一步該公司年產 5 萬噸丙烯腈成套技術的開發。

由於茂名化工紡織聯合總廠丙烯腈裝置的順利投產，茂名市又決定籌建年產 5 萬噸的腈綸生產裝置。當時茂名腈綸廠是作為國家「八‧五」期間重點輕紡工業原料項目，同時從美國杜邦公司引進干法腈綸生產裝置的還有撫順腈綸廠、秦皇島腈綸廠、齊魯腈綸廠、寧波腈綸廠，加上茂名腈綸廠共 5 家。其中茂名腈綸廠從 1990 年動工建設，1996 年 1 月投料試產。然而遺憾的是僅試產 10 個月，便因經營不善，負債纍纍而使總投資達 8.46 億元的工程在 2000 年不得不向國務院申請破產，成為當年全國最大工業企業破產案。

1987 年 1 月，茂名年產 5000 噸丙烯腈裝置驗收報告出爐。評價結果是「MB-82 型催化劑應用於茂名化工紡織聯合總廠新建年產 5000 噸生產裝置，催化劑性能與進口催化劑相當，可取代新型進口催化劑用於萬噸級生產大裝置。」直到 1990 年，除不斷補加流失催化劑外，5 年間催化劑還未更換過，仍在這套年產 5000 噸丙烯腈生產裝置上運行，還充分體現了 MB-82 型催化劑氨比低，副產丙烯醛生成量少的特點。

MB-82 型催化劑和多項國內自己開發的技術在茂名石油化工紡織聯合總廠年產 5000 噸裝置上的成功應用，引發揮了包括蘭州化工公司和高橋化工廠的關注。1989 年，高橋化工廠在擴建年產 5000

噸丙烯腈裝置時，首先應用了上海石化院的流化床反應器技術、大型高效旋風分離器技術和MB-82型催化劑，經濟效益明顯。

今天，關興亞回憶發揮當年在茂名化工紡織聯合總廠、上海高橋化工廠，推廣MB-82型催化劑和多年努力開發的高效旋風分離器和產品分離提純等創新性的技術，他深有體會地說：「毫無疑問，茂名年產5000噸丙烯腈工業示範裝置的長期滿負荷運行，使我國丙烯腈成套技術國產化向前進了一大步。」同時培養了一批技術骨幹，如陳欣和方永成，以及剛從大學畢業才幾年的青年科技人員吳糧華、徐建榮等。當然還有許多不足之處，這正是關興亞下一步想做的MB-86型催化劑開發和產品精製回收工藝改進等工作。

關興亞(右二)等在茂名化工紡織聯合總廠
5000噸/年丙烯腈裝置前的合影

關興亞(前排左一)在 MB-82 型
催化劑鑒定會上(1986 年 2 月)

採用 MB-82 型催化劑的齊魯石化
2.5 萬噸/年丙烯腈生產裝置

# 第四節　高收率的 MB-86 型催化劑

　　1986 年，由關興亞主持的 MB-82 型催化劑在山東淄博年產
2000 噸裝置和廣東茂名年產 5000 噸等多套裝置上應用獲得成功。
此時，課題組部分成員產生「歇一歇」的想法。他們認為，至少在近
2~3 年內不會有競爭者。其實也難怪這些成員，3 年多時間裡跟著
關興亞做了數不清的實驗，催化劑研究成功後又要轉戰南北，南到
茂名北到大慶協助工廠新建裝置開車，直到正常運行。誰家沒有老
人和小孩呢? 僅在淄博和茂名兩次開車時間加發揮來少說也有半年
之多。而且每套裝置從化工試車，正式投料，一直到正常運行，少

則一個月，多則 3~6 個月，這是一個很長週期。尤其在開車期間，問題特別多，往往一天睡不了幾個小時，白天還要做到筋疲力盡，這種沒完沒了的工作，長期下去，確實難以支撐。所以希望也能回歸正常工作生活秩序，盡可能同其他課題組那樣，不要加班，尤其是星期日能有一個休息天，多少也可享受與家人的「天倫之樂」，還有就是少去外地出差，最好是不要出差。

不過，關興亞的想法不是「歇一歇」，而是乘勢而上，絕不能有停頓半步的想法。因為他深知催化劑是丙烯腈生產工藝的核心技術，新型催化劑的開發和應用對丙烯腈生產工藝技術的發展和改進發揮著決定性作用。提高丙烯腈收率，減少副產物的環保工藝都離不開新型催化劑的開發。那時候，國際化學工業界盛行一種叫原子經濟性理論，如果原料全部轉化為希望或目的產品，那麼該反應的原子經濟性達 100%。對丙烯氨氧化反應來說，丙烯腈單程收率越高，那末該反應的原子經濟性也越高。但是提高反應的原子經濟性歸根結底主要還是依賴新催化劑的開發。當時兼併索亥俄公司的英國石油公司(BP 公司)、美國孟山都公司、日本旭化成公司不惜花巨資投入催化劑開發，而且一代接著一代，層出不窮，才在市場競爭中有了立足之地。因此，在關興亞看來，此時 MB-82 型催化劑雖已達到當時國際先進水平，但不能鬆懈，不進則退。而且，從長遠看，國產催化劑不僅要占領國內市場，還要走向海外市場，參加國際間的競爭。

然而，年歲終究不饒人，關興亞已五十開外，即將奔向花甲之年，自知精力已不再如以往青年時代。考慮再三，從培養新一代技術人員考慮，決定將新一代 MB-86 型催化劑開發重任和許多具體事務交給他的助手、副組長陳欣。

陳欣是一位動手能力強、善於思考又勤奮好學的女大學生，1963 年畢業於貴州工學院，同年進入上海石化院後，就在關興亞領導的丙烯腈課題組工作，從事流化床反應器研製和 MB-82 型催化

劑的開發，並參加了 MB-82 型催化劑在山東淄博、廣東茂名、甘肅蘭州等多套工業生產裝置的推廣應用。

這期間，關興亞靜下心來做了兩件事。一件事是總結國內外丙烯腈催化劑發展歷程，尤其是自己 20 多年催化劑開發的經驗教訓，希望摸索出其中一些規律。第二件事是學習有關催化劑的一些基礎理論，尤其是各種現代化大型精密測試儀器問世後，在催化劑設計、篩選到製備過程領域出現了新理論和新觀點，力圖透過這些新理論和新觀點來指導新催化劑的開發。

從國外丙烯腈催化劑發展來看，大約每隔 5~6 年就有新一代催化劑投入工業運轉。20 世紀 60 年代初期國外開發的丙烯腈催化劑，雖然種類甚多，但水平不高，如美國索亥俄公司的 CA 型催化劑，組成為磷鉬鉍三元組分催化劑，丙烯腈單程收率為 58.0%。1965年，該公司推出牌號為 CA-21 型催化劑，組成為銻鈾，載體為矽膠，丙烯腈單程收率提高到 63.4%，而且副產物乙腈生成量明顯減少，但這種型號的丙烯腈催化劑有放射性，對人體健康有影響，還不耐還原，原料配比中氧氣和氨的含量很高，甚至反應溫度也比較高。1971 年，索亥俄公司開發出第三代催化劑，稱 C-41 型，即在上海石油化工總廠年產 5 萬噸丙烯腈裝置上用的催化劑，其組成為磷鉬鉍鐵系七元催化劑，反應溫度低，原料配比中氧含量低，但丙烯腈單程收率可達 71%。進入 80 年代後，索亥俄公司先後推出 C-49 型催化劑和改良型 C-49MC 型催化劑，其丙烯腈單程收率明顯高於 C-41 型催化劑，達 78% 以上。一些基礎理論的研究和長期工作經驗，使關興亞領悟出一個道理，這種典型的由磷酸根離子和鉬酸根離子在酸性條件下縮合而形成的雜多酸催化劑，其酸性和氧化還原性是和催化作用最密切相關的兩種化學性質，而這些性質都可以透過改變陰離子組成或加入不同的抗衡離子在很寬範圍內調變。這類催化劑不僅可用於異丁烯氨氧化制甲基丙烯腈、丁烷氧化制順酐，也可用於丙烯氨氧化制丙烯腈，關鍵是催化劑酸性和氧化還原性的

調變。然而，在丙烯氨氧化反應用鉬鉍系催化劑中如何改變陰離子組成或加入不同抗衡離子卻要做大量研究工作。

根據陳欣在《上海石化院建院三十五週年論文精選》中發表的「八十年代丙烯腈催化劑研究開發的技術特點」一文，基本可反映出80年代中後期關興亞將雜多酸催化劑用於烴類氧化反應的特點，並透過對鉬鉍系催化劑酸性和氧化還原性研究，開發了多種高效催化劑，並申請了多篇專利，為我國丙烯腈催化劑進入世界先進行列作出重要貢獻。

第一，透過對鈉元素和鹼性金屬對丙烯腈催化劑性能研究，率先申請含鈉催化劑專利。

長期以來，鹼金屬是鉬鉍系丙烯腈催化劑經常使用的一類助催化劑，通常認為鈉元素的存在對氨氧化反應是無活性又無選擇性的，只會促使反應過度氧化生成二氧化碳，所以對丙烯腈催化劑而言是有害元素。但關興亞等上海石化院科學研究人員在用噴霧成型法製備丙烯腈催化劑研究中，基於鈉是催化劑有害元素這一認識，對載體二氧化矽中的鈉含量進行了系統研究。結果發現，幾乎不含鈉的載體，催化劑的耐磨性都達不到要求，而且隨著鈉含量的增加，耐磨性也發生改變。這樣便得出與其他專利不同的結論，即鈉的作用在於提高催化劑的耐磨性而不是抑制鉬元素揮發，適當的鈉含量可以使催化劑活性和選擇性均符合規定指標。這一成果於1987年申請了中國專利並得到授權。相比之下，BP公司首次發表的在鉬鉍鐵系催化劑中加入鈉的專利則在1992年，打破了該公司從1968年以來發表的數十件專利文獻，有關鉬鉍鐵多元催化劑中僅用「鹼金屬」或者鉀、銣、銫，而絕不提出加入鈉的慣例。毫無疑問，上海石化院「含鈉催化劑」專利比國外同仁領先了一步。

其實，催化劑的耐磨性是一個重要技術指標，也是一個複雜的技術問題，如果一個活性和選擇性都良好的催化劑，由於耐磨性差很難工業化，這樣的催化劑即使用於工業裝置，其大量損耗也會失

去經濟性。因此關興亞發現鈉與催化劑耐磨性關係，其重要性顯而易見。

鑒於以前上海石化院研究工作中曾用混合稀土替代單一鈰元素，制得較高活性催化劑的經驗，於是在試驗中同時加入幾種鹼金屬元素。結果表明，在五種元素中同時選用其中幾種元素的組合則效果更理想。這一研究也申請了中國、美國和歐洲專利。實際上鹼金屬加入對調節催化劑表面酸度有至關重要的影響。

第二，透過陰離子，尤其是鹵素陰離子對丙烯腈催化劑性能的影響研究，獲得性能優良催化劑，並申請了中國專利。

鉬鉍系催化劑中，陰離子有兩類，一類是酸性較弱的鉬酸、鎢酸或釩酸根陰離子，是丙烯腈催化劑活性組分的主要元素。另一類是酸性較強的磷酸、砷酸、硼酸根陰離子，但用量很少，主要發揮助催化劑作用，以提高催化劑穩定性和改進選擇性。

在此之前，國內外鉬鉍系催化劑的研究重點是金屬陽離子的選擇，然而在關興亞和陳欣的研究開發中，採用鉬與陰離子復合製造丙烯腈催化劑，同時調整其他元素的組成，制得性能十分良好的催化劑，

關興亞回憶發揮，20世紀60年代曾試驗過但沒有發表過的強酸性陰離子即鹵素和砷、硫等陰離子有提高丙烯腈催化劑選擇性的作用，並得到肯定。但也發現鹵素陰離子的不穩定性和揮發性，鹵化物很快被氧化生成鹵元素。然而，重新研究在新配方下的鹵素陰離子作用，卻發現氯、溴、碘的存在對丙烯腈催化劑的選擇性影響明顯，而對它們的不穩定性則透過催化劑的製備工藝的改進得以克服。

第三，解決「關鍵相」製備中的均一性問題，改善了催化劑的選擇性。

20世紀80年代，在丙烯腈催化劑研發中，國際上出現「關鍵相」製備的新觀點。所謂「關鍵相」，實際就是與催化劑性能有密切

相關的一種化學結構。以鉬和鉍組成的二元催化劑為例，有 3 種相結構，有 2 個鉍原子，3 個鉬原子和 12 個氧原子組成的 $Bi_2Mo_3O_{12}$ 的 $\alpha$-鉬酸鉍，2 個鉍原子、2 個鉬原子和 9 個氧原子組成的 $Bi_2Mo_2O_9$ 的 $\beta$-鉬酸鉍和 2 個鉍原子、1 個鉬原子和 6 個氧原子組成的 $Bi_2MoO_6$ 的 $\gamma$-鉬酸鉍。但是，關鍵相是什麼結構卻各有各的說法。某些學者認為由 1 個原子鉍、1 個原子鐵和 3 個氧原子組成的鉬酸鉍（$BiFeO_3$）也是活性相。

關興亞和陳欣對關鍵相也進行了仔細的研究和試驗，並且用相關儀器如用紅外光譜和 X 射線衍射圖譜確定了關鍵相的組成和相對比例。同時透過試驗，又將原來不溶於水的某關鍵相在一個特定條件下將其溶解，從而解決了催化劑連續生產中的混合均勻問題，這無疑是新催化劑製備方法上的一個新的突破，據此，又申請了一項中國專利。

第四，透過補加催化劑中易揮發元素的研究，提高催化劑的穩定性。

流化床反應器的運行過程中，催化劑會隨著時間推移而逐漸減少，其原因之一是催化劑本身會有小於 20 微米的細粒子；原因之二是催化劑與反應器壁和冷卻管摩擦被粉碎成細粒子，細粒子催化劑比表面積大，活性高，它從反應器中的流失勢必影響催化劑性能的穩定性。

催化劑的穩定性是一個重要指標。穩定性差的催化劑用在流化床反應器僅用 1~1.5 年就需求整體更換催化劑，而穩定性好的催化劑在流化床反應器運行 4~5 年也不必整體更換，僅需適量補充磨損催化劑即可。一套年產 5 萬噸丙烯腈裝置更換催化劑量接近 120 噸，每噸催化劑以 2 萬美元計，至少需 240 萬美元，所以採用穩定性好的催化劑就可節省可觀的催化劑費用。

對鉬鉍系催化劑來說，國內外許多學者的研究表明，鉬組分的揮發是造成催化劑壽命不長的主要原因。對此，早期國外解決催化

劑穩定性問題的辦法是將催化劑從反應器中卸出，補加流失的組分並活化後再加入反應器內。顯然這種方法是不經濟的，因為裝置停車會造成更大的經濟損失。後來的改進方法是連續向反應器中加入易揮發組分。但此法不足之處是隨時間增長反應器內催化劑組成發生變化而影響性能。

關興亞和陳欣提出的改進方法是連續向反應器內加入一種補充催化劑，這種補充催化劑的元素組成中有意將易揮發的元素比例提高，不揮發元素則與原催化劑組成相同，補充到反應器內揮發性元素過量部分則可用於調整原催化劑的流失部分，而且在長期補充後也不會使反應器內的催化劑組成發生變化。另外，還提高補充催化劑中的細顆粒比例，以補充細顆粒催化劑的流失。採用這種辦法可使鉬系催化劑連續運轉 4 年以上而不需求整體更換。巧合的是日東化學公司也在銻鐵系催化劑使用中提出類似方法的專利，但較關興亞等發表的專利已晚數月。

第五，透過氧化–還原反應機理的研究，提出控制尾氣中的氧含量來改善催化劑的結塊傾向。

流動性或結塊傾向是衡量丙烯腈催化劑的一個重要指標，但並未引發揮大家的關注，更沒有準確的定量測定方法。不過因催化劑流動性不佳造成工業生產的失敗屢屢發生。因為在高溫狀態下，催化劑流動性差就有可能造成旋風分離器下端，或者是空氣、丙烯、氨分布器的堵塞而無法正常運行。對於鉬系催化劑，估計很可能是催化劑表面出現過量氧化鉬造成的，因為過量氧化鉬出現且在催化劑表面沉積就會使微粒相互黏結而造成堵塞。

關興亞和陳欣的研究結果認為，丙烯和氧氣存在適當的比例，若氧比過低時，催化劑中某些高價態元素被還原而產生大量的過量氧化鉬。所以提出應在尾氣中嚴格控制氧含量的措施，從而保證了多套工業丙烯腈裝置中催化劑的良好流動性，更不會因催化劑流動性欠佳而造成不正常停車。

　　1986 年 6 月，中國石化總公司召開丙烯腈技術開發工作會議，並決定由上海石化院正式承擔催化劑性能全面超過當時國外最先進催化劑的「丙烯氨氧化制丙烯腈 MB–86 型新型催化劑研究開發」任務。

　　此時，關興亞還在潛心研究國內外近年發表的，有關雜多酸催化劑結構及其在丙烯氧化和氨氧化反應的機理研究進展。其實，早在復旦大學化學系求學時，他對物質結構研究極感興趣，只是沒想到畢業後竟然會分配到工業性化工技術開發的研究所。於是，「工科」和「理科」就似隔了一座大山。長期從事工業催化劑的研究開發，又使他不知不覺地圍著洋人的專利搞研發。當然這也沒錯，用當時在瀋陽化工研究院工作時，林華院長的話來說是「使國外經過一、二百年積累發揮來的化工經驗和理論為我所用，迅速為我國科技人員所汲取，並逐步走出自己創新的道路」。過去的大量工作就是林華院長講的前一句話，但如今要開發超越國外先進水平的催化劑，那就必須按照林華院長後一句話，即走出自己創新的道路。然而，要有所創新，突破國外專利，就逼迫你必須重拾基礎理論研究。

　　根據陳欣、吳糧華、關興亞 3 人在《上海石化院建院三十五週年論文精選》中的「MB–86 型丙烯腈催化劑的研製與應用」，以及 3 人在 1997 年 4 月以上海石化研究院名義在《中國石化總公司丙烯腈技術進步會議論文彙編》中發表的「MB–86 型和 MB–96 型丙烯腈催化劑」具有指導意義的基礎理論研究成果主要體現在以下 3 個方面。

　　第一，催化劑的晶格氧。

　　20 世紀 40 年代，索亥俄公司的一位學者路易斯就提出烴類氧化反應中晶格氧的作用，認為可還原的金屬氧化物的晶格氧比分子氧更靈活和更有效。根據化學計量比，對丙烯氧化制丙烯醛用磷鉬鉍催化劑（$Bi_9PMo_{12}O_{32}$）作了計算，大約每轉化 1 公斤丙烯為丙烯醛需求 50 公斤催化劑來提供晶格氧。如此大量的催化劑循環，在當時存在技術障礙，所以未被索亥俄公司接受，於是放棄了對晶格氧作

用的進一步研究。

其實，晶格氧是氧的一個物種。多數學者認為金屬和金屬氧化物這類固體催化劑都是結晶體，金屬（M）末端和橋式（M-O-M）中的氧都稱為晶格氧。直到 1964 年日本學者確定了它們在紅外光譜 $900\sim1000$ 釐米$^{-1}$ 和 $800\sim900$ 釐米$^{-1}$ 的吸收頻率，這才得到晶格氧的具體化概念。

當時的理論研究表明，丙烯氧化或氨氧化有兩種不同的反應途徑，一種是都轉化為二氧化碳和水的完全氧化；另一種是部分氧化，是透過晶格氧作用先將丙烯先變成中間產物，後轉化為丙烯醛或丙烯腈，兩者差別主要是是否通氨，不通氨產物為丙烯醛，通氨產物便是丙烯腈。

學者們的研究還表明，催化劑晶格氧層數與催化活性有密切關係。不過同樣是鉬鉍化合物，但是它們的相結構不同，晶格氧層數有顯著差別，例如，$Bi_2(MoO_4)_3$ 催化劑，在反應溫度 430℃ 時，晶格氧層數為 75，$Bi_2MoO_6$ 催化劑在同樣反應溫度下，晶格氧層數達 286。所以，這就給了關興亞和陳欣等人啟示，設計新催化劑應考慮能夠提供高晶格氧層數的相結構。

第二，催化劑的陽離子空位。

從礦物學角度看，鉬鉍系催化劑類似白鎢礦結構（$AMO_4$）。學者們研究結果是，丙烯和氨的吸附與晶格缺陷濃度相關。進一步研究還表明，白鎢礦結構的 A 位和 M 位可以不止被一個陽離子占據。單純的白鎢礦沒有催化活性，當 A 位陽離子被幾個陽離子占據時，對包括丙烯在內的烯烴氧化反應才產生顯著催化活性，而且隨著晶格缺陷濃度升高，催化劑活性也升高。有關陽離子空位的研究結果也為新催化劑設計提供了另一條新思路。

第三，催化劑的電荷平衡。

丙烯腈催化劑的組成元素基本可分為兩個部分，一部分金屬陽離子，另一部分為金屬或非金屬與氧組成的陰離子。在催化劑中陽

離子與陰離子形成復合化合物而產生高活性。隨著催化劑組成多元化，陰離子和陽離子可達十幾種，如何確定催化劑元素組成和原子配比，如何防止選擇性下降，保證催化劑中不存在游離金屬氧化物等，都與催化劑的電荷平衡有關，因此保持催化劑正負電荷的一定關係對於新催化劑的設計也十分重要。

1989 年初，在上述三個催化理論指導下，關興亞和陳欣等終於成功開發了 MB-86 型催化劑。不過一個性能良好的催化劑也要在最佳反應條件下才能發揮其作用，而催化反應動力學研究才是尋找最佳反應條件的重要手段之一。關興亞和陳欣研究的催化反應動力學，重點考察了反應器進口氧烯比（氧氣和丙烯比例）和反應溫度變化的條件下反應特徵和反應動力學模型。

1989 年 9 月，在關興亞指導下，由陳欣主持的 MB-86 型丙烯腈新型催化劑完成了擴大製備試驗，各項指標重複了小試結果。1噸擴大試驗得到的催化劑裝填於大慶石化總廠化纖廠直徑為 600 毫米的自由流化床反應器中進行評價。後在該廠年產 7000 噸工業裝置上進行試驗。一年多運行結果表明，丙烯腈單程收率達 80%～81%。與該裝置原先採用的由上海石化總廠生產的 CT-1 催化劑相比，經濟效益顯著。其中每年增加丙烯腈產量 903 噸，生產能力提高12.7%；增加利稅 192 萬元/年；增產丙酮氰醇 580 噸/年，增加利稅 129 萬元/年；丙烯消耗降低 543 噸/年，節約 43 萬元/年；硫酸消耗降低 328 噸/年，節約支出 7 萬元/年；綜合能耗 CT-1 催化劑為 966 公斤標油/噸丙烯腈，MB-86 型催化劑為 960 公斤標油/丙烯腈，基本持平。以上幾項合計總經濟效益達 505 萬元/年。

不過，與關興亞、陳欣一同參加 MB-86 型催化劑在大慶化纖廠應用的吳糧華副總工程師回憶，這一場試驗差點前功盡棄。原因是大慶化纖廠在更換老催化劑為 MB-86 型催化劑前，或者是出於好意，或者是憑以往開車的經驗，對流化床反應器中的氣體分布板的孔徑隨意放大，其目的也想改善反應物與催化劑的氣固相接觸，

誰知卻造成反應器壓降變化。開車初期，MB-86型催化劑水平甚至不及老催化劑，這讓關興亞十分焦慮。因為數日運行下來仍未好轉，而且產量下降，企業效益受影響，所以大慶化纖廠從領導到操作工幾乎都想中斷這項試驗。但關興亞並沒有失去信心，他認為，問題主要出在反應器內的構件。果然在他一再追問下，工廠主任才道出改變氣體分布器開孔直徑之事。關興亞認為，這雖是廠方的好意，但他們都沒有預計到開孔直徑的改變給反應器壓降變化帶來的負面影響，更不知道氣體分布器開孔直徑與各種參數的相應關係和經驗計算方式。於是，停車檢修後氣體分布器又重新恢復原來開孔直徑，並且在關興亞一行小分隊親自參與操作下，丙烯腈單程收率一天比一天高，而且最終達到預期指標。至此，工人們才露出了笑臉。由於裝置經濟效益的提升，工人們得到的獎金也多了，並且還享受到與上海石化院丙烯腈課題組成員一樣的科技成果獎。若不是關興亞發現分布板開孔直徑變化帶來的負面影響，MB-86型催化劑在引進裝置上的推廣應用很可能要推遲半年或一年。

MB-86型丙烯腈催化劑在大慶石化總廠化纖廠成功應用，除獲得可觀經濟效益外，還引發揮大慶石化總廠化工二廠有關領導的重視。在中國石化總公司有關領導關心下，1993年11月在遼寧撫順召開的中國石化總公司科技成果交易會上，大慶石化總廠與上海石化院正式簽訂開發、生產、使用MB-86型催化劑技術協議書和100噸催化劑的購銷合約。

大慶石化總廠化工二廠年產5萬噸丙烯腈裝置，是1984年從美國索亥俄公司引進專利技術建造的我國第2套裝置，相當於國外80年代先進水平。與上海石油化工總廠年產5萬噸丙烯腈裝置相比，除採用該公司第三代催化劑外，在產品回收精製、節能、污水處理等都有了更多改進。而且，同規模生產裝置，反應器不是直徑均為5.1米的兩臺反應器，而是一臺直徑為7.47米的大反應器。該裝置由中國石化蘭州石油化工設計院承擔設計，1988年8月建成投產，

1991 年實現了全年度產品產量、產品品質、能耗、原料消耗和環保指標全面達到了設計指標。但是從 1993 年發揮，催化劑性能明顯下降，丙烯腈單程收率從 76% 左右下降到 72% 左右，為此，大慶石化總廠科技處與化工二廠的技術人員組成調查小組，對國內丙烯腈裝置使用上海石化院催化劑的有關廠家進行考察和調查，之後才作出採用 MB-86 型催化劑的決定。當時關興亞既興奮又感到壓力沉重。興奮的是性能超越國際先進水平的 MB-86 型催化劑將要在引進裝置上應用，這無疑是一大飛躍。但是大慶化纖廠試用的反應器規模直徑僅為 2800 毫米，生產能力僅為年產 7000 噸，現在一下子跨入年產 5 萬噸級的，直徑為 7.47 米的反應器，究竟是否可行心中多少有點懸念，萬一不能達到預期指標，如何向大慶石化總廠和支持催化劑國產化的中國石化總公司交代呢？好在有了在中小裝置中的使用經驗，對 MB-86 型催化劑的「脾氣」和「性格」有了進一步的了解，所以僅開車方案就想了好幾套。

為作好更換新催化劑的準備工作，大慶石化總廠化工二廠在 1994 年 8 月裝置檢修期間，將反應器徹底清洗乾淨，對丙烯和氨分布器、空氣分布板、旋風分離器、翼閥等進行仔細檢查、核定。在催化劑裝填前，又對操作人員進行系統培訓，講解裝填方案，使相關崗位操作人員都了解 MB-86 型催化劑特性及運轉中的注意事項。

1994 年 8 月 3~8 日，在上海石化院關興亞和陳欣等現場指導下將 100 噸 MB-86 型催化劑裝入催化劑儲槽中。還指定專人負責，專人操作和專人記錄。8 月 30 日年產 5 萬噸丙烯腈裝置開工，9 月 3 日產出丙烯腈成品，分析結果品質合格。

儘管裝置投入運行後，反應器及後續系統運轉平穩，產品品質達到國家優級品標準。但畢竟是首次在年產 5 萬噸裝置上正式運行，要達到最佳操作狀態還需慢慢摸索，及時調整操作參數。

調整操作參數是一項十分複雜的技術工作，其實質是使 MB-86

型催化劑能在最佳反應條件下進行。當時，碰到的第一個問題是丙烯轉化率較低，僅 97.72%，遠低於要求值。後透過溫度提升達到98.5%；第二個問題是根據反應氣體分析二氧化碳和一氧化碳含量值，表明選擇性較低，透過調整空氣與丙烯配比，使反應器出口尾氣氧含量從 1.5% 降至 0.75%，二氧化碳和一氧化碳生成量下降，使反應選擇性明顯上升。為改善流化狀態，反應線速從每秒 0.5 米增加到每秒 0.56 米，丙烯腈單程收率由 77.42% 提高到 81.3%，達到了小試和工業試驗水平。此時，關興亞才鬆了一口氣。如果那時完全按照使用進口催化劑的反應條件進行操作的話，那末，至少在一段時期內顯示不出 MB-86 型催化劑的優良性能。

　　然而，最棘手的是第三個問題，即催化劑的消耗量。1994 年 8 月 30 日，達到開工條件時，100 噸 MB-86 型催化劑加入反應器，之後儀表指標量為 94.6 噸，即跑掉 5.4 噸催化劑，到 9 月 2 日降到90.7 噸，以後又多次補加 MB-86 型催化劑，7 個月期間陸續向反應器加入 MB-86 型催化劑 136 噸。直到 1995 年 2 月 7 日反應器床內催化劑量達 118.9 噸時，此後反應器床內催化劑量基本保持不變。可見穩定操作對催化劑的消耗是至關重要的。經計算去掉初裝催化劑的損失，每噸丙烯腈消耗催化劑量為 0.313 公斤，達到預期指標。在這數月裝置操作調整期，關興亞、陳欣和吳糧華等上海石化院小分隊成員一刻也沒有停止對裝置的關注，因為一旦出現重大問題，不僅 MB-86 型催化劑開發要從頭開始，更為嚴峻的問題是，後面許多引進丙烯腈裝置還在等著擴能改造，而且連同擴能後的經濟效益都在中國石化總公司計劃之內。

　　根據大慶石化總廠化工二廠對 1994 年 8 月 31 日開工到 1995 年末累計 1 萬多小時運行結果的總結，改用上海石化院 MB-86 型催化劑，其裝置最低負荷為 76%，最高負荷為 126%，加權平均負荷為115%。在 1994 年 9 月、1994 年 11 月和 1995 年 1 月曾對裝置進行

三次標定工作，丙烯腈單程收率都在 80% 以上，而進口催化劑僅 76% 左右。從反應氣體分析看，主副產物分布合理，適合現有裝置的工藝流程及操作條件。

就產品品質而言，應用 MB-86 型催化劑後，裝置回收、精製系統運轉平穩，操作調整方便，產品品質比較穩定，達到國標（GB-7747.1-87）丙烯腈品質優級品指標。

就裝置能耗而言，應用 MB-86 型催化劑後，裝置在相同負荷下，反應餘熱回收產生的 4.0Pa 蒸汽量比以前採用進口催化劑下降 9%，即每噸丙烯腈副產壓力為 4.0MPa 的蒸汽量減少 1.12 噸。不過，丙烯氨氧化反應熱效應數據表明，生成 1 摩爾丙烯腈放出熱量為 125.5 千卡，而生成 1 摩爾二氧化碳放出熱量為 153.4 千卡。所以，丙烯腈單程收率提高後，生成二氧化碳副反應勢必減少，反應總放熱量減少是正常現象。

就裝置排放汙水合格率而言，應用 MB-86 型催化劑後，裝置排汙水質有所改善，綜合合格率達 98.5%。

還有一項最重要指標就是經濟效益評估，用 MB-86 型催化劑替代進口催化劑，丙烯腈單程收率可從 75%（合約指標）增加到 79%，丙烯投料按 100% 負荷計，每年可多產丙烯腈 2723.3 噸，增加收入 1225.5 萬元。如果丙烯腈單程收率從 73.1%（停車時收率）增加到 79%，丙烯投料量按 100% 負荷計，每年可多產丙烯腈 4016.9 噸，即使抵扣少產 4.0MPa 蒸汽 24 萬噸，每年仍可增加收入 1675.8 萬元。

1994 年 11 月 8 日到 11 月 11 日，對關興亞和上海石化院小分隊成員來說是難忘的時刻，因為這是一次由中國石化總公司科技發展部領導參加和指導下對大慶石化總廠二分廠年產 5 萬噸丙烯腈裝置進行 72 小時滿負荷標定。結果表明：

（1）大慶石化總廠年產 5 萬噸丙烯腈裝置採用 MB-86 型催化劑後，運轉平穩，操作調整方便；

（2）MB-86 型催化劑在 5 萬噸級反應器內反應丙烯腈單程收率達到 81.05%；

（3）MB-86 型催化劑在 5 萬噸級反應器內反應氫氰酸單程收率達到 5.27%；

（4）採用 MB-86 型催化劑，裝置丙烯腈產品品質達到國標優級品，副產品品質均能達到設計要求；

（5）裝置產生 4.0MPa 蒸汽，為每噸丙烯腈 6.16 噸；

（6）裝置排汙綜合合格率為 100%。

1995 年，該裝置丙烯腈實際產量達到 6.05 萬噸，而且丙烯單耗即每噸丙烯腈產品消耗的丙烯降到 1093 公斤。總體水平超過進口催化劑，在國際上居領先地位。

接著，MB-86 型催化劑在撫順石化年產 5 萬噸丙烯腈裝置擴能為 7 萬噸、在蘭州石化公司年產 2.5 萬噸丙烯腈裝置擴能為 3.12 萬噸改造中得到應用，經濟效益明顯。其中僅用 MB-86 型催化劑更換原先採用的進口催化劑，撫順石化裝置產能從 5 萬噸提升至 6 萬噸。蘭州石化的裝置擴能在不更換反應器及主要塔系前提下採用 MB-86 型催化劑，是一項投資少、工期短、效益好的改造工程。改造總投資 2700 萬元，所得稅後投資回收期為 3.84 年。

MB-86 型催化劑的丙烯腈單程收率達到 81%，超過當時國際同類催化劑 4~5 個百分點，而且在多套引進裝置上得到應用，經濟效益顯著。此時 MB 系列催化劑已占有國內大部分市場，為國家直接節約外匯 4000 余萬美元，新增利稅數億元。1993 年，「MB-86 型丙烯腈催化劑研究及工業應用」獲得國家科委頒發的科技進步一等獎。1997 年榮獲世界知識產權組織和國家專利局共同頒發的專利金獎。1998 年獲世界華人發明展覽會金獎和全國第十一屆發明展覽會頒發的唯一一項最高獎，即世界知識產權組織專項優秀獎。然而，面對這些殊榮，關興亞謙遜地說：「MB-86 型催化劑，我僅僅是指導而已，具體工作是他們做的，榮譽應該歸功於他們。」

# 第五節　節能減排　變廢為寶

　　20世紀70年代中期出現全球性石油危機，在不到一年的時間內每桶原油價格從3美元上漲到了13美元，節能降耗成為當時石化工業一大技術發展趨勢。基於人類的可持續發展，80年代後發達國家又制訂了嚴格的環保法規，環境友好的各種工藝應運而生。

　　為此，國內外丙烯腈生產商圍繞節能降耗和環保兩大主題開展了廣泛研究。1980年，關興亞在當年《合成纖維工業》第四期發表的「從引進丙烯腈裝置談今後的改進方向」論文，全面地論述了當時引進裝置的不足之處和今後改進的設想，並以較大篇幅論述了三廢處理。例如在廢氣處理方面，指出目前吸收塔放空尾氣中，HCN（氫氰酸）含量為20~40毫克/公斤，雖然HCN的落地濃度可小於0.05毫克/公斤，但實際排放量仍很可觀，HCN為0.8公斤/小時，丙烯腈為1.6公斤/小時。透過催化燃燒，不僅HCN絕大部分已經破壞，而烷烴和一氧化碳等也同時除去。

　　在論及硫銨汙水處理和回收硫銨時，他認為：從硫銨汙水中回收結晶硫銨是不經濟的，因此目前引進裝置的硫銨汙水全部燒掉。但從資源綜合利用出發應當回收。工廠每年用於燒掉汙水，要1.6萬噸重油，而其中用於燒硫銨汙水的重油為1萬噸，約占63%，且每年燒掉可用於化肥的硫銨有2000噸。從技術上說，回收高品質結晶硫銨很困難。雖然國內設計的丙烯腈裝置可以回收結晶硫銨，但此工藝用在引進裝置上可能有問題。主要是兩者硫銨汙水的性質不同，這是由於不同的氨中和條件所引發揮的。引進裝置中和塔循環液的pH值為5.5~6，反應中生成的不飽和醛有80%在本塔內被聚

合成高沸物。國內工廠循環液 pH 值<1，是強酸性，醛類聚合不多，大部分被帶到後面的回收系統中去。所以引進裝置的硫銨汙水中聚合物(焦油)含量要高得多。同時指出，回收硫銨要解決的關鍵問題是分離和有毒物質的除去。在論及副產資源乙腈和 HCN 的回收方面，他同樣明確指出，丙烯腈生產中 HCN 的回收精製並不存在問題，要討論的是粗乙腈中的 HCN 如何回收精製。目前由乙腈脫氰塔頂蒸出的 HCN，因品質不好而全部燒掉。其數量為 HCN 生成量的4%左右，組成為：HCN77%，乙腈 16%，其餘是水。回收精製的困難在於其中雜質含量較多，通常含有不飽和烴、羰基化合物、含氮化合物和雜環化合物，即使含量僅 100~200 毫克/公斤，也會使 HCN 呈色。它們的沸點一般與 HCN 接近，某些也會形成共沸物，所以不能用簡單蒸餾方法除去。直接針對這種 HCN 的精製方法並沒有，但可參考相似方法，例如將粗 HCN 與有機酸或濃無機酸，如甲基磺酸、磷酸及濃硫酸等共熱，再蒸餾得純 HCN，雜質含量可小於100 毫克/公斤。除成品乙腈中含有噁唑外，目前燒掉的乙腈成品塔初餾分料液中，噁唑含量更高，可達 8%~9%，乙腈含量約 73%，每年要燒掉乙腈 146 噸和噁唑 17 噸。如果進行處理，不僅可提高乙腈精製的回收率，也能得到相當數量的噁唑產品。

在 80 年代初，儘管國內自建丙烯腈裝置與引進裝置在技術上存在較大差距，但在節能減排和「三廢」治理方面也作了大量工作，其中較有代表性是大慶石化總廠化纖廠的負壓脫氫氰酸塔。

氫氰酸是化學性質活潑的化合物，脫氫氰酸塔頂餾出的高濃度氫氰酸易發生聚合反應。聚合物的積累又常常會影響整個丙烯腈裝置的正常運行。因為考慮塔頂尾氣要送至焚燒爐，所以保持稍高於大氣的壓力。但是該廠採用脫氫氰酸塔的負壓即低於大氣壓操作便可使操作溫度下降 10℃左右，從而大幅降低了聚合物汙染。其實道理也很簡單，分離塔主要借助兩種物質的沸點之差，而沸點又與氣壓有關，正如在高原地區因氣壓較低，水在 90℃就沸騰了。然而操

作溫度下降 10℃，從化學反應動力學講，反應速度就降低一倍。這樣從理論上講也可大幅減輕聚合物的生成。之後，該技術已在國內多套引進裝置上應用，而且連續運行 2 年以上也沒有因該塔的聚合物阻塞而停車。

在汙水處理方面，上海高橋化工廠等也做了不少工作。20 世紀 60 年代後，高橋化工廠丙烯腈裝置建成投產時，國家已經頒發「工業企業設計衛生標準草案」，並規定地面水中毒物的最高允許濃度：丙烯腈為 2.0 毫克/升；屬氰化物的氫氰酸為 0.1 毫克/升；乙腈含量規定尚未發表，但上海市第一醫學院的研究結果是地面水中乙腈最高允許濃度為 5 毫克/升。

因為對水中有毒有害物質的濃度有規定，所以，當時丙烯腈汙水處理方法是用空氣吹脫法。實際用一臺裝有填料的吹脫塔，透過加熱將毒物從水中吹脫至大氣排空。吹脫法對丙烯腈汙水處理很有效，達到小於 2 毫克/升的排放要求，但乙腈濃度仍高達 40 毫克/升左右，於是用 10 倍水來稀釋，也符合了排放要求。然而，有毒有害物質並沒有得到根本治理，只是從水中轉移到大氣中而已。

為有效治理含氰汙水，上海高橋化工廠、北京化工研究院和岳陽石化總廠合作完成了加壓水解和生化處理兩級汙水處理工藝，結果達到國家規定的排放標準；山東淄博石油化工廠完成了丙烯腈汙水閉路循環工藝，大幅降低了汙水排放量，並培養新一代可承受高含量氰化物的細菌用於處理丙烯腈汙水；撫順化纖廠完成了塔式生物濾油池處理丙烯腈汙水的新工藝，大幅減少了過去採用表面曝氣池的生化處理方法的占地面積。

然而，在國內丙烯腈生產技術方面，除催化劑外，節能減排和副產利用方面還有許多工作要做。關興亞十分清楚，衡量一套丙烯腈裝置的技術水平是多方面的，催化劑和反應技術是重要一面，但不是唯一的。重要的是應該對環境是友好的。熱能和副產資源的回收利用也是其中一個重要因素。所以，關興亞想到，作為中國石化

總公司直屬研究院，而且當時國內幾套引進裝置都在中國石化總公司旗下，上海石化院更應在這方面多作貢獻。後來，項目正式下達後，他又推薦從年產60噸丙烯腈中試裝置開始長期從事產品分離提純技術的化工室主任方永成擔任項目負責人。

在這一攬子項目中第一個研究課題是「硫銨回收工藝」。

當時的引進丙烯腈裝置大約每生產1噸丙烯腈要產生2噸硫銨廢水，其中硫銨含量約10%。國外對硫銨廢水處理有兩種方法，一種是直接注入深井處理，另一種方法是採用焚燒處理。前者顯然不符合綠色環保理念，後者則缺乏經濟性。儘管國內已有回收結晶硫銨技術，但卻不能用於引進裝置，這是因為國內自行設計建造的裝置其中和塔循環液體呈強酸性，pH 值<1，醛類聚合物不多，而引進裝置中和塔循環液體 pH 值為 5.5~6，所以應該另闢途徑。

當時，國外文獻也有焦油分離這方面的報導，因硫銨汙水與焦油相對密度相差過小，前者為 1.20~1.25，後者為 1.15~1.30，焦油不易上浮或沉降，所以考慮用矽膠或廢催化劑來吸收焦油，使其沉降下來。另一種方法是通空氣或加發泡劑到汙水中，使焦油含有大量小氣泡，將其相對密度下降至 0.90~1.10，而浮於汙水表面。對有毒物質處理原則上用氧化法去除氰化物。這些方法雖能解決硫銨回收問題，但投資較大。

1984 年 2 月，在中國石化總公司科技發展部召開的丙烯腈技術攻關第一次工作會議上，上海石化院詳細匯報了「硫銨回收工藝」取得的進展。主要內容包括：(1)採用適當的中和塔結構；(2)防止高沸物和聚合物進入硫銨汙水；(3)在減壓下蒸發硫銨汙水，防止汙水中的有機物在蒸發過程中聚合成為焦油；(4)控制汙水中氰醇含量以保證結晶硫銨中氰化物低於規定值。

1985 年 11 月，上海石化院的「硫銨回收基礎設計」透過中國石化總公司組織的技術審查。其主要特點是不需求燒掉硫銨汙水，從而又防止了排放 2000 噸硫銨分解後釋放的大量二氧化硫，給大氣帶

來二次汙染。

研究課題之二是「復合萃取蒸餾新工藝」，這是在萃取解吸塔基礎上改進的新工藝。也是一般蒸餾、萃取、解吸 3 個化工過程的創新組合。

根據 1966 年上海石化院年產 60 噸丙烯腈中試裝置的產品分離精製流程，1986 年 9 月，關興亞等人從突破國外專利出發，提出了這種復合萃取新流程。1987 年完成數模計算和小試工作，1988 年獲中國石化總公司科技進步三等獎。

萃取解吸塔的作用是在萃取溶劑水的存在下，使丙烯腈和乙腈這兩種沸點接近物質分離開來，使氫氰酸和一些水也與丙烯腈同時由塔頂逸出。雖然氫氰酸與乙腈沸點相差很大，但從萃取塔下部或塔釜排出的乙腈中仍會有一定量的氫氰酸。關興亞、方永成等人的貢獻是透過電腦模擬計算發現，在丙烯腈、乙腈、氫氰酸和水的四元系統中，當氫氰酸濃度降低到一定程度後，氫氰酸便呈現共沸物性質。所以在一段萃取解吸塔上部增加一段普通的精餾段，從而改變塔內氫氰酸的濃度分布，並大幅降低乙腈中氫氰酸的含量。同時又在復合萃取解吸塔進料塔板之下引出液相乙腈去乙腈解吸塔，使蒸出乙腈濃度從原來的 20%～50% 上升至 80%，而其中丙烯腈和氫氰酸含量均小於 1%。採用這一新技術既簡化了乙腈精製工藝，能耗也有所下降。由於氫氰酸絕大部分由塔頂蒸出，不僅提高了氫氰酸的回收率，也使回收的汙水得以淨化，減少了回收系統的汙染。

1989 年，上海石化院將該技術用於高橋化工廠年產 5000 噸丙烯腈裝置，連續運行多年，效果良好。據不完全統計，每年可節約蒸汽 8000 噸，氫氰酸回收率提高 8%，相應可增產下游有機玻璃生產原料丙酮氰醇 120 噸，兩項合計每年增加收益 56 萬元。1996 年 12 月，「丙烯腈復合萃取解吸分離新工藝五千噸工業試驗」榮獲國家科委頒發的國家科技進步二等獎。之後，該技術又先後於 1998 年和 2003 年在齊魯石化年產 2.5 萬噸和上海石化年產 13 萬噸丙烯腈裝

置應用成功，是中國石化具自主知識產權的一項新工藝技術。

研究課題之三是「乙腈精製技術」。

乙腈主要用於石油化工中的抽提溶劑，如從碳四餾分中提取丁二烯，從碳五餾分中提取異戊二烯、環戊二烯及間戊二烯等。此外，在製藥工業中可用作維生素 $B_1$、香精、酒精改性劑等原料。乙腈與氯腈反應生成丙二腈，再以它為原料亞硝化，經氨基丙二腈制取二氨基丙二醇（DAMN）。由 DAMN 又可制取許多精細和專用化學品，如一甲醯化合物、二乙醯化合物、咪唑和嘌呤系化合物、聚酯纖維的分散劑及各種藥物。一套年產 5 萬噸丙烯腈裝置大約可副產乙腈 1000 噸左右。然而，成品中含有 0.6% 的丙烯醇和 1%～2% 的噁唑，尤其是丙烯醇的存在會使成品帶有刺激性臭味，因而影響了乙腈的使用價值和使用範圍。乙腈成品餾分料液中，噁唑含量更高，達 8%～9%。含量在 73% 左右的乙腈，其處理方法是採用焚燒法，大約一套年產 5 萬噸丙烯腈裝置燒掉的乙腈初餾分料液相當於每年燒掉 146 噸乙腈和 17 噸噁唑。所以，關興亞提出新乙腈精製技術，目的是將這些廢物變為化工原料，成為提高裝置經濟效益的途徑之一。

當時國外文獻中也有報導乙腈精製的新方法。有的用鹼金屬或鹼土金屬的次氯酸鹽溶液為氧化劑，在 25～40℃、pH 值為 12 即鹼性條件下處理，使乙腈中丙烯醇含量降至 0.1% 以下。而噁唑分離回收主要採用以陽離子交換樹脂、氧化鈷、矽膠等為吸附劑的吸附分離法，也有的是用各種金屬氯化物與噁唑形成不溶性絡合物的絡合分離法。美國環球油品公司，即 UOP 公司還提出先進的「吸附床工藝技術」，首先將固體試劑，如氫氧化鉀將乙腈中的不飽和腈類選擇性地轉化，再用 13X 沸石吸附劑將轉化產物及其他雜質除去，得到粗乙腈，其中水的品質分數小於 $3 \times 10^{-5}$，相當於百萬分之 30，其他雜質的品質分數小於 $1 \times 10^{-7}$，相當於百萬分之 0.1。

關興亞和方永成等，分析了上述各種乙腈精製方法，採用 UOP

吸附床工藝，技術先進，但投資會很大，而且乙腈精製到如此「高超純」似乎沒有必要。如果採用拜橋公司的技術，用氫氧化鉀和硫酸亞鐵除去乙腈中的氫氰酸和丙烯腈，用苯作共沸劑脫水，要用一個蒸餾塔和一個反應釜，而且還存在兩個缺點，其一是硫酸亞鐵除氫氰酸產生的汙水不易處理，其二是廢水中乙腈含量高達 12.5%，顯然乙腈回收率不會很高。所以關興亞和方永成在綜合比較上述國外乙腈精製方法後，決心開發出能適合中國現有丙烯腈裝置，還要符合市場需求的乙腈成品的新乙腈精製工藝。

關興亞想到，1963 年年產 60 噸固定床丙烯腈中試裝置的七塔流程中也有乙腈提純塔，只是因規模小，乙腈總量較少，所以在後來的三塔流程中未專門設置乙腈提純塔，但有關乙腈提純還是做了不少工作。在此基礎上，1984 年又開展了乙腈連續回收新工藝的研究。大約經過一年半的時間，在進行基礎數據回歸、相平衡數據測定的基礎上，又進行了第二次脫氫氰酸、減壓、加壓脫水，以脫除微量氫氰酸與丙烯腈及醛酮的化學處理試驗。終於在 1985 年 10 月透過了中國石化總公司的技術鑑定。

研究工作並不是一帆風順的，碰到了許多問題。例如乙腈精製的關鍵除了微量雜質脫除外，乙腈脫水也是難點，因為乙腈和水是無限互溶的混合物，不能用通常的共沸蒸餾技術和油水分離方法來脫水。所以開發了用物理和化學處理以及利用不同壓力下乙腈和水共沸組成的變化進行微量雜質的脫除和脫水新工藝，新精製工藝也用蒸餾方法脫水，但卻不加脫水劑，是具自主知識產權的一項新技術。

與之前的老工藝相比，乙腈回收率提高了 20%，蒸汽消耗降低了 30%，而且化學處理簡單，化學品耗用量少，沒有高濃度鹼性汙水。成品乙腈中丙烯腈的品質分數小於 $1 \times 10^{-4}$，丙腈的品質分數小於 $1 \times 10^{-3}$，其他雜質含量全部達到要求指標。1985 年，該技術首先在齊魯石化年產 3000 噸丙烯腈配套的乙腈裝置中應用。1987

年，該乙腈精製技術同時在山東淄博和蘭州兩套均為年產 2.5 萬噸引進丙烯腈裝置得到應用。

1999 年 5 月，齊魯石化丙烯腈裝置產能已從年產 2.5 萬噸擴至 4.0 萬噸。此時乙腈裝置產能已達年產 1400 噸，由於採用上海石化院乙腈精製技術，產品乙腈純度超過 99.9%，乙腈回收率超過 85%，更可喜的是實現了高純乙腈的出口，獲得可觀外匯收入。

2001 年透過中國石化集團公司技術鑒定。2002 年，該技術又用於蘭州石化公司石油化工廠乙腈裝置改造。2008 年，齊魯石化公司腈綸廠丙烯腈裝置技術改造時，新建一套年產 2800 噸的乙腈裝置，2012 年再次透過中國石化集團公司技術鑒定。

1988 年 12 月，上海石化院開發的「國產化高純乙腈精製工藝工業試驗」還獲得中國石化集團公司發明二等獎。

近年來，隨著各國對環保和可持續發展理念的不斷提高，對丙烯腈生產過程中廢物排放和節能降耗提出更多更高要求，急冷塔汙水的處理是焦點之一，並取得許多實質性進展。

國外某丙烯腈廠商開發的一種急冷塔硫酸循環使用新技術，擬在新建的丙烯腈生產裝置中應用。在該新技術中，急冷塔出來的稀硫銨溶液經沉降分離除去催化劑顆粒等固體物質後，濃縮至 40%，與來自甲基丙烯酸甲酯，即有機玻璃單體生產裝置排出的硫酸氫銨一發揮送至廢水燃燒爐去焚燒，焚燒產生的二氧化硫氧化為三氧化硫，再經吸收製成硫酸循環使用。關興亞分析了該新技術，認為硫酸循環利用可節約資源，且丙烯腈回收率也較高，但不足之處是投資太大，相當於增建一個硫酸生產廠，也不一定切合實際。他認為，要從根本上解決硫銨處理問題有必要開發一種無硫銨副產的丙烯腈新工藝。儘管已到耄耋之年，但是他雄心未改，至今一直還指導著上海石化院的年青一代。目前該技術已取得重要進展，正進入千噸級中間試驗，但離工業化還任重而道遠。

如今，關興亞下丙烯腈工廠的機會比以前少了，但仍一直關注

丙烯腈工廠的節能減排。在他看來，隨著人們對環保意識的增強，國家發表的環保法規日益嚴格，要做的工作實在太多。譬如說，目前丙烯腈生產過程中廢水排放的含腈量小於每立方米 120 毫克，丙烯腈小於每立方米 22 毫克，都明顯低於國家廢氣排放標準，但焚燒後排放氣體的氮氧化物 $NO_x$ 卻大大超過國家排放標準，如何降低並消除 $NO_x$ 又是一道難題。這個項目後立入國家「863」課題，所以他經常勉勵上海石化院年青一代科技人員，希望他們在丙烯腈節能減排和綜合利用方面多作貢獻，而他自己還在盡一份微薄之力。

# 第六節　博采眾長的擴能改造

截止 1994 年年底，世界丙烯腈年生產能力已達 450 萬噸。同年我國丙烯腈生產裝置已有 9 套，總產能為 22.5 萬噸，同年產量為 19.1 萬噸，進口量 5.1 萬噸，表觀消費量約 24.0 萬噸。然而實際消費量遠遠超過 24.0 萬噸。由於我國人口眾多，12 億人口的穿衣問題十分突出，丙烯腈最重要用途的腈綸年消費量達 45 萬噸，所以一半以上腈綸需求依靠進口來解決。如加上丙烯腈用於生產電視機、洗衣機、汽車零件的工程塑料 ABS（丙烯腈–丁二烯–苯乙烯共聚物）等消費量，當時估計到 2000 年丙烯腈需求至少達 80 萬噸。然而，即使包括即將投產的 3 套引進裝置，合計產能為 16.6 萬噸，以及 2000 年前擬建 4 套裝置，合計產能為 20 萬~25 萬噸，屆時仍有 20 余萬噸丙烯腈的缺口。

當時，國際上丙烯腈生產裝置已向大型化方向發展，一般新建裝置產能在年產 10 萬噸左右，少數是年產 20 萬~30 萬噸。大型化最大好處是每噸丙烯腈產品的投資費用和生產成本，以及能耗和物

耗都會大幅度下降。但是，在歐美、日本等先進工業國家卻很少建新裝置，而是採用裝置擴能改造途徑。這對我國丙烯腈工業發展很有啟發。

如何解決國內丙烯腈的缺口，當時也有兩種途徑可選，一是投資建設新裝置；二是原有裝置的擴能改造。如用引進技術建一套年產 5 萬噸裝置，僅專利許可和催化劑費用就高達 1500 萬美元，相比之下，採用國內已經掌握的技術對原有裝置進行擴能改造倒是一個花小錢、辦大事的有效途徑。另外，由於丙烯腈的劇毒屬性，從環保角度出發，我國不宜再新布生產點，所以發展丙烯腈生產主要依靠生產裝置的就地擴能改造。那麼，究竟擴多少產能才是技術上可行、經濟上有優勢的呢？1998 年，關興亞在國際華人石油與石油化工科技研討會上發表的一篇題為「丙烯氨氧化制丙烯腈技術的發展趨向」的報告中，回顧了我國當時丙烯腈擴能改造發展思路。文中稱：「丙烯腈技術改造是擴大生產能力最經濟措施。據估算，建一套年產 5 萬噸丙烯腈裝置，投資費用約 5 億~7 億元人民幣，而由 5 萬噸擴至 7 萬噸，只需 5000 萬元人民幣。按此推算，對 3 套年產 5 萬噸丙烯腈裝置進行『5 改 7』，總投資僅 1.5 億元人民幣，生產能力卻可增加 6 萬噸。單位投資費用僅為新建裝置的 25% 左右，十分經濟。」

為了做好擴能改造，關興亞做了大量工作。首先是對現有規模為年產 5 萬噸流化床反應器的生產能力作了詳細計算。他發現在反應器直徑不作更動情況下，只要對內構件進行改進，產能可增加 60%~100%。此外，還對年產 5 萬噸裝置其他各主要設備尺寸和容量進行了計算。如果生產能力增加 40%，那末只需對原有生產設備中部分換熱器和機泵作更換，但塔設備只需更換內部構件即可。

當生產能力增加 60% 時，反應器雖可應用，但換熱器和機泵需求改造，某些塔設備就需整體更換，重新製造，相應設備的基礎也要重新施工，連配套公用工程也將有較大缺口。因此所需投資費用

也較高。透過計算和反覆論證，認為生產能力擴大 40% 是比較合適的。所以，之後國內出現了多套「5 改 7」的擴能改造。

1995 年 4 月，在中國石化總公司丙烯腈技術進步會議上，時任中國石化科技發展部主任的喬映賓教授，根據石化總公司歷年來組織的丙烯腈重大技術攻關所取得的成果，特別是 MB 系列催化劑、UL 型流化床反應器、復合萃取精餾、負壓操作脫氰塔等已在國內大型裝置上應用的成功經驗，以及國外丙烯腈裝置在大型化發展過程採用擴能改造的經驗，提出「要依託丙烯腈裝置進行技術改造，加快我國丙烯腈工業發展」的建議。

此時，還由於上海石化院的 MB−86 型催化劑工業應用取得突破性進展，大幅提高了丙烯腈裝置的產能，加上良好的技術服務，所以許多廠家紛紛改用 MB−86 型型催化劑，還希望能對原生產裝置進行擴能改造。其中撫順石化公司腈綸廠是最早提出「5 改 7」的具體要求。1998 年蘭州石化公司提出，在僅更換催化劑和少數設備的基礎上使裝置產能從 2.5 萬噸擴到 3.12 萬噸，1999 年齊魯石化公司提出分兩步使生產裝置產能從 2.5 萬噸擴至 4.0 萬噸的計劃。

提發揮離關興亞故鄉瀋陽市僅 45 公里的撫順市，它曾有煤城之稱。而且這裡的煤層又與眾不同，上部伴生的油母頁岩資源豐富，儲量有 50 多億噸，含油率在 6%～10%。日本帝國主義勢力侵入中國東北後，出於侵略、掠奪的需求，1925 年開始利用撫順西露天礦的油母頁岩進行干餾制取頁岩原油。1928 年南滿鐵路株式會社撫順煤礦正式籌建西制油廠，即今石油一廠，產量最高的 1943 年頁岩原油為 25.7 萬噸。之後又以東露天廠油母頁岩為原料建設年產頁岩原油 50 萬噸的撫順岩礦東制油廠，即今石油二廠。1945 年日本投降後，原計劃建設的蒸餾、焦化、石蠟、柴油酸鹼精製等加工裝置均未建成。

日本帝國主義不但掠奪撫順油母頁岩，還想利用撫順豐富的煤炭資源直接加氫液化生產航空汽油等軍用產品，於 1936 年建設石炭

液化工廠，即今石油三廠。但終因技術不過關而以失敗告終。直到今天，這些罪證都保存下來成為愛國主義教育的一份難得的教材。

解放後，工廠回到了人民手中，在黨的領導下恢復了生產，1952 年頁岩原油產量達 22.61 萬噸，1958 年創歷史最高水平達 48.3 萬噸。然而，撫順地區石油工業得到跨越式發展則在大慶油田開發成功之後。從 1962 年發揮，撫順石油工業從單一生產頁岩原油轉向大慶原油加工。到 1972 年石油一、二、三廠年合計原油加工能力達 890 萬噸。

中共十一屆三中全會以後，撫順石油工業進入了一個新的發展階段。1982 年 3 月，經國家經委批准，撫順石化公司正式成立，屬於石油部的石油一、二、三廠聯成一體，還將以石油二廠粗丙烯為原料生產丙烯腈、原屬地方管轄的撫順市化纖廠，以及化塑廠都整合在一發揮，1983 年劃歸中國石油化工總公司領導。

其實撫順市化纖廠也是最早採用上海石化院開發的丙烯氨氧化制丙烯腈技術建成的 12 套中小型規模的企業之一。1972 年該廠年產 1000 噸丙烯腈裝置開車時，關興亞還親臨現場指導過。當時給關興亞留下的一個深刻印象是職工們乘著日本侵華時期建成的小火車上下班，這在國內城市是很獨特的，不過這也是日本侵略者為掠奪撫順煤、油資源留下的罪證之一。

1982 年化纖廠隸屬撫順石化公司後，依靠聯合優勢，原料丙烯供給有了充分保證，透過配套改造，丙烯腈年生產能力迅速上升到 3000 噸，1985 年再次改造達 4500 噸。而且丙烯腈一級品率達到 100%，優質品率達 87.2%。1985 年實現利稅 390 萬元，比 1980 年增長 1.34 倍。同時對腈綸裝置也進行了改造，年生產能力從 1000 噸增加到 1200 噸。

面臨市場對丙烯腈需求的不斷增長，透過技術引進，1990 年作為年產 14 萬噸乙烯工程配套裝置又建成了年產 5 萬噸丙烯腈裝置。裝置運行初期，採用進口催化劑，生產一直平穩，但之後催化劑活

性逐年下降，丙烯腈單程收率還不足 73%。同時，由於下游腈綸的擴能，丙烯腈需求上升，撫順石化公司又考慮在「九五」期間在丙烯資源有餘的情況下，對引進丙烯腈裝置進行擴能改造。

當時，撫順石化腈綸廠的擴能改造的設計思路原則是：對反應器及主要塔器等設備不做外形尺寸的改變，只是透過內部構件的部分改造來完成。改造分兩步進行，第一步採用上海石化院 MB–86 型催化劑替代進口催化劑，使產能直接達到年產 6 萬噸；第二步經適當改造後達 7 萬噸。

在關興亞看來，撫順石化的丙烯腈裝置第一步達到年產 6 萬噸，因直接改用 MB–86 型催化劑後，反應器問題不大。因為使用 MB–86 型催化劑所採用的空氣與丙烯比只有 9.4～9.8，比採用進口催化劑下降 0.5～1.0，所以，總進氣量變化不太大，反應器仍在可運行範圍內。關鍵是第二步達到 7 萬噸。說實在的，在引進裝置做出這樣大幅度技術改造還是第一次，心中把握不是太大。難點是要對每個設備的尺寸逐個進行計算，並提出改造方案，尤其是容量不夠的「瓶頸」之處。不過他認為也有好處，透過邊學習邊實踐對將來萬噸級裝置的成套技術國產化是一次鍛煉和演習的機會，同時也是將多年來工程開發和研究經驗用於技術改造的一次極好機會。

在關興亞組織和指導下，上海石化院與撫順石化公司設計院等一發揮採用先進的化工過程模擬軟體，以及已經掌握的大量組分物性數據、相平衡數據、各種熱力學參數，建立了丙烯腈生產裝置全流程的模擬模型。透過反覆計算、分析、核實，對主要工藝設備提出了詳細的技術改造方案。這些方案除少數作工藝條件優化外，大量是採用先進的國內自行開發的新技術。儘管採用 MB–86 型催化劑後要求的進氣量較進口催化劑要少，但生產能力要提升 40%，總進氣量還是要增加 15%，所以主要設備的內部結構不可能不做變動，而且這樣的變動必須採用新技術和效率更高的新構件。

流化床反應器中的丙烯、氨分布器，經計算，壓力降和線速度

等工藝參數仍在允許範圍內。但平均孔徑必須擴大，而改用清華大學開發的，並在高橋化工廠千噸級工業裝置得到驗證的新型氣體分布系統，丙烯和氨混合效果更好，不易堵塞，催化劑不會燒結，效果更為理想。

流化床反應器中的旋風分離器，在氣量增加15%的情況下，如不作改進含塵量將會增加，還加重了回收催化劑的負擔，所以旋風分離器的進口尺寸等也作了相應修改。

主要塔器因進料量和出料量的增加，塔內部結構基本作了改造。因為塔直徑和塔高不能改變，要提高生產能力只有對內部構件進行更新。例如吸收塔原設計分三段結構，其中關鍵的中段，根據流體力學的計算存在問題較多。在綜合比較幾種塔板特點及系統壓力降的情況下，將浮閥塔板改為效率更高的大孔篩板和新型填料。回收塔模擬計算結果表明，擴能後霧沫夾帶是該塔的主要控制因素，因此，除對進料降液分布形式作相應改進外，對不同部分分別改用大孔徑導向篩板和大孔徑篩板；乙腈解吸塔、丙烯腈成品塔內原用浮閥也都改用大孔徑篩板塔。

反應氣體冷卻器的改造是一大難點。因為溫差大，約達240℃，管殼層壓差大，約4.36大氣壓，對材質要求高，當時國內還不能製造，作大幅度改造有困難。所以僅透過改變工藝條件，適當提高冷卻器出口溫度來減少熱負荷，從而保證安全操作。

在這次改擴建工程中唯一重新加工的設備是輕有機物汽提塔。該塔除進料量增加後，塔徑需相應增加外，使用多年腐蝕已相當嚴重，也必須予以更換。重新加工後的輕有機物汽提塔採用不鏽鋼材料，以提高對物料的抗腐蝕性。

所以總體看，這次擴能改造基本符合撫順石化公司腈綸化工廠的設計思路原則，主要設備外形尺寸雖未作改變，而其內臟早已面目全非。

1996年3月，中國石化總公司技術開發中心召開「撫順石化公

司 5 萬噸/年丙烯腈裝置擴能改造基礎設計」審查會。會議認為由關興亞主持的基礎設計是結合原裝置實際，符合石化總公司企業依靠技術進步「九五」發展總指導思想的較佳方案。此項目對全國丙烯腈成套技術的國產化和國內同類裝置的技術改造具有示範作用。

同年 7 月下旬，關興亞和盧文奎副院長和陳欣副總工程師帶領上海石化院科技人員奔赴撫順石化公司腈綸廠丙烯腈裝置。7 月 28 日，在關興亞親自指導下，將 110 噸 MB–86 型催化劑裝入流化床反應器，7 月 30 日開始投料運行。從 8 月份 20 多張分析數據看，丙烯腈單程收率比使用進口催化劑提高 3~5 個百分點。8 月份共生產丙烯腈 5319 噸，而且原料丙烯和氨的單位消耗水平明顯下降，達到設計要求。唯一問題是產品品質因丙酮含量上升也有過幾次波動。為此，關興亞絞盡腦汁，想不出設計上的失誤。於是，到現場觀察。後經查實，問題出在返回精製的原儲罐存有不合格物料，不合格料中有過高丙酮含量，並非催化劑和操作原因，所以這一問題很快得到解決。

撫順石化公司丙烯腈裝置的「5 改 7」，無疑是成功的。當時根據裝置運行得到的結論是：

（1）MB–86 型催化劑丙烯腈單程收率高於進口催化劑 3%~5%；

（2）產量高而原料單耗低，丙烯和氨單耗分別為 1.079 噸/噸丙烯腈和 0.528 噸/噸丙烯腈，比進口催化劑低得多；

（3）汙水指標可達標，汙水中未檢出丙烯腈，COD（化學耗氧量）平均值為 1254.19 毫克/升；

（4）投料空氣比低，反應溫度無明無變化；

（5）產品品質達優級品標準。

繼撫順石化年產 5 萬噸丙烯腈裝置擴能改造成功後，蘭州化工公司石油化工廠也提出用上海石化院催化劑進行擴能改造的具體方案。

地處黃河之濱、蘭州西固的蘭州化工公司是我國最早的石油化工基地。早在第一個五年計劃期間就是我國化工骨幹企業之一。1970 年建成的年產 1 萬噸丙烯腈裝置也是我國最早引進的丙烯腈裝置。由於當時受外部環境制約，引進技術並不先進，採用固定床反應器技術，加上十年動亂的干擾，產品品質達不到指標，也未能達到生產能力。後來改用該公司自己開發的以剛玉為載體的多元鉬鉍系氧化物組成的固定床催化劑，情況雖有好轉，但總體看技術水準比較落後。為此，該公司決定新建一套年產 2.5 萬噸，採用流化床工藝的丙烯腈裝置，作為國家「七五」重大改造項目之一。為節約投資費用，公司又決定只購買國外公司的丙烯腈專利使用權和反應器的技術資料。國外公司對該新建裝置不作任何技術保證，也不提供其他資料及技術服務，完全由蘭州化工公司自行建設開車。結果，新裝置 1991 年 12 月建成投產，而且僅用 37 小時就拿到合格丙烯腈產品。

後來，由於蘭州化工公司 1998 年將完成年產 20 萬噸乙烯改造工程，原料丙烯有充足供應，而且該公司因新建丁腈橡膠和 ABS 生產裝置，對丙烯腈需求量有較大幅度增長，所以打算對丙烯腈裝置進行擴能改造。改造確定的原則是：在反應器不更換的情況下，採用上海石化院新開發成功的高負荷 MB-96(A) 型催化劑，替代原裝置採用的同是上海石化院的 MB-82 型和 MB-86 型混合催化劑，使裝置的年生產能力從 2.5 萬噸擴至 3.12 萬噸。其他設備如塔、熱交換器、泵、壓縮機進行核算後，對瓶頸之處作必要的改造。

接受該任務的關興亞等科學研究和設計人員，剛開始曾擔心流化床反應器是否可適用。因為反應器直徑雖為 5 米，但與同規模引進裝置相比，直徑比山東淄博石化廠小 0.4 米，而截面積僅為大慶石化總廠化工二廠的 44.8%。後來，經過計算，反應系統未作很大改動。但由於丙烯腈產量的增加，反應所需空氣量也相應增加，原空氣壓縮機的輸送能力不能滿足需求，需對空氣壓縮機進行改造，

增加 15% 的空氣量。為節約投資，只需對空氣壓縮機的轉子及其隔板進行改造，用轉子直徑增大的方法來增加空氣吸入量，實際能力提高了 31.3%，而需求增加空氣量僅 15%，所以還有富餘，且轉速可控制在下限操作。

回收精製系統採用上海石化院技術，要求丙烯腈精製回收率不低於 94%。塔系由蘭州設計院進行水力學核算。計算結果表明能滿足擴能要求。只是原冰機製冷達不到要求，故增加了兩臺螺桿式製冷機。另外，丙烯腈產能的增加，副產乙腈量也相應增加。所以，相應塔器內構件也進行了改造。此外，還重新設計加工了 4 臺熱交換器和 9 臺泵，對電氣儀表方面作了相應的改造，並對 26 臺調節閥進行管徑變更調整，增加了相應的變壓器和電纜。

1997 年 10 月實施了對該裝置的擴能改造，投產運行後，基本上達到設計指標。在半年多生產中，物耗、能耗、環保基本上能滿足設計要求水平。改造的成功，滿足了蘭州化工公司合成纖維、合成橡膠和塑料生產裝置對丙烯腈的需求，提高了該公司的整體經濟效益。

根據蘭州化工公司石油化工廠對這次擴能改造的經濟性評估，總投資費用約 2700 萬元，投資利潤率為 61%，投資利稅率為 73.71%，所得稅後投資回收期為 3.84 年，若均為內供產品無所得稅，則投資回收期為 3.38 年，是一項效益較為理想的改造工程。

不過也存在一些缺憾，主要是受資金額限制，廢熱回收系統未列入改造內容，所以裝置能耗較國內其他裝置要高。

那時，根據國外有關資料的評估，大約增加年產 1 萬噸丙烯腈能力投資至少在 1 億元人民幣以上，但蘭州化工公司石油化工廠增加了年產 7000 噸丙烯腈能力，投資費用共 2700 萬元，所以總體看還是省錢的擴能工程。

與上述兩次丙烯腈裝置擴能改造相比，齊魯石化年產 2.5 萬噸丙烯腈裝置擴能改造為年產 4.0 萬噸，意義更為重大。作為中國石化總公司的「十條龍」科技攻關項目之一，首次採用由中國石化總公

司組織上海石化院等單位自己開發的，包括 11 項專利技術和專有技術編制的「5 萬噸/年丙烯腈裝置工藝包」，即 S-ANT。其中上海石化院參加 S-ANT 工藝包編制的除關興亞、陳欣、吳糧華等丙烯腈課題組主要負責人外，後任副總工程師的王榮偉技術主管也參與了這項工作。S-ANT 所採用的技術及其能耗、物耗等各項指標都體現了技術的先進性和可靠性，它標誌著我國丙烯腈技術水平已進入了世界丙烯腈技術的先進行列，為採用國內技術建設自己的丙烯腈工廠奠定了良好基礎。為此，中國石化總公司技術開發中心十分重視齊魯石化的這次擴能改造，不僅將其視作為成套技術國產化的主要示範裝置，而且改造成功與否將直接關係到具有自主知識產權的國產化技術能否打破外企對丙烯腈技術的壟斷問題，因此作為該重大項目的主要組織者的關興亞深感責任重大。

在這次齊魯石化擴能改造中主要採用 7 項工業化新技術，即由上海石化院開發的 MB-96 型和 MB-98 型催化劑、復合萃取精餾技術、乙腈精製技術；由清華大學開發的六重圓環型丙烯、氨分布器和側吹式空氣分布板；由石油大學開發的 PV 型二級旋風分離器；由華東理工大學開發的導向浮閥；由大慶石化開發的負壓操作脫氫氰酸技術。

清華大學化工系開發的新型分布器技術，是在對高速流動流化床反應器的研究和煉油工業實際應用的基礎上開發成功的。它的特點是有利於加強上分布器丙烯和氨在徑向上的均勻分布。同時上分布器結構上有兩個變動，使旋風分離器的下端，即料腿可直接伸入再生區，以加強再生區與循環區催化劑物質循環，充分發揮晶格氧進行丙烯氨氧化反應選擇性高的優勢。分布器噴管為半內插式結構，又具有對進入分布管內催化劑的自動清理功能。

為將其開發的新型氣體分布器技術推向萬噸級工業裝置，1995 年 4 月發揮，清華大學曾在上海高橋化工廠年產 5000 噸丙烯腈裝置做過試驗。結果表明，同樣採用 MB-82 型催化劑但丙烯腈單程收

率從 73.7% 上升到 78.0%，且運行操作性能良好，明顯優於引進流化床反應器氣體分布系統。在高橋化工廠千噸級裝置試驗中，同時改用上海石化院新開發的 MB－86 型催化劑後，丙烯腈選擇性達 82.88%，單程收率提高 3.1 個百分點，達 82%，實際年生產能力達到 8000 噸。一套年產 5000 噸的丙烯腈裝置在 1997 年因採用這兩項新技術實際產量高達 8238 噸，而且在操作氣流速度在每秒 0.65 米的高速湍流下限進行，每噸丙烯腈消耗的催化劑量僅 0.55 公斤，優於引進裝置的 0.6 公斤水平，從而使裝置能耗和物耗都有不同程度的下降。其中，丙烯單耗從每噸丙烯腈耗丙烯 1281 公斤下降到 1085 公斤。1997 年 1 月 28 日，清華大學這項研究成果透過中國石化總公司組織的技術鑒定，認為該分布氣系統由於採用側向噴嘴，加強了催化劑在反應區和再生區的交換等，在結構上有別於引進裝置，在性能上優於國外公司的同類系統，達到了國際先進水平。因此，在齊魯石化丙烯腈裝置擴能改造中對清華大學化工系這項技術寄於厚望。

旋風分離器是丙烯腈流化床反應器內關鍵設備，它直接決定反應器內催化劑的粒度分布、催化劑損失量，因此對反應器的流化品質、反應性能和長週期穩定運行發揮著重要作用。工業生產上曾透過調整旋風分離器筒體的徑高比、料腿即旋風分離器下端長度等措施來提高旋風分離器效率，使催化劑損失量明顯降低。但隨著丙烯腈裝置生產能力的不斷擴大，反應器原有的三級旋風分離器的不足之處逐漸顯露，其中主要是體積龐大，而反應器內空間有限，另外還受操作氣體速度及壓力降的制約，成為反應器擴能的瓶頸，因此工業上希望能開發一種體積小，安裝簡便的新型旋風分離器。為此，關興亞在中國石化總公司的一次會議上談及此事，會上中國工程院院士、中國石化總公司侯芙生總工程師當即告訴他，石油大學開發的 PV 型旋風分離器在流化床催化裂化反應中應用很有成效，

不妨去石油大學請教一下。關興亞得到此訊息後，十分興奮，立即赴石油大學請教時銘顯教授，還告訴時教授自己在 1993 年參加「國際流化態會議」時得知某公司採用多級旋風分離器的效果，並希望石油大學能借鑑國外先進技術，時教授對此很感興趣，並願意承擔這項研發工作為我國丙烯腈工業作貢獻。

為開發丙烯腈流化床反應用旋風分離器，石油大學專門成立了一個丙烯腈旋風分離器聯合攻關組，組員有陳建義、孫國剛、曹占友、時銘顯等，他們很清楚 PV 型高效旋風分離器，已在全國煉油廠多套催化裂化反應器裝置上推廣應用，取得顯著經濟效益，但移植到丙烯腈生產中卻因反應器內介質不同、反應條件不同，完全照搬是不可能的，必須重新設計、重新做試驗。

為考察 PV 型高效旋風分離器在丙烯腈裝置應用的可能性，石油大學先在位於錫山市石油化工設備廠內的，中國石化總公司流態化與氣固分離大型冷模工程研究試驗裝置上進行冷態試驗。所謂「冷態」就是不通丙烯、氨等反應物料，催化劑以同樣尺寸的滑石粉料來替代，但進入旋風分離器的氣量和催化劑濃度是同樣的。該試驗裝置鋼架總高 17 米，有 6 層平台，風機風量可達每小時 1.8 萬立方米，風壓可達 1320 毫米水銀柱，功率達 132 千瓦。試驗結果表明，這種新型旋風分離器裝在丙烯腈反應器內是安全的，可以達到預期效果。之後又在大慶石化總廠年產 1 萬噸丙烯腈裝置進行考核，效果顯著。然而，此時，這種三級旋風分離器放置在齊魯石化擴能改造的流化床反應器內還是顯得體積過於龐大。為此又開展了採用兩組 PV 型旋風分離器，也就是同樣是 12 臺旋風分離器的試驗，但已從原來的 4 組 3 級改為 6 組 2 級，這樣占據空間更小，安裝更方便，而且分離效果更好，還降低了旋風分離器進出口物料的壓力降，充分滿足了擴能要求。目前 PV 型二級旋風分離器已廣泛應用於國內丙烯腈裝置擴能改造，也是具自主知識產權的技術。

華東理工大學開發的導向浮閥，其處理能力要比普通浮閥提高60%以上，所以許多分離塔只要更換變動配合板上的浮閥就能滿足擴能要求。

齊魯石化丙烯腈裝置是 20 世紀 80 年代末從美國 BP 公司引進的，原設計生產能力為年產 2.5 萬噸，於 1992 年 5 月建成投產。配套的輔助生產裝置有年產 900 噸乙腈回收裝置、年產 1.5 萬噸的液體氰化物裝置、年產 3000 噸硫銨裝置。由於該公司原來年產 30 萬噸乙烯裝置擴能改造為 45 萬噸後，丙烯資源需求平衡，同時還要解決年產 4.5 萬噸腈綸裝置的原料供給，這才決定對丙烯腈裝置進行擴能改造。

因為當時齊魯石化公司的資金比較緊張，齊魯石化公司的丙烯腈擴能改造是分兩步進行的。

第一步僅部分更改新型催化劑，使裝置年生產能力從 2.5 萬噸提高到 3.5 萬噸。而且還要部分使用丙烯腈單程收率已經下降到 77.3%的 MB-86 型催化劑，這是一大難題。因為既想提高產能又不能全部更換老催化劑這幾乎是不可能的。好在關興亞、陳欣他們有在臺灣中國石油化工開發股份有限公司開車經驗，透過採用兩種催化劑摻混的辦法，解決了催化劑單程收率偏低的問題。他們首先在上海石化院進行各種配比的混用高負荷的 MB-96 型催化劑試驗，最終確定了兩者的合適配比，即 MB-86 型催化劑占 64%，MB-96 型催化劑占 36%。在該配比和相適應的工藝條件下，丙烯腈單程收率提高 1 個百分點，裝置生產能力便可達到年產 3.5 萬噸。

1999 年 4 月 23 日，第一步擴能改造完工，4 月 29 日正式投料，5 月 1 日產出合格產品，並打通了全流程，這才使參加開車的各路專家如釋重負。因為這幾項新技術同時在萬噸級規模上應用還是第一次，他們內心多少有點激動。專家們雖然不是 24 小時在崗操作，卻從早到晚一直在裝置操作室內觀察操作數據和分析結果，一旦出

現新情況便可及時處理。

1999 年 5 月 17 日到 20 日，對裝置初步標定結果出爐，參與開車的科學研究人員這才露出一絲微笑。丙烯腈單程收率達 78.43%，比使用多年的 MB-86 型催化劑提高了 1 個多百分點。丙烯腈日產量達到 105 噸，每噸丙烯腈消耗的丙烯為 1135 公斤，比設計值 1137 公斤還要低，達到了年產 3.5 萬噸的設計產能。

第二步改造是在 2000 年 5 月開始實施的，主要是整體更換成負荷更高的、同是上海石化院開發的 MB-98 型催化劑。該型號催化劑是在 MB-96A 型催化劑基礎上發展發揮來的。它是透過調整優化活性組分配比，進一步提高該催化劑性能。實驗製備的該催化劑丙烯腈單程收率達 80% 左右。規模放大後製備的該型號催化劑的丙烯腈單程收率達 79.5% 以上。MB-98 型催化劑曾獲中國石化集團公司科學進步二等獎，上海市發明創造專利獎勵委員會上海市發明創造專利二等獎。

與第一階段採用 MB-86 型和 MB-96A 混合催化劑相比，最大改變是反應壓力從 0.06MPa 上升到 0.084~0.086MPa，增加了 40%。從理論上講，生產能力也增加了 40%。但是，除催化劑之外的其他 6 項新技術是否能適應呢？當時參加會戰的科技人員都很緊張。尤其是二級 PV 旋風分離器的開發者，因為在第一階段整改結束後的檢修期間，他們發現器內有堵塞現象，所以及時採取了措施。後來運行一年多未發生堵塞現象，而且催化劑的單耗低於設計值，每噸丙烯腈產品的催化劑消耗低於 0.4 公斤，真是喜不自勝。

此外，由於設備設計存在的問題，在第一階段試運行中，復合萃取精餾塔未達到令人滿意的結果。之後在檢修期間作了調整，這才達到設計要求。

2000 年 7 月 15 日，中國石化集團公司組織有關人員對這次技術改造進行了初步標定。丙烯腈單程收率為 79.4%，平均日產丙烯

腈 120 噸，每噸丙烯腈消耗丙烯 1120 公斤，裝置達到了年產 4.0 萬噸設計能力，而且消耗也有明顯下降。

之後一年多的運行，又使丙烯腈物耗、能耗有大幅下降，經濟效益明顯。僅以投資費用看，增加 1.5 萬噸產能，耗投資 6000 萬元，遠低於新建裝置單位投資費用，實現了中國石化集團公司走內涵擴大再生產的策略目標。

回顧撫順、蘭州、齊魯 3 套引進丙烯腈裝置擴能改造的歷程，隨同參加改造的吳糧華說：「老關的壓力很大，改造後裝置能否達標，不僅關係到每一個參與單位的聲譽，還影響到丙烯腈的市場價格，甚至中國石化集團公司的經濟效益和對國家的上交利稅。」為協調與參與單位的工作，關興亞長年出差在外，在裝置開車期間，一天工作十多小時是常事，操作工早、中、夜班交接時他是必到的。他根本不像一個六十開外的老人，幹發揮活來比二、三十歲青年人勁道還大。他不喜歡在操作控制室指揮開車全過程，卻喜歡親臨現場，包括操作工對管道的檢漏，催化劑裝載都要具體指導。他常說：「化工裝置開車最重要，因為哪怕是一個小小的操作失誤，也會影響整個裝置的運行。」

他還有一個習慣，就是將每次丙烯腈裝置的開車過程出現的各種大大小小的問題記錄在小本子上，這樣遇事不會慌張，因為同是丙烯腈裝置，它們之間必有共性之處。他說：「實踐經驗是總結出來的。」有時他還會與操作工暢談其他丙烯腈裝置開工時出現的問題以及處理意見，以逐步提高操作工應變能力和操作技能。此外，在生活上作為一個老專家卻沒有架子，原來領導安排的午餐和晚餐他都婉言謝絕，喜歡與工人一樣的由食堂餐車送來的「速食」。因此，每當開工結束回滬時，許多工人會依依不捨。

撫順、蘭州、齊魯 3 套丙烯腈裝置擴能改造的成功經驗，引發揮了國內同行的關注，之後又帶動了安慶石化、上海石化等丙烯腈

裝置的新一波擴能改造。然而，不知疲倦的關興亞對大型丙烯腈裝置成套技術國產化又有了新的設想。在總結擴能改造經驗基礎上進一步編制規模更大的中國石化集團公司自己的年產 5 萬~28 萬噸丙烯腈裝置工藝包，以及開發各種少汙染乃至無汙染新一代丙烯腈生產技術。

關興亞(中)等在美國孟山都公司前的合影(1998 年 9 月)

第 五 章

# 生命不息
# 攀登不止

# 第一節　寶島之行與 MB-96 型催化劑

　　1978 年我國石油產量已突破 1 億噸，居世界第 6 位。但是，石油綜合利用程度低，石油化工發展慢，經濟效益不高。其主要原因，一是將大量石油用作燃料燒掉，另外管理體制上是多頭領導、條塊分割、分散管理也是重要原因。為了在組織上、體制上確保提高石油的綜合利用程度，加速石油化工發展和增加經濟效益，中共中央和國務院經過深入調查研究，決定於 1983 年 7 月 12 日成立中國石油化工總公司。

　　中國石油化工總公司成立後，根據中共十二大提出的總任務，確定了石油化學工業「改革、開發、振興」方針，努力把石化總公司建成一個技術先進、管理科學、訊息靈通、效益顯著的集生產、經營、開發為一體的綜合性經濟實體。在 1983 年 7 月召開的第一次直屬企業經理廠長會議上，提出了在 20 世紀內的奮鬥目標，在完成工業總產值翻兩番基礎上，使我國石油化工在主要技術經濟指標，分別接近、達到或超過發達國家 80 年代的先進水平。為此，1984 年 9 月 27 日，中國石化總公司從開創石油化工科技新局面和適應科學研究體制改革需求出發，決定從 1984 年 12 月 1 日發揮，將原屬上海市高橋石油化工公司的石油化學研究所劃出，直屬中國石化總公司領導。

　　從此，上海石化院由最初的地方企業研究單位轉變為中央企業直屬研究院，服務對象轉向國內主要大型石化企業，為他們提供基本有機適用技術和高性能催化劑。由於上海石化院在引進催化劑配套研製方面已有不少成果，所以相關催化劑研製生產任務接踵而

來。發揮初，還可以借用上海市化工局下屬單位和部分專業生產廠的場地和設備，勉強完成訂貨，例如，1980 年 6 月為遼陽石油化纖公司生產滌綸原料的環氧乙烷裝置第二反應器用 6.5 立方米銀催化劑生產，曾借用上海無線電一廠的隧道窯進行載體氧化鋁焙燒。到 1984 年 7 月再為該公司環氧乙烷第一反應器生產 24.5 立方米銀催化劑，產量大幅增長，雖也借用上海無線電一廠的隧道窯進行載體氧化鋁焙燒，24 小時連續運行，但已顯得有點力不從心，而且這種作坊式生產遠不能滿足市場需求。

與煉油催化劑和化肥催化劑相比，石油化工催化劑更為「精細」，除了價格昂貴以外，生產難度大，過程複雜，品質要求高，尤其是催化劑的活性和選擇性絕不能有一個百分點的差別。另外，催化劑產品更新換代快，每隔 3~4 年就有新一代催化劑出現，所以煉油和化肥催化劑生產廠一般難以接受石油化工催化劑的生產任務，尤其是為引進裝置配套的石油化工催化劑的試生產。他們迫切希望研究單位能承接引進裝置配套催化劑的生產。

為此，上海石化院領導從加速科學研究成果轉化為生產力的步伐，加快引進裝置催化劑國產化進程和適應市場經濟發展所需出發，打算建設一個催化劑生產基地。考慮到建廠用地問題，又與上海石化院所處的川沙縣東溝鄉進行協商。當時，東溝鄉和國內大多數農村地區一樣，正在積極策劃「鄉鎮企業」，發展地方經濟。所以，雙方一拍即合，由上海石化院出技術、出資金，由東溝鄉出土地和民工建立聯營廠。但此時國家計劃經濟體制正在轉軌之中，光蓋百餘個章就花去了一年多時間，一直到 1985 年 7 月，上海石化院與東溝鄉的聯營企業「上海東海石油化工廠」才正式掛牌。聯營廠由上海石化院院長陳慶齡任董事長，東溝鄉負責人徐炳其任副董事長，上海石化院原總工程師辦公室負責人凌自興工程師任廠長。翌年 8 月，獲得中國石油化工總公司批覆，並正式更名為「上海石油化工研究院實驗廠」。

丙烯腈催化劑是該實驗廠主要產品之一。那時，上海石油化工總廠雖建成催化劑生產裝置，但主要給本廠自用，其餘國內多套用自己技術建成的丙烯腈和部分引進裝置，每年需求量數十噸催化劑，基本由上海石化院實驗廠提供。因為生產的催化劑性能好，有些引進裝置還未投產就已與實驗廠簽訂了供貨意向書。

隨著上海石化院丙烯腈催化劑研發水平的不斷提升，尤其是MB系列催化劑在多套引進裝置上的成功應用，引發揮了臺灣中國石油化工開發股份有限公司(簡稱臺灣中化公司)管理高層的關注。

原來中化公司是1946年6月成立於上海市，1949年遷至臺北市的中國石油公司(簡稱中油公司)的子公司。作為臺灣當局推行的國營企業民營化的一環，1969年4月才成立中化公司。最初中化公司的中油公司持股率為76.35%，到1995年已下降到36%。

臺灣地區的石化工業雖然發揮步比大陸要遲幾年，但在一段時期內發展迅速。從1968年5月中油公司第一套輕油(或稱石腦油)裂解制乙烯裝置建成發揮，到1978年乙烯生產能力達年產56.8萬噸，在亞洲僅次於日本、居第二位。1996年乙烯實際產量達90.6萬噸。

由於臺灣地區的石化工業走的是「逆向法」路線，也就是在20世紀60年代依靠進口原料加工成塑料和合成纖維製品打進國際市場，積累外匯後再向上游發展，直至建成乙烯裝置。這與大陸地區先建乙烯裝置後建合成樹脂、合成纖維、合成橡膠裝置的發展路線剛好相反，所以，這種發展策略又稱「逆向法」。其好處是產品市場有保證，另外原料利用率也高，這對資金短缺的臺灣民營企業家來說不失是一條發展石化工業的有效途徑。到1995年，面積僅3.6萬平萬方公里、人口2100萬的臺灣地區，竟有兩個石化產品居世界首位。其一是聚酯即滌綸纖維，1994年產量189萬噸，連續兩年超過美國14萬噸左右，此時中國大陸聚酯年產量僅80萬噸；其二是奇美實業公司的ABS樹脂產能100萬噸也居世界第一。所以，當時臺

灣石化界部分人士並未看重中國大陸的石化工業。

然而，臺灣中化公司的高層還是清醒的，因為從長遠看，臺灣石化工業基本上採用的是引進技術，技術開發力量相當薄弱，後勁明顯不足。有的高層管理人員還參觀過包括上海石化院在內的多家石油化工研究機構。這些高層多數來自祖國大陸，都是炎黃子孫，對大陸懷有血濃於水的同胞感情，也希望在臺灣引進裝置中採用中國人自己開發的技術和催化劑。不過由於政治原因，直接通商還有許多障礙。

1993 年 7 月，時任上海石化院實驗廠廠長的趙楚駿，透過香港豐生公司與臺灣中化公司取得了連繫，並約定由時任上海石化院黨委書記的沈銀林為領隊，包括副總工程師陳欣、趙楚駿廠長、徐建榮工程師等，在加拿大與臺灣中化公司管理高層進行商務談判和技術交流，並很快簽訂了丙烯腈催化劑供貨意向書。後來臺灣中化公司的這位管理高層說，同樣是商務談判和技術交流，歐美人士趾高氣昂，鄙視我們中國人，大陸同胞都十分友好，可以推心置腹交流，還希望大陸同胞多開發一些新工藝和新催化劑，為我們中國人爭光。臺灣石化界非常樂意接受大陸新工藝和新催化劑。

之後，臺灣中化公司負責丙烯腈技術開發和生產管理的高層人士，除在上海石化院商談具體事項外，還在吳糧華等陪同下，赴蘭州石化公司和大慶石化總廠實地考察上海石化院開發的 MB-86 型催化劑的應用效果。不僅如此，臺灣中化公司還攜帶 MB-86 型催化劑，在其直徑為 3 吋的流化床反應器作了評價試驗。因為在該公司生產裝置上應用的催化劑必須先透過直徑為 3 吋的流化床反應器評價。按照催化劑生產商所說如能過這一關，催化劑在工業生產裝置上不應存在放大問題。

1995 年 6 月，經雙方共同努力，上海石化院終以中國石油化工總公司名義，與臺灣中化公司正式簽署了「MB-86 型丙烯腈催化劑的供貨合約」。同年 7 月，上海石化院與香港豐生公司又在加拿大

溫哥華舉辦首屆「MB-86型丙烯腈催化劑工業應用國際交流會」。
關興亞與陳慶齡院長和陳欣副總工程師參加了交流會。會上還邀請
大陸MB-86型催化劑使用單位詳細介紹該催化劑的工業應用經驗
和效果，目的是向包括臺灣等地區推銷新型催化劑。

　　1996年3月，根據雙方簽訂的技術服務及催化劑性能確定條
款，關興亞、陳欣和吳糧華3人赴臺灣生產現場進行開車前準備
工作，參加投料開車和催化劑開車初期性能測定工作。那時，關
興亞已六十又四，雖看上去身體健壯，但畢竟年事已高，不可能
像以往那樣現場指揮開車過程，在反應器和分離塔爬上爬下。所
以，領導勸他留在院內，遇到問題再找他商量。可是他非要親臨
現場，看到自己和同仁們的科學研究成果在祖國寶島臺灣開花結
果。關興亞記得，那時海峽兩岸還未實現「三通」，所以，從上海
到高雄，要經過香港轉機。在飛機上關興亞又浮想發揮幾年前在
廈門開會的情景。

　　大約是1988年關興亞參加了一個全國性的催化劑年會，會上關
興亞介紹了國內外丙烯腈催化劑進展。會議期間，會議主辦單位組
織與會者參觀了廈門大學和知名的胡裡山炮臺。當時給關興亞留下
深刻印象的是廈門大學的一個砲彈坑，那是「炮轟金門」和臺灣當局
企圖「反攻大陸」遺留下的痕跡，還有就是胡裡山炮臺兩只巨型的對
臺宣傳喇叭。

　　胡裡山炮臺，位於廈門東南端，毗鄰廈門大學，三面環海，素
有「入閩門戶天南鎖鑰」之稱，而且與金門島隔海相望。用放大倍數
不高的一般望遠鏡就能看到臺灣當局控管的大擔島和二擔島。據當
地漁民說，兩岸漁民相當友好，常常可在海上進行「物物交換」。臺
灣漁民思鄉心切，而且對大陸漁民遞送的對臺宣傳品也會細細閱
讀。逢年過節大陸漁民還會送上福建土特產，以解臺灣漁民思鄉之
渴。臺灣漁民也會回送一些工業品給大陸漁民。那些老漁民還不時
打聽共產黨政策是否允許臺灣漁民回鄉探親。因為他們之中有的是

祖籍就在福建，也有的是解放前被臺灣當局「抓壯丁」而去臺灣的，總希望有朝一日能回家鄉探親。可是，近在一海之隔卻因政治原因導致骨肉同胞的分離。不過，時隔不到十年，雖然兩岸不能直接通航，但關興亞一行也終於可經香港到祖國寶島臺灣進行技術服務，這多少也是前進了一大步。

飛機很快就到達臺灣省第二大城市高雄市。這裡是關興亞一行下榻的地方。

高雄市位於臺灣省西南部，是臺灣省南部海路大門，人口約160萬。優良的海港，發達的海運為高雄市的發展提供了得天獨厚的條件，並成為臺灣省工業建設的重點。其中煉油、鋼鐵、造船在全省占據重要地位。在飛機漸漸降落時，從高空便可俯瞰高雄市的概貌，石化裝置的特徵，高聳的鐵塔設備斷斷續續分布在沿海的數十公里內，是一座典型的「石化之城」。

從1968年4月1日臺灣中國石油公司（簡稱中油公司）在高雄建設第一套乙烯裝置發揮一直到1996年，該公司已在林園和高雄各形成了年產61.5萬噸和年產40萬噸的乙烯生產能力，並且還在規劃新建乙烯裝置。這是因為外向型經濟的臺灣省的石化產品需求是在持續地增長。1996年乙烯產量90.6萬噸，進口量達18.6萬噸，但仍不能滿足需求，規劃中的兩期乙烯工程，將使臺灣省乙烯年生產能力達150萬噸。

關興亞一行目的地是高雄市大社鄉的臺灣中化公司。大社鄉也是石化工業園區之一，這裡有國喬公司的苯乙烯裝置，以及奇美公司和高福公司的聚苯乙烯裝置，還有臺聚公司的聚丙烯裝置，以及臺灣合成橡膠公司的丁苯橡膠裝置。

臺灣中化公司除在大社鄉有一套年產17萬噸丙烯腈生產裝置外，還包括建在高雄地區的尼龍單體己內醯胺裝置和建在大社鄉的甲醇和醋酸裝置，而且還是技術開髮型企業。向有關子公司轉讓的技術有：高雄單體公司的有機玻璃單體甲基丙烯酸甲酯（MMA）、臺

灣石化合成公司的汽油高辛烷值添加劑甲基叔丁基醚（MTBE）和低毒溶劑甲乙酮（MEK）、新和化學公司的氯代烴和鹽酸、臺灣志氯化學公司的苛性鹼和氯氣，各出資比例分別為 40%、37. 88%、5% 和 40%。此外還向用作聚碳酸酯塑料原料新建的苯酚-丙酮-雙酚 A 一體化裝置的信昌化學公司出資 40%。儘管該公司開發了多項石化生產技術，但對上海石化院能開發出各項性能指標均達到或超過國際先進水平的丙烯腈催化劑十分讚賞。這是因為中國能與世界最權威的丙烯腈廠商相競爭，並且脫穎而出，實在不容易，這也充分說明中國人智商不亞於西方人。

大社鄉，位於高雄縣西南部，北與燕巢鄉接壤，東與大樹鄉臨界，南與仁武鄉毗鄰，西邊則是高雄市楠梓區，總面積為 26.6 平方公里，是高雄縣重要的農作物鄉鎮。大社鄉也是旅遊勝地，除可前往知名的觀音山欣賞大社鄉的自然景緻之外，還可前往石翠山觀看優美風景。關興亞一行一直想找個機會瀏覽風光秀麗的大社鄉，但因心繫裝置開車，所以根本無暇光顧，連到附近的商場和超市購買日用商品也是匆匆忙忙的，始終在旅館和廠區兩點一線的往復之中。

臺灣中化公司的管理制度非常嚴格，年產 17 萬噸丙烯腈裝置有兩臺反應器，也就有兩個反應器控制室。一臺反應器採用 MB-86 型催化劑，另一臺反應器仍採用引進催化劑。操作人員包括上海石化院派出的工程技術人員，只能在自己控制的反應器控制室內活動，不能越池半步。連 MB-86 型催化劑的裝載也是他們自己動手。而且更不像在大陸地區，採用上海石化院催化劑的工廠企業就必須聽從上海石化院工程技術人員的指揮。在該公司，關興亞等 3 人只要坐在控制室等待分析數據即可，不過看似輕鬆，實際總有放不下來的感覺。但是運行數據還是不斷顯示出來，不過如何操作會徵求你的想法。碰到問題，裝置的負責人也會同你商榷或徵求你的意見。

當時，第一次赴臺開車並不順利，嚴格地講，催化劑性能未達到預定指標。臺灣中化公司的管理高層很著急，尤其是執意採用上

海石化院催化劑的高層人士感到壓力很大，因為一旦達不到合約指標將難以向董事會交代，還要受當時不同意採用大陸催化劑人士的譏諷。他們百思不得其解，MB-86 型催化劑在蘭州石化和大慶石化兩套引進裝置上開得很好，而且蘭州、大慶包括臺灣 3 套裝置都是引進同一家外商技術。在中化公司 3 吋流化床反應器中也作過評估，主要性能指標都超過引進催化劑，為什麼用到中化公司的生產裝置上卻達不到預定指標呢？

其實，關興亞比他們更著急，因為如果完不成任務，或者說催化劑性能未能達標，按照協議還要賠款，更主要的是喪失在臺灣石化界的聲譽，所以接連有幾個晚上沒有睡過好覺。後來經仔細觀察分析關興亞終於找到了問題的癥結。原來衡量丙烯腈催化劑性能還有一個重要指標，那就是負荷能力。這是關興亞等研究人員沒有考慮到的事情，更沒想到這家跨國公司在臺灣中化公司採用的工藝條件竟有別於國外多套同類型引進裝置。原來，最初在固定床反應器中時常用空間速度來衡量催化劑的負荷能力，也就是用單位時間、單位品質催化劑上透過的丙烯品質來表示催化劑負荷能力的大小。在流化床反應器中通常使用品質小時空間速度來表示，簡稱為 WWH。其中 W、W 分別是催化劑和丙烯的品質，H 為時間，也就是在 1 小時內單位催化劑品質上透過的丙烯品質。WWH 與催化劑活性有關，新鮮催化劑可採用較大的 WWH，使用若干小時後可適當降低，一般 WWH 值為 0.05~0.09。

在蘭州石化公司年產 2.5 萬噸丙烯腈裝置採用的上海石化院開發的 MB-86 型催化劑，負荷 WWH 為 0.065，而臺灣中化公司年產 17 萬噸丙烯腈裝置，原先採用的引進催化劑，其 WWH 遠高於 0.065。所以當 MB-86 型催化劑用於高壓高負荷臺灣丙烯腈裝置時，原先雖設定丙烯腈單程收率可達 80%，但實際應用結果只能達到合約值的下限 78%。其道理很簡單，就像一個人挑擔子似的，擔子重了，同樣行進這段路程，速度就會放慢，這是關興亞、

陳欣和吳糧華三人事前未能預料到的。另外，還有一個原因是臺灣中化公司的分析方法與大陸丙烯腈裝置略有差別，主要是對反應物中雜質的分析更加全面。但這種差別對丙烯腈單程收率計算影響還不是很大。

不過，事在人為，辦法總是有的，但關鍵是要抓緊時間，在合約期內達到合約規定指標。關興亞回滬後顧不上休息，立即與陳欣、吳糧華等人投入高壓高負荷的新型催化劑的開發，這就是之後被稱牌號為 MB-96（A）型的催化劑。由於有了開發 MB-82 型、MB-86 型催化劑的實踐經驗，在確定催化劑基本組成設計後，透過近 50 個催化劑配方和上百個催化劑的製備篩選，並經多次重複試驗，在不到半年時間內就開發成功反應壓力達 0.014MPa、負荷可達 0.086 的高性能丙烯腈催化劑。當時還考慮到如果全部用 MB-96（A）型催化劑替換在臺灣中化公司運行的 210 噸 MB-86 型催化劑，代價太大，而且也會出現新的問題，即副產物氫氰酸收率下降，這就意味著中化公司丙烯腈裝置下游甲基丙烯酸甲酯產能的下降。於是，關興亞和陳欣等又想到用 MB-96（A）型催化劑部分替換 MB-86 型催化劑的摻混催化劑的試驗工作。這種摻混催化劑的辦法有它的實用意義，又是一種新的創舉，至少是文獻上找不到的。

為確保摻混催化劑能在臺灣中化公司獲得一次開車成功，在中國石化科技開發中心領導直接關心下，高橋石化公司、上海石化院共同組成了聯合試驗小組，共同制訂了試驗方案。1997 年 1 月 16 日到 2 月 25 日在高橋化工廠年產 5000 噸丙烯腈裝置的直徑為 2822 毫米的流化床反應器中，進行了各種不同條件的試驗，包括 MB-86 型催化劑在常規條件下運行，MB-86 型催化劑在高壓低負荷條件下運行，15%MB-96（A）型與 85%MB-86 型混用低壓負荷條件下運行，20%MB-96（A）型與 80%MB-86 型混用高壓高負荷條件下運行，20%MB-96（A）型與 80%MB-86 型混用低壓高負荷條件下運行，以尋找出兩種催化劑的合理配比。

　　工業試驗的初步結果表明，MB-96(A)型與MB-86型丙烯腈催化劑適用於在較高壓力和較高負荷下操作，是抗壓性能較好的一種混合催化劑。不過當MB-96(A)型混用比為20%時，丙烯轉化率提高，但深度氧化物二氧化碳等增加，丙烯腈選擇性下降。與單獨使用MB-86型催化劑相比，丙烯腈單程收率僅提高0.58百分比。然而在高壓高負荷條件下，當MB-96(A)型催化劑混用比為15%時，效果最為明顯，與單獨使用MB-86型催化劑相比，丙烯腈單程收率可提高1.35個百分比。此結果與當時關興亞、陳欣所做的小試驗結果完全一致。此時丙烯腈單程收率80%～81%，並趨於平穩，氫氰酸和乙腈等副產物變化不大，從而為日後在臺灣中化公司年產17萬噸丙烯腈生產裝置採用摻混催化劑奠定了技術基礎。而高橋化工廠年產5000噸丙烯腈生產裝置，由於採用摻混催化劑，1997年上半年丙烯腈產量比產量最高的1996年同期增加512噸，按當年市場價格計算獲益20.48萬元。原料丙烯單耗降低0.039噸，按當年丙烯價格計算，獲益52.28萬元，兩者合計增加效益72.76萬元。而且採用摻混催化劑後，裝置廢水排放品質較好，綜合合格率達98%以上，化學耗氧量(COD)完全符合國家排放標準。真是各得其所，兩全其美。

　　1997年5月，以15%MB-96(A)型和85%MB-86型摻混的丙烯腈催化劑在臺灣中化公司年產17萬噸裝置上應用獲得成功，丙烯腈單程收率等各項技術指標均超過合約值，且達到當時的國際先進水平，實現了首次在臺灣地區丙烯腈工業裝置應用的圓滿成功。也使當年積極採用大陸催化劑的臺灣中化公司的高層揚眉吐氣，連連握住赴臺灣標定催化劑性能的帶隊人、上海石化院陳慶齡院長的手說：「謝謝！謝謝！」

　　回憶發揮當年赴寶島臺灣的技術服務，關興亞說：「我們不但在臺灣贏得了大陸石化界在臺聲譽，而且還做了一回友好使者，為海峽兩岸的和平做出了無聲的貢獻。」

由於海峽兩岸長期的隔閡和臺灣當局曾經的政治宣傳，致使關興亞一行初到臺灣時，部分臺灣民眾，包括中化公司的部分員工有敬而遠之的感覺。後來相互熟悉後，中化公司的員工才用「國語」，也就是大陸所稱的普通話與大陸人員搭訕，下面有一段真實對話，現在看來很好笑，但確實反映了當年部分臺灣同胞的思想。

員工問：「老先生，聽說大陸同胞生活都很苦，吃不飽、穿不暖，是嗎?」

關興亞笑著回答：「你們看我們 3 個人像吃不飽穿不暖的嗎?」

員工問：「在大陸，共產黨還實行『共產共妻』嗎?」

關興亞嚴肅地告訴他們：「根本沒有這回事，這是國共兩黨在大陸內戰時，國民黨對共產黨的誣衊，新中國成立後不久，1950年，在中國共產黨領導下大陸就制訂了一夫一妻的婚姻法」。

接著員工又問：「你們大陸原子彈會不會打我們臺灣?」

關興亞認真地回答他們：「從 1964 年祖國大陸成功爆炸原子彈發揮，周恩來總理就宣布不首先使用核武器，臺灣兄弟是我們的骨肉同胞，怎麼會用原子彈對付自己的骨肉同胞呢?」後來，關興亞還告訴他們，其實大陸在改革開放後，不光是北京、上海、廣州這些大城市，就是一般中小城市的市政建設都不比臺北和高雄差，希望你們有機會到大陸去看看，就知道大陸究竟怎麼樣? 此後，這些中化公司的員工才恍然大悟，原來這些都是「政治宣傳啊! 我們發揮初還認為大陸共產黨人都是殺氣騰騰的好戰分子呢!」之後，臺灣上至石化界高層人士，下至中化公司員工都稱關興亞為「關老爹」，把他當作自己的親人一般，還希望他多來臺灣走走，指導臺灣丙烯腈工業的發展。

此外，關興亞對這次寶島之行在技術開發上的收穫也給予高度評價，是「壞事變好事」的一個典型實例。因為多年來，大陸丙烯腈裝置一直在低負荷下運行，有些問題未暴露出來。在臺灣中化公司碰到的問題和解決問題過程實際上等於根據市場要求又開發了一種

新型催化劑，其意義甚至超過於獲國家科技進步一等獎的 MB-86 型催化劑。

因為在臺灣中化公司碰到新問題才開發了高壓高負荷 MB-96 (A) 型催化劑，也因為我們成功開發了 MB-96 (A) 型催化劑，所以之後在蘭州石化、撫順石化、齊魯石化等各套引進裝置擴能改造中發揮了重要作用，至少認識到，在反應器尺寸不變情況下，採用高壓高負荷催化劑可大幅度提高裝置生產能力，也是節省投資，降低生產成本的重要途徑之一，產生的經濟效益同樣是事前未想到的。鑒於 MB-86 型催化劑在多套引進裝置中應用所取得的經濟效益，獲得了中國發明協會第二十屆全國發明展覽會金牌，中國石化集團公司科技進步一等獎，國家科技部、財政部發展計劃委員會「九五」國家重點科技攻關計劃科技成果獎，中國發明第十三屆全國發明展覽會銀獎。

2009 年，關興亞又一次來到臺灣。但這一次是以中國工程院組團成員的身分去臺灣考察石化工業的。由於近年來祖國大陸石化工業的飛速發展，其代表性石化產品乙烯生產能力已超過年產 1000 萬噸，僅次於美國，居世界第二位，也將臺灣石化產品的產能遠遠甩在後面。而且許多具有自主知識產權的石化生產技術不但進入臺灣地區，還進入國際市場，甚至少數發達國家地區，使多數臺灣同仁刮目相看，望塵莫及的。臺灣石化產業界高層人士一再表示希望與大陸同仁合作。這是因為多年來臺灣地區過度發展石化工業，尤其是多次的事故發生激發揮民眾的過激情緒，加上土地、環保、收稅等一系列問題，使臺灣石化界面臨前所未有的挑戰。為走出困境，面向 21 世紀國際石化業的激烈競爭，他們有意向海外拓展石化工業，而祖國大陸又是最佳優選地區。因而他們迫切希望與祖國大陸合作，利用大陸的土地和技術，讓中國石化產品和石化生產技術進一步走向國際市場，以達到振興中華民族之目的。

關興亞在加拿大 MB-86 型催化劑技術交流會上作報告

中國石化總公司發展部主任吳棣華(中)與臺灣中國石油化工開
發股份有限公司簽訂 MB-86 型催化劑供貨合約(1995 年 6 月,
後排右三為關興亞)

上海石化院實驗廠外景

# 第二節　提高產品精製回收率

我國丙烯腈生產發揮步於 1968 年，70 年代初應用自有技術在全國各地興建了 12 套中小型生產裝置。1977 年，上海石化總廠引進年產 5 萬噸丙烯腈裝置建成投產。80 年代開始得到迅速發展。1996 年，我國已有 9 套裝置，年總生產能力為 22.5 萬噸的裝置在運行。正在建設的還有 3 套，合計年生產能力為 16.6 萬噸的生產裝置。此外，在 2000 年前計劃投產的還有 4 套，合計年生產能力為 20 萬~25 萬噸的生產裝置。

為積極貫徹國家發展丙烯腈工來的方針、政策，組織行業進行技術攻關和提高生產技術水平的交流，推廣生產技術管理經驗，由中國石化總公司生產部組織成立全國丙烯腈行業協作組。上海石化院作為該行業協作組成員具體負責各項業務，並不定期出版年會文集。

關興亞作為國內丙烯腈科學研究開發領軍人物，十分關心行業年會和行業協作組出版的各種刊物。有一次，他從 1996 年 7 月 20 日出版的「全國丙烯腈生產技術論文彙編 (95 年度)」上看到報導大慶石化總廠化工二廠和上海高橋化工廠有關急冷塔 (也稱中和塔) 因聚合物堵塞造成的裝置停運和採取措施的論文。

其中大慶石化總廠化工二廠發表的論文題目是「丙烯腈裝置急冷塔後置冷卻器聚合原因分析及措施」。文章稱，1988 年 7 月投產的年產 5 萬噸丙烯腈引進裝置在運行 4 年多的時間內，因急冷塔後冷器聚合堵塞，造成多次停車，使裝置運轉週期最長為 86 天，最短僅 24 天。因聚合物堵塞造成停車累計達 60 天，影響丙烯腈產量

9000 噸，減少產值達 4050 萬元，減少利潤 900 萬元，停工造成裝置直接經濟損失累計 200 多萬元。文章還說該廠採用紅外光譜分析儀對聚合物作了定性分析，表明聚合物以 α，β-不飽和腈類，即丙烯醛和丙烯腈的聚合物為主，並含少量氫氰酸和乙腈的聚合物。為解決聚合物堵塞難題，該廠赴美國與引進技術的廠商進行技術交流。後透過提高反應器進料氨與丙烯比例、調整急冷塔上段循環液 pH 值（即酸度指標），切斷後冷器自身循環等手段使裝置運轉週期延長至 119～123 天。這說明，透過工藝條件的改進也可減少聚合物的生成量，並提高產品丙烯腈回收率，延長開工週期。

高橋化工廠發表的論文題目是「5000 噸/年丙烯腈裝置氨中和塔技術改進」。文章稱，技術改造前，每月要停車一次。為此，於 1993 年底對該塔進行了技術改造。高橋化工廠這套年產 5000 噸丙烯腈生產裝置是採用國內技術建設的，其氨中和塔分為三段。下段是空塔，設有噴霧結構，採用二組噴淋管用熱水循環噴淋。中段設置四組噴淋管及循環液冷卻。上段安裝 5 塊篩板及循環液冷卻器。中、上段之間設有分離器。在分析氨中和塔工作原理和探索造成聚合物的原因的基礎上，從結構上對該塔進行了技術改造。其中包括增加噴淋管與升氣管之間的距離、設置兩塊篩孔板，改善噴淋效果，延長了氣液接觸時間，強化了氣液相傳質和傳熱，從而提高了中和效果，解決了氨中和塔聚合、腐蝕等問題。透過技術改造延長了裝置運轉週期，從 1 個月延長到 4 個月；硫酸消耗從每噸丙烯腈消耗量的 94 公斤下降到 83 公斤；丙烯腈平均日產量從 16.24 噸上升到 17.8 噸，丙烯腈回收量得到顯著提高。這說明，透過中和塔內構造改進也可減少聚合物生成，提高產品丙烯腈回收率，並延長開工週期。

關興亞原先主要將精力放在催化劑和反應技術開發方面，但是看了這兩篇論文後，覺得丙烯腈後處理，尤其是精製回收率的提升可以大做文章。因為衡量一套丙烯腈裝置的技術水平，其產品精製

回收率與丙烯腈產品的單程收率是同等重要的指標。如果一套丙烯腈裝置從反應器流出目的產物，其單程收率是80%，但經過一系列後續處理回收率為90%，那麼實際得到的丙烯腈全程回收率僅72%。所以，提高丙烯腈精製回收率的經濟效益並不亞於提高丙烯腈催化劑的單程收率。而且，只要在該領域下功夫，透過工藝條件和塔內構件改變，完全有可能降低聚合物的生成，提高丙烯腈精製回收率，延長開工週期。

經過國內外文獻調查研究，他發現國際上的丙烯腈精製回收率大約在93%～94%，而且有6%～7%是在後處理過程中流失的，而氨中和塔或稱急冷塔又是丙烯腈流失最多的地方，約占3%～3.6%，回收系統約2.0%，排空系統1.0%，還有精製和排汙系統各占0.2%。當時，國際先進水平已過97%，所以，關興亞覺得，這裡也是「一桶金子」，大有潛力可挖。

他回想發揮，20世紀60年代年產60噸丙烯腈中試裝置運行前，他曾經做過反應產物的聚合試驗。結果表明，在某一個溫度範圍內反應產物最容易聚合，如果迅速跨越該溫度範圍，聚合物會大大減少，裝置運轉時間就得以延長。為此，關興亞和方永成等提出一個設想，如果透過丙烯腈聚合動力學研究，提出一個合適的工藝條件和具有一定功能的內構件，將丙烯腈聚合物反應降至最低程度，丙烯腈精製回收率有可能從90%提升到95%。回收率提高5%，實際上也相當於丙烯腈的單程收率提高了近5%，那就是非常了不發揮的事。事實上，當時國內外丙烯氨氧化制丙烯腈的各種新催化劑的丙烯腈單程收率均已超過80%，此時丙烯腈單程收率再要增加1%也極為困難，增加5%可能性微乎其微，而透過提高精製回收率則是一條提升裝置經濟效益的重要途徑。對此，方永成便立即著手進行此項工作，並暗暗佩服他的「不服老」的精神。真沒想到已是六十開外的人，還會另闢蹊徑，致力於丙烯腈的再創新。

其實，急冷塔的技術改造是有相當難度的。當時國內急冷塔多

數採用上、下兩段結構。由於要回收硫銨，下段不加硫酸，以防止高聚合物和高沸點物混入硫銨，使硫銨回收更困難。在中段加硫酸中和未反應的氨，並生成硫銨汙水。因此上、下兩段的酸度，即 pH 值不同，下段 pH 值為 7，上段為 4 左右，由於下段為中性或偏鹼性，因此丙烯腈和氫氰酸聚合損失就較大。如果不回收硫銨或進入該塔時未反應氨已基本清除，那末上、下兩段才可保持酸性，這樣丙烯腈因聚合損失量就大幅下降。在某些發達國家，不考慮硫銨回收，而且將硫銨汙水直接注入深井處理，因此，丙烯腈回收率有可能達 97%。但國內因地質原因是不允許這樣做的，而且還要回收可作化肥用的硫銨。因而，更增加其技術難度。

研究工作分兩個階段進行。第一階段是 1999 年 6 月完成的「丙烯腈聚合反應動力學和擴散動力學的理論研究」，1999 年 10 月至 2000 年 3 月完成的實驗室熱模試驗和冷模試驗研究，並在模型試驗和電腦模擬輔助研究基礎上，開發了可以用於改變並抑制丙烯腈自聚反應和丙烯腈與氨加成反應的組合結構件，並確定了相關的工藝條件，使丙烯腈精製回收率從 90% 提高到 94%。

2000 年 4 月 10 月，在高橋化工廠年產 8000 噸丙烯腈裝置檢修期間，將上海石化院新開發的組合結構件裝入急冷塔中，丙烯腈精製回收率提高 4.92%。當年丙烯腈產量完成 8745 噸，比 1999 年的 8011 噸增加 734 噸，平均每噸丙烯腈毛利以 4136.52 元計算，增加效益 304 萬元。

以一套年產 5 萬噸丙烯腈裝置為例，急冷塔改造投資費用需 200 萬元，改造後丙烯腈精製回收率以提高 4% 計，每年淨增產量 2000 噸，淨增產值 1400 萬元。當時國內 8 套萬噸以上規模丙烯腈裝置有 5 套採用該技術，丙烯腈精製回收率平均提高 4.5%，若以提高 4% 計，26 萬噸產能共增加丙烯腈產量超過 1.0 萬噸，每噸丙烯腈以 1 萬元計，增效 1 億元。

2001 年 5 月至 10 月，丙烯腈回收率可提高到 94% 的工藝技術，

在齊魯石化公司年產 4 萬噸丙烯腈裝置上完成萬噸級工業試驗。
2001 年 11 月 1 日,「提高丙烯腈精製回收率工業試驗」透過中國石
化股份有限公司的技術鑒定。之後,又先後在上海石化年產 13 萬
噸、安慶石化年產 8 萬噸、中國石油蘭州石化年產 3 萬噸、大慶石
化年產 8 萬噸、大慶煉化年產 8 萬噸等丙烯腈生產裝置成功應用。
2002 年,「提高丙烯腈裝置精製回收率技術開發」獲中國石化科技進
步三等獎, 2004 年獲中國石化技術發明三等獎。2004 年「丙烯腈高
回收率急冷方法」獲第三屆上海市發明創造專利三等獎。

第二階段工作是將丙烯腈回收率提高到 96% 的工藝技術。所研
發的組合內構件,加上採用能增強急冷效果的優化方案,提高了急
冷塔氣液傳熱效率,增強了急冷效果,減少了停留時間,儘快地越
過某範圍,使丙烯腈損失再進一步下降。急冷塔丙烯腈實際損失又
從 2.4% 下降至 0.9%,從而使丙烯腈精製回收率達 96% 左右。丙烯
腈產量和裝置效益得到進一步提升,而且每噸丙烯腈產品所消耗的
原料丙烯、氨,公用工程的水、電、蒸汽,甚至排汙水量都顯著下
降,達到了節能降耗和減排目的。該技術至今仍被國內丙烯腈裝置
普遍採用。

提高丙烯腈精製回收技術的成功開發,從某種程度上看,其意
義不亞於新催化劑的開發。因為採用此技術可使一套丙烯腈裝置在
基本不改動設備的情況下,大幅增產丙烯腈。而且當時在與外商丙
烯腈催化劑競爭中發揮了重要作用。

以齊魯石化年產 4 萬噸丙烯腈裝置為例,保留原先上海石化院
開發的內構件基礎上,在直徑為 3.4 米的急冷塔下段增加新型內構
件 II,並配合要求調整急冷塔工藝參數,運行後達到預期效果。在
不增加原料消耗和能耗前提下,每年增產丙烯腈 800 噸左右,增加
利潤 800 萬元,3 個月就回收了投資成本。

當時,外商得知上海石化院已開發出超過國外先進水平的 MB-
86 型催化劑後,催化劑價格迅速下降,甚至不惜一切代價,虧本銷

售生意也可做。而最狠的一招促銷手段是以出國培訓或者是出國考察作誘餌，並且讓某些工廠的「實權者」得到「實惠」。所以儘管中國石化集團公司早有文件規定，「在與進口催化劑水平相當的情況下就優先採用國產化催化劑」，但仍有人以各種藉口婉拒採用國產化催化劑。

有時催化劑性能改進也是一個婉拒國產化催化劑的理由。「因為國產催化劑選擇性提高，主產品丙烯腈產量增加了，但副產物氫氰酸減少了，氫氰酸減少就會影響下游丙酮氰醇產量的減少。」也有的提出，國產催化劑選擇性提高，反應熱量不平衡怎麼辦？

但是，上海石化院提高丙烯腈精製回收技術，在國內自建裝置的千噸級規模和引進萬噸級工業裝置的成功應用，以及 MB-86 型催化劑的實際使用效果使得一些藉口婉拒採用國產化催化劑的「實權者」不得不改變初衷。因為工廠企業最終還是要看經濟效益，買進口催化劑只是少數人受益，可「周遊列國」「捧個大彩電回家」。但工廠的業績還是平平而已，而採用國產化催化劑和頗具吸引力的提高精製回收率技術，企業經濟效益可以大幅上升，得益的是國家和工廠所有職工，權衡之下當然是選擇後者。

鑒於「第二代提高丙烯腈精製回收率技術(96)開發」技術在齊魯石化年產 4 萬噸丙烯腈裝置的成功應用，該項目於 2005 年獲中國石化科技進步二等獎，於 2007 年獲上海市科技進步三等獎。

由於提高丙烯腈精製回收率技術的推廣應用，加上 MB-86 型催化劑的組合銷售模式，使一度陷入銷售困境的 MB-86 型催化劑又重獲市場青睞。那時，上海石化院職工獎金、福利和增資費用部分要由單位自己創收解決，而催化劑銷售業績下降在一定程度上也會影響職工的收入。所以，從這個意義看，該技術的成功開發和推廣應用對改善和提高全院職工收入造成了一定的作用。

現今，新一代可將丙烯腈精製回收率提高到 96% 以上的研發工

作又在關興亞的指導和關心下，繼續進行之中。

# 第三節　榜樣力量與五朵金花

經過 50 年的探索和磨煉，上海石化院已經建立發揮一支基礎研究、生產工藝和工程技術開發直至能承擔重大工程項目基礎設計的隊伍，造就了一批石油化工催化劑、化學工程和精細化工、高分子化學等領域的學科帶頭人。據不完全統計，至 2015 年年末，上海石化院獲國家、省部級科技進步獎和新產品、新技術推廣應用獎和國家專利金獎等共 277 餘項，申請國內外專利 5057 件，獲授權 2494件，成為在國內外享有一定聲譽的石油化工科學研究機構。

一個科學研究單位不僅要出成果，更重要的是出人才。「丙烯氨氧化制丙烯腈」是上海石化院建院以來最重要的科學研究成果。該項目的研發成功，同時造就了一批石油化工科技開發人才，並直接和間接帶動了其他許多研發課題的成功。關興亞作為上海石化院的一面旗幟，其榜樣力量是無窮的。與他當年在丙烯腈課題組一發揮奮鬥的科學研究人員，後來在其他石油化工研究課題，尤其是在被上海石化院稱為「五朵金花」的課題研發中發揮了重要作用。

「五朵金花」本是 20 世紀 60 年代初，被廣大觀眾叫好的一部國產彩色故事片。後來石油部劉放副部長將石油煉製工業中用國內自己力量開發成功的五項新工藝技術，即催化裂化、催化重整、延遲焦化、尿素脫蠟和相關的催化劑、添加劑等五個領域稱為「五朵金花」，並用來推動科技攻關。

因為當時上海石化院有 5 大催化劑用於引進裝置，而且創造了

極為可觀的經濟效益，所以也被稱為上海石化院的「五朵金花」。這「五朵金花」是指丙烯氨氧化制丙烯腈催化劑、乙烯空氣法氧化制環氧乙烷催化劑、乙烯氧乙酰化製醋酸乙烯催化劑、甲苯歧化制苯和二甲苯催化劑、乙苯脫氫制苯乙烯催化劑。從 80 年代初到 2000 年的不完全統計，上海石化院已累計生產各類催化劑 3000 余噸，累計為國家節約外匯 5000 余萬元，使相關企業增加經濟效益近 10 億元人民幣，其中「五朵金花」是主要貢獻者。

環氧乙烷是重要有機化工原料，主要用來生產滌綸纖維，即「的確涼」的原料乙二醇，其次是非離子型表面活性劑和氨基醇原料，用途十分廣泛。由於高橋化工廠擬利用石油氣和輕油裂解乙烯為原料生產環氧乙烷及其水合物乙二醇，1965 年 11 月，上海石化院「乙烯直接氧化制環氧乙烷」項目正式立題。當時，國內僅少數工廠生產環氧乙烷，如上海合成洗滌劑二廠等，而且採用國外早已淘汰的氯醇法工藝。該工藝包括氯氣與水反應生成次氯酸，再與乙烯反應生成氯乙醇，氯乙醇用 40.5% 石灰乳皂化再生成環氧乙烷。這種工藝最大缺點是消耗氯氣，並造成嚴重的汙水排放問題。大約每生產 1 噸環氧乙烷產生 45 噸含 5% 氯化鈣的廢水排放，嚴重影響城市環境衛生。此外，經濟性與產品品質也不如乙烯直接氧化法。那時生活在環氧乙烷和環氧丙烷裝置附近的居民，將這種白色汙水稱為「白龍」，雖然也知道「白龍」進入黃浦江對飲用黃浦江水的上海居民生活有危害性，但與環保相比，生產是第一位的。

「乙烯直接氧化制環氧乙烷」課題第一任負責人是楊用娟和梁天開。楊用娟是 1964 年華東化工學院基本有機合成專業畢業的研究生，師從吳指南教授，分配進入上海石化院後一直從事環氧乙烷催化劑的研究和開發。梁天開，1956 年高中畢業進入上海化工研究院時就在關興亞任組長的課題組工作，英文基礎很好，平時又刻苦鑽研知識，在關興亞指導下寫過多篇文獻總結和開題報告，是關興亞的好幫手。由於受關興亞的影響，梁天開也是個「工作狂」，不分白

天和黑夜，總是埋頭工作。

在課題組全體人員的努力下，1967 年 6 月，採用黏結法的銀催化劑基本定型。1969 年年產 30 噸環氧乙烷中試裝置建成。1970 年 6 月，高橋化工廠根據上海石化院提供的催化劑和工藝條件，自行設計了年產 6000 噸環氧乙烷和年產 7500 噸乙二醇生產裝置。然而，由於乙烯原料供給緊張，加上技術上尚有一些問題待解決，建成後僅試車一次便再也沒運行過。

地處長江邊燕子磯的南京鐘山化工廠是一個非離子型表面活性劑生產廠，為解決原料環氧乙烷來源，有意發展乙烯氧化技術，並淘汰落後氯醇法制環氧乙烷生產裝置。因而，決定與上海石化院合作，先在該廠建一套年產 300 噸環氧乙烷中間試驗裝置。1971 年 12 月，中試裝置建成並進行試運行。當時上海石化院選派多人參與中間試驗，但是受文革干擾，生產極不正常，鐘山化工廠供電嚴重不足，為確保國家急需乳化劑等表面活性劑供應，環氧乙烷中試裝置經常停止運行。後來，因採用黏結法銀催化劑經不發揮多次開停車，銀催化劑粉末剝落導致反應器尾燒現象，試驗難以持續。為此改進了催化劑製備方法，由黏結法改為浸漬法，裝置運行情況得到改善。1976 年 12 月，上海石化院與南京鐘山化工廠協作的年產 300 噸乙烯空氣直接氧化制環氧乙烷試生產透過南京市化工局的技術鑒定。

1978 年 12 月，為配合遼陽石油化纖公司引進環氧乙烷裝置催化劑國產化，化工部下達由上海石化院開發的乙烯空氣法氧化制環氧乙烷的 CHC 型催化劑放大試驗任務，並要求上海石化院專門建立一套單管反應裝置，用以與進口催化劑進行性能比較。

此時，已任研究室副主任兼環氧乙烷課題負責人的李喬生，這位與關興亞的同齡人，將研究環氧乙烷催化劑視為丙烯腈工作的繼續。實際上是將在丙烯腈上的這套工作方法帶入環氧乙烷，讓環氧乙烷催化劑與丙烯腈催化劑一樣用在引進裝置。還有時任環氧乙烷

課題負責人的令狐壽山，當年也是關興亞開發流化床反應技術的得力助手，且受關興亞影響甚深，是一位有「拚命三郎」之稱的實幹家。

在楊用娟、李喬生、令狐壽山、王克昌、黃良能等主要環氧乙烷課題組成員的努力下，1980 年 5 月，在化工部科技局召開的引進配套催化劑研製工作及其催化劑初步定型鑑定會上，上海石化院的 CHC 型空氣法環氧乙烷銀催化劑作為 6 項鑑定項目之一透過了技術鑑定。與會者一致認為該催化劑主要技術經濟指標優於從聯邦德國進口的同類催化劑，建議組織試生產和試用。

1981 年 11 月，遼陽石油化纖公司與上海石化院簽訂協議，提供 6.5 立方米 CHC 型銀催化劑裝入第二段反應器進行試用。1982 年 8 月正式投入工業性運行。運行結果表明，國產 CHC 型催化劑的平均轉化率比從聯邦德國進口的 H5432 型催化劑高 1.11%，選擇性高 3.05%，有效溫升和壓力降等性能指標也好於 H5432 催化劑。由於 CHC 型銀催化劑在遼陽石油化纖公司環氧乙烷裝置第二段反應器的成功應用，該公司於 1983 年 11 月派員專程來滬，與上海石化院洽談第一段反應器催化劑製造事宜，並要求在 1984 年 7 月完成 24.5 立方米催化劑製造，還簽訂了供貨合約。

1984 年 8 月，上海石化院完成 24.5 立方米銀催化劑生產任務，並正式裝載於遼陽石油化纖公司年產 3.6 萬噸空氣法環氧乙烷生產裝置的第一反應器，於 9 月正式投料運轉。當時也曾發生過一件意想不到的事情，那就是催化劑試運行之初，反應器出口物料分析結果，乙烯轉化率和環氧乙烷選擇性不僅未能達到指標，而且水含量甚高。廠方一度認為催化劑品質存在問題，而且從生產角度出發，提出卸下催化劑，改用進口催化劑。然而，就在這關鍵時刻，上海石化院帶隊人令狐壽山，他想發揮當年跟隨關興亞也碰到催化劑受潮之事，於是當機立斷，將關興亞處理受潮催化劑方法用在環氧乙烷催化劑上，與遼陽石油化纖公司的技術負責人商量將工藝條件稍

作調整，以趕走吸附在催化劑表面的水分。結果此招果然見效，使催化劑很快達到預期指標。

之後，運行 2 個月的數據表明，CHC 型銀催化劑用於第一段反應器，性能同樣優於聯邦德國進口的催化劑，並且每年可淨增環氧乙烷 2250 噸，經濟效益達 900 萬元。鑒於 CHC 型銀催化劑在遼陽石油化纖公司引進裝置的成功應用，1985 年 10 月獲得國家科技進步三等獎。

醋酸乙烯也是重要有機化工原料，是生產維尼綸纖維的重要原料，近年來又大量作黏合劑原料。1965 年 11 月，幾乎與環氧乙烷課題組同時，「乙烯氧化液相法合成醋酸乙烯」項目正式立題。當時，國內醋酸乙烯生產主要採用乙炔法工藝，包括 1963 年從日本引進的，為北京維尼綸廠提供原料的，北京有機化工廠的年產 1 萬噸醋酸乙烯裝置也採用乙炔法工藝。由於乙炔來自電石，耗電量大，很多地區供電不足，使維尼綸工廠不能滿負荷運行，增大了維尼綸生產成本，而且乙炔法工藝因經濟性較差，電石製造又給環境帶來汙染，所以國外已逐步轉向乙烯法工藝。

「乙烯氧化液相法合成醋酸乙烯」課題的第一任組長是姚逸民，他是 1962 年從華南工學院畢業的本科生，分配進入上海石化院後，因在「丙烯醇」研究課題工作出色而受到當時院領導關注。輔助姚逸民工作，並給予技術指導的是早年留學日本，並在韓國漢城大學任教的資深工程師樓亨達。

1969 年年初，姚逸民在圖書館見到一篇重要報導，即英國帝國化學工業公司年產 2 萬噸乙烯氧化液相法合成醋酸乙烯裝置因設備腐蝕而被迫停止運行。這對當時上海石化院與蘇州溶劑廠正在合作開發的乙烯氧化液相法製醋酸乙烯中間試驗裝置的所有研發人員帶來震動，而且在實際中試裝置運行中也碰到難以解決的設備腐蝕問題。與此同時，聯邦德國的拜耳公司開發的乙烯氧化氣相法催化劑將在日本可樂麗公司建工業裝置。所以，姚逸民當即向院領導匯報

此事，並希望將研究方向從液相法轉向氣相法。

1970 年 8 月，上海石化院決定與北京有機化工廠合作開展以鈀為催化劑的乙烯氣相合成醋酸乙烯的試驗研究。1971 年 9 月，因設備材料腐蝕嚴重，又決定停止液相法中試裝置，並集中力量投入由燃化部決定的在上海石化院建設年產 100 噸乙烯氣相氧化合成醋酸乙烯中間試驗裝置，並由劉用華和跟隨關興亞多年的吳加武兩同志任主要負責人，吳加武同志具體負責催化劑的研發工作。

1972 年 7 月，在小試驗工作的基礎上，完成了年產 100 噸乙烯氣相氧化製醋酸乙烯中試裝置建設，並開始投料試車，打通了全流程。至 1973 年 12 月，該中試裝置累計運行 4400 小時，獲得醋酸乙烯產品 50 余噸，取得了設計萬噸級大型醋酸乙烯裝置所需數據，產品用於常州第四棉紡廠維尼綸生產，品質符合要求。1974 年 3 月，與北京有機化工廠合作的部屬重點項目「年產 100 噸乙烯氣相氧化製醋酸乙烯中間試驗」透過技術鑒定。同年 10 月，燃化部在北京召開首次引進裝置配套催化劑會議確定，上海石化院為上海石油化工總廠引進年產 6.6 萬噸醋酸乙烯配套催化劑研製的承擔單位。

1975 年 12 月，為上海石油化工總廠引進醋酸乙烯裝置配套催化劑正式立題。1977 年 7 月，由吳加武帶隊赴上海石油化工總廠在引進的催化劑評價裝置和單管反應裝置進行催化劑評價和壽命試驗。同年 12 月，石油化工部在石油化工科學院召開引進裝置配套催化劑會議，認為上海石化院開發的醋酸乙烯大顆粒催化劑指標已全面達到引進的同類催化劑水平。

1981 年 7 月，上海石化院與上海石油化工總廠化工二廠簽訂醋酸乙烯催化劑生產技術有償轉讓協議書，上海石化院提供全部生產技術資料，協助培訓操作人員，在試車及試生產過程中派技術骨幹現場指導。1984 年 12 月，與上海石油化工總廠化工二廠協作進行的 30 立方米牌號為 CT-2 型的醋酸乙烯催化劑試生產。在吳加武看來，作為一個共產黨員，應該將其看作一項政治任務來完成，因為

當時外商知道我們不能生產醋酸乙烯催化劑，所以漫天要價，1978年報價是 18 萬美元，1979 年 89 萬美元，到 1981 年竟達 169 萬美元，理由是原料貴金屬鈀的國際價格大幅上升，但上海石油化工總廠因為暫時不能生產這類催化劑，也不得不進口高價催化劑。因而，一定要爭口氣搞出國產醋酸乙烯催化劑。在上海石油化工總廠化工二廠催化研究所生產的催化劑經 900 毫升規模的反應裝置考察達到引進催化劑拜耳–Ⅰ型的水平。1985 年 6 月國產催化劑正式裝入年產 6.6 萬噸醋酸乙烯裝置固定床反應器中，正常運行後的考核結果表明，與拜耳–Ⅰ型催化劑相比，每年可淨增醋酸乙烯產品6100 噸，每年可增收 1000 萬元人民幣。1988 年 7 月，鑒於乙烯氣相氧化催化劑在引進裝置的成功運行，榮獲了國家科技進步三等獎。

乙烯氣相氧化製醋酸乙烯催化劑研發主要負責人吳加武，也是當年關興亞主要助手、丙烯氨氧化制丙烯腈催化劑主要研發人之一，吳加武回憶當年該催化劑開發過程，感慨萬千，激動地說，其實過程並不順利，如不是眾人相助，群策群力，也難以完成任務。

其實，當初開發氣相法醋酸乙烯催化劑還沒有想到在上海石油化工總廠化工二廠的引進裝置應用，只是因為乙炔法工藝有許多不足之處，乙烯法的液相催化工藝由於設備腐蝕試驗無法進行，這才開始轉向氣相法工藝。

當時國外有許多專利報導過乙烯氣相法鈀催化劑製備過程，但對關鍵技術載體製備卻守口如瓶。因為工業用氣固相反應用催化劑，尤其是載金屬催化劑大多數以氧化鋁為載體，然而反應不到100 小時，催化劑活性便迅速下降。也許是他多年跟隨關興亞的緣故，儘管金屬負載催化劑與丙烯腈用雜多酸催化劑有本質區別，但催化劑開發思路有相近之處。他記住了關興亞以前告訴他的專利跟蹤法，尤其是跟蹤這些專利發明人歷年來在各種場合發表的專利和論文，進行反覆推敲。同時，根據實驗數據分析其成功失敗的原

因，最終，吳加武發現，載體氧化鋁吸附大量醋酸後形成反應物在其中結焦增重而導致催化劑的失活。為此，改用自製矽膠為載體，試驗逐步走上正軌路子，催化劑選擇性逐漸上升。顯然，這裡也包含著關興亞這套工作方法所發揮的作用。

1974 年上海石化院與北京有機化工廠合作，終於開發成功粒徑為 2.5~4 毫米的乙烯氣相氧化製醋酸乙烯催化劑，就當時催化劑的轉化率和選擇性已基本與拜耳公司的 I 型催化劑相當。

1975 年上級單位正式下達為上海石油化工總廠化工二廠年產 6.6 萬噸醋酸乙烯的催化劑配套任務。儘管國產與進口催化劑技術指標相當，但粒徑不同，進口催化劑粒徑為 5~6 毫米，國產催化劑僅為 2.5~4 毫米。從表面現象看，兩者僅粒徑不同，但裝入反應器運行後，兩者造成的壓力降和反應性能差異極大，而且當國產催化劑粒徑從 2.5 毫米放大到 5~6 毫米時，催化劑選擇性明顯下降，更為麻煩的是當載體在鈀金水溶液浸漬時，載體矽膠破碎率大幅上升。就在山窮水盡疑無路時，吳加武在留美老專家張式教授指導下，從催化反應工程出發，彙總了國外有關文獻資料，將催化劑載體的等電點、比表面積、表面張力等物理性質到固定床反應器的結構與空間速度關係，以及與大顆粒催化劑相關的各種因素作了分析研究。

同樣為改善催化劑活性和選擇性，吳加武又在張式指導下，研究了鈀和金在矽膠載體上的分布狀態。從消除內擴散效應和防止催化劑在製造、運輸和裝填過程中鈀和金的磨損出發，用二次離心質譜分析儀表徵「蛋白型」催化劑灰色殼層、黑色外層、白色內層中鈀和金的含量分布，同時用合適的浸漬工藝將鈀和金主要集中在黑色外層，從而保證了催化劑的選擇性和壽命。由於上海石油化工總廠化工二廠醋酸乙烯裝置催化劑實現了國產化，僅以催化劑價值算，每年為國家節約了 474 萬馬克。

吳加武深有體會地說，醋酸乙烯催化劑的成功開發，不能忘記已故的老專家張式的細心指導，也不能忘記當年參加試制的老同

志，如李寶根、楊寶德、毛錫昌、林昆明、嚴愛珍等所有曾經為醋酸乙烯催化劑作出貢獻的工人和科技人員。而且，除楊寶德，其餘人員又都在 60 年代參加過由關興亞主持的丙烯腈課題的小試驗和流化床中試的研發工作。

對二甲苯是生產滌綸纖維的初始原料之一，從煉油廠和烴類裂解制乙烯過程得到對二甲苯量不是很多，所以大量二甲苯主要透過甲苯歧化制苯和二甲苯，然後再將二甲苯中的鄰位和間位二甲苯透過異構化得到對二甲苯。1974 年 10 月，燃化部在京召開首次引進裝置配套催化劑會議，決定上海石化院為甲苯歧化制苯和二甲苯催化劑主要研製承擔單位。1975 年 12 月，為上海石油化工總廠引進裝置的甲苯歧化反應用催化劑研製正式立題。

該課題成立之初，主要負責人王福生、程文才、陳慶齡、楊融光都曾參與過丙烯氨氧化制丙烯腈催化劑及流化床反應器研發工作，並且都是骨幹科技人員。儘管從國外提供的催化劑試樣得知主要成分是絲光沸石，但是，是天然絲光沸石，還是合成絲光沸石尚不清楚。當時課題組成員做了數百次試驗，製備出來的催化劑時好時差，原因說不清楚。後來，又在老專家張式指導下，從催化劑結構分析著手，利用上海測試技術研究所的 X 射線衍射分析儀和其他各種測試手段對催化劑進行表徵，最終合成出性能符合引進裝置要求的催化劑。

1977 年 9 月，利用上海試劑五分廠，這家專門生產分子篩的化工廠相關設備，成功地進行了催化劑放大試驗。1978 年 12 月初步完成了燃化部下達的催化劑 1500 小時的穩定性試驗。結果表明，催化劑性能優於引進催化劑。

上海石化院研製的與甲苯歧化裝置相配套的催化劑性能雖已達到進口催化劑水平，但該進口催化劑壽命較長，一直到上海石油化工總廠二期工程建成投產，由日本東麗公司生產的牌號為 T-81 的催化劑也未更換過。然而，美國環球油品公司生產的性能更好的 TA-

2、TA-3 等催化劑已經問世，其中 TA-2 可在高於 T-81 一倍的空間速度下獲得相同的歧化效率。換言之，用 TA-2 催化劑替代 T-81 催化劑，生產能力可提升一倍，為此，上海石化院開始研發性能比 TA-2、TA-3 更好的甲苯歧化催化劑。

1987 年 7 月，上海石化院開發的牌號為 ZA-3 型的 15 噸催化劑首先應用在天津化纖總廠芳烴規模為年產 12.5 萬噸甲苯歧化制苯和二甲苯生產裝置，投料開車一次成功。考核結果表明，ZA-3 型催化劑呈現了高活性、高選擇性和副產非芳烴少等特點。

1994 年 6 月和 8 月，上海石化院開發的牌號為 ZA-90 型和 ZA-92 型催化劑分別用於齊魯石化年產 21.0 萬噸和上海石化總廠二期工程年產 39.8 萬噸引進的芳烴聯合裝置。1995 年 4 月，上海石化院開發的 ZA-94 型新一代甲苯歧化催化劑又在當時世界規模最大的年產 100.7 萬噸的揚子石化公司大芳烴裝置上應用。工業運行數據表明，ZA-94 型催化劑在高空速下仍具有高活性和高選擇性。在該裝置進料中甲苯與碳九芳烴品質比為 65：35、品質空間速度為 0.92 小時$^{-1}$，反應發揮始溫度為 364℃ 的條件下，總轉化率達 42%（摩爾），苯和碳八芳烴的選擇性為 96.8%（摩爾）。經 10 個月的運行，反應溫度仍維持在 360℃ 左右。品質空間速度上升至 1.24 小時$^{-1}$，控制總轉化率在 43%～44% 的條件下，反應發揮始溫度為 368℃，苯和碳八芳烴選擇性仍維持在 96.5% 以上，充分顯示了 ZA-94 型催化劑具有更高活性和選擇性，屬於世界領先水平。鑒於該催化劑在工業上的成功應用，1999 年 1 月榮獲國家科技進步三等獎。

1997 年 5 月，具有世界先進水平的年產 35 萬噸甲苯歧化成套工藝技術和 ZA-95 型催化劑應用於撫順石化公司年產 30 萬噸芳烴裝置。從而表明上海石化院甲苯歧化成套工藝技術首次工業應用成功。1999 年 4 月，上海石化院與有關協作單位共同完成鎮海石化年產 45 萬噸對二甲苯裝置甲苯歧化單元基礎設計，透過了中國石化集團公司技術評審。

為參與國際競爭，上海石化院年產 35 萬噸對二甲苯芳烴聯合裝置甲苯歧化單元工業裝置專利技術參與了數家國外大公司的技術競爭。在德國伍德公司承包的伊朗石油化工項目中一舉中標，提供工藝包和催化劑及其相應的技術服務，從而標誌著上海石化院的石化成套工藝技術和催化劑開始步入國際市場。

近年來，上海石化院新開發的甲苯歧化催化劑一代接著一代，無論在活性、選擇性還是穩定性方面均處於世界領先水平。2008 年 6 月，新一代高活性牌號為 MXT-01 催化劑在上海石化股份有限公司開車，標誌著品質空間速度超過 2.0 小時$^{-1}$的甲苯歧化與烷基轉移催化劑首次在國內工業應用成功，具有多產二甲苯、副產乙苯少的特點，而過去利用率不高的重芳烴透過烷基轉移反應獲得高轉化率。

此外，上海石化院開發的 SD-01 甲苯擇形催化劑也於 2005 年在天津石化公司實現工業化。所謂「擇形歧化」，就是高選擇性地使甲苯直接轉化為對二甲苯。傳統工藝是甲苯歧化得到二甲苯，但二甲苯中有鄰位、對位、間位之分，所以要想得到滌綸原料對二甲苯還必須經二甲苯異構化工藝，將鄰位和間位二甲苯異構化為對二甲苯，所以該工藝可顯著提高裝置經濟效益。上海石化院開發的 SD-01 型催化劑具有高空速、低氫烴比、高對二甲苯選擇性特點，其甲苯轉化率超過 30%，對二甲苯選擇性達 93%。該催化劑也用於揚子石化工業裝置。

目前，上海石化院又在積極推出甲苯選擇性歧化和傳統歧化組合工藝，簡稱 SITDP 工藝，並已申請專利。該工藝用於芳烴聯合裝置，既可發揮選擇性歧化工藝生產高濃度對二甲苯的特點，又能透過傳統歧化工藝充分利用碳九芳烴資源，從而大幅提升芳烴聯合裝置的經濟效益。

苯乙烯廣泛用於生產塑料和合成橡膠，是在石油化工產品中僅次於聚乙烯、聚氯乙烯和環氧乙烷的第四大乙烯衍生物。我國苯乙烯生產始於 20 世紀 50 年代，主要是高橋化工廠和蘭州化工公司兩大生產企業，前者為國內自行開發技術，後者為從前蘇聯引進技

術。到 80 年代初，國內苯乙烯總生產能力不足 7 萬噸。總體看與世界先進水平有較大差距。以產品單耗為例，國外平均水平是每噸苯乙烯消耗乙苯約 1.14 噸，但國內一般水平達 1.20 噸，上海高橋化工廠，採用引進 G64-I 催化劑，也要 1.18 噸；從能耗看，國外生產每 1 噸苯乙烯約需 0.5 噸蒸汽，50 度電，但國內一般水平是 10 噸蒸汽、100 度電，最高達 166 度電。至於生產規模差距更大，國外普遍在年產 5 萬噸以上，國內多數在 5000 噸上下。

1981 年 11 月 6 日，為充分利用石油資源，挖掘生產潛力，國務院決定成立國內第一個跨行業大型聯合體，上海高橋石油化工公司便應運而生。上海石化院作為該聯合體唯一科學研究單位為公司提供技術支撐是義不容辭的。為使高橋化工廠乙苯脫氫制苯乙烯裝置的催化劑立足國內，替代 G-64I，於 1982 年 10 月乙苯脫氫制苯乙烯催化劑項目正式立題。其中第一任課題負責人為毛連生、錢學濂和袁怡庭以及後調離石化院的姚逸民等。他們都各有所長，姚逸民善於彙總國內外文獻資料，思路清晰，在總結前人工作基礎上勇於提出科學研究發展方向；毛連生和袁怡庭有長期催化劑製備實踐經驗，在乙烯氧化制環氧乙烷催化劑和丙烯氨氧化制丙烯腈催化劑開發方面卓有成效；錢學濂工作細心，有長期從事催化劑評價考察經驗。由於他們密切配合，加上全課題組人員的共同努力，1984 年 7 月終於開發出牌號為 GS-01 型催化劑，並製備了 2 立升催化劑，裝入高橋石油化工公司化工廠即原高橋化工廠乙苯脫氫裝置的等溫床反應器以替代美國聯合催化劑公司，即牌號為 G64-I 催化劑，一次投料開車成功，經濟效益顯著提高，從而開創了國產催化劑替代進口催化劑在國內自行設計建造的苯乙烯裝置上的應用。

當時，以毛連生為課題組長的乙苯脫氫制苯乙烯的課題研究人員發現，國內苯乙烯生產裝置用反應器存在較大問題，如不作改進或開發新反應器，將難以進一步提高經濟效益。為此，改善了反應氣流分布，提高了生產能力。還與華東化工學院化學工程研究所協

作，完成了氣體分配器構件的改進。從此，GS-01 型催化劑不僅在高橋化工廠，而且在蘭州化工公司等國內十餘家苯乙烯工廠得到普遍推廣應用，並獲 1985 年中國石化總公司科技進步一等獎和 1987 年國家科技進步二等獎。

經過五代催化劑的改進和提高，並在年產 1000 噸絕熱負壓中試裝置運行的基礎上，1994 年 9 月上海石化院將 GS-05 催化劑成功地應用在燕山石化公司引進的年產 6 萬噸苯乙烯裝置上。從化學熱力學分析，乙苯脫氫反應是一個吸熱反應，負壓更利於乙苯脫氫反應的進行，所以包括燕山石化引進技術都採用絕熱反應器，負壓操作。而 GS-05 型催化劑在引進裝置的成功應用，表明上海石化院開發的乙苯脫氫催化劑又上了一個新的臺階。

由於燕山石化乙苯脫氫制苯乙烯裝置用 GS-05 型替代原有的進口催化劑，在反應溫度低 10℃的工藝條件下，苯乙烯的選擇性提高 1%，單程收率提高 1.4%，超過原設計指標，達到國際先進水平。之後，國內多套苯乙烯裝置紛紛改用上海石化院開發的 GS 系列催化劑。1997 年 GS-05 型催化劑又應用於中國石油天然氣總公司盤錦乙烯工業公司引進的年產 6 萬噸苯乙烯裝置。改進型的 GS-06 (B)催化劑於 1997 年和 1998 年也先後用於燕山石化和大慶石化年產 6 萬噸苯乙烯生產裝置。

到 2010 年，GS 系列催化劑先後在安慶石化、撫順石化、盤錦乙烯、山東華星石化、青島煉化等 16 套苯乙烯裝置得到應用。

為滿足苯乙烯裝置大型化發展趨勢的需求，中國石化科技部組織了上海石化院等單位開發了年產 50 萬噸和年產 60 萬噸苯乙烯成套技術工藝包，並對為大型化苯乙烯裝置配套的低水比催化劑、反應器和節能流程進行了深入研究。

此外，2013 年 9 月，由上海石化院開發的 GS-11 型催化劑在臺灣化學纖維股份有限公司年產 25 萬噸苯乙烯裝置成功應用，乙苯轉化率達 64.86%，苯乙烯選擇性達 96.87%，單程收率達 62.82%，

取得令人滿意的結果。為此，該公司苯乙烯裝置的林金添廠長專門發給上海石化院一份感謝信。而 GS 系列催化劑在臺灣臺塑公司、國喬石化等公司苯乙烯裝置的應用，其作用不僅是增加經濟效益，而且對促進海峽兩岸人民的友誼，提高大陸石化工業技術在臺灣地區的聲譽發揮著重要作用。最近 GS 系列催化劑又進入美國道化學公司的二乙基苯脫氫裝置，從而開始將催化劑拓展至國際市場。

由於上海石化院在石油化工、尤其是基本有機原料催化劑開發上成績斐然，使一些前來上海石化院洽談商務或技術交流的外國朋友十分驚奇，正如一位德國朋友所述，在世界權威雜誌「烴加工」中列入重要有機化工原料生產過程約 10 余個。這些過程使用催化劑主要集中在少數跨國企業，而且每個跨國企業也僅掌握 1~2 個催化劑而已，例如丙烯腈催化劑是美國索亥俄公司，環氧乙烷催化劑是美國科學設計公司、殼牌公司和德國虛爾斯公司，醋酸乙烯催化劑是德國拜耳公司。美國環球油品公司主要生產煉油催化劑，石油化工催化劑方面類似甲苯歧化制苯和二甲苯催化劑及乙苯脫催化劑也不是很多。然而，上海石化院那時科技人員不足 200 人，大部分又是剛從學校畢業的大中專生，實驗條件又相當簡陋，像 X-射線衍射儀等大型物化測試儀器都是 20 世紀 80 年代後期才引進的，大量應用的是非常傳統的化學分析手段，因而在這種條件下能開發出如此之多具有世界先進水平的催化劑，實在不易。所以國外一些催化劑廠商十分願意與上海石化院合作在全球轉讓和銷售上海石化院催化劑和生產工藝技術。

經過 50 多年的建設和發展，今日上海石化院正在向世界一流石油化工科學研究單位邁進。研究領域不僅僅限於以當年五朵金花為代表的基本有機化工原料催化劑和工藝技術開發，而是拓展到能源化工、油田助劑、催化材料、高端產品和技術服務。2014 年全年安排科技開發項目達 196 項。其中國家項目 52 項；中國石化集團公司「十條龍」攻關項目 4 項；工業試驗 11 項；中試裝置及從工業裝置

引出原料管線進行現場評估、即側線試驗裝置 21 項；成套技術開發 10 項；完成專利申請 500 件，授權 260 件；國外專利 7 件，專有技術認定 5 項。催化劑及成套技術的成果轉化與服務實現橫向收入達 2.5 億元人民幣。撫今追昔，當年包括關興亞在內的老一輩石化院科技人員在艱苦環境中，奮發圖強，自力更生開發的以「五朵金花」為代表的一批科學研究成果，給如今的年青科技人員留下的不僅僅是物質財富，更可貴的是千船和萬船也裝不下的精神財富。

CHC 型催化劑在遼陽石油化纖 3.6 萬噸/年環氧乙烷裝置上應用

GS-05 催化劑應用於燕山石化公司 6 萬噸/年乙苯脫氫裝置

# 第四節　沒有盡頭與大有希望

　　進入 21 世紀後，受全球經濟增長趨緩及巨大環保壓力，之後又受金融危機影響，全球丙烯腈需求增長率也隨之下降，2002 年至 2007 年需求量從 485.8 萬噸上升到 538.5 萬噸，年均增長率僅 2.1%，之前十年大致在 4%。由於丙烯腈生產技術的日趨完善，參與研發的廠商也在逐年減少，似乎全球丙烯腈工業已走到了「夕陽工業」的地步。

　　不過中國大陸卻獨樹一幟，由於國民經濟持續高速發展，丙烯腈市場需求日益增長，到 2007 年生產能力已達 101 萬噸，產量 103.5 萬噸，表觀消費量達 146.0 萬噸，成為僅次於美國的第二大丙烯腈生產國。在新技術開發方面，自 2003 年上海石化股份有限公司丙烯腈生產裝置採用國內自主知識產權完成了「6 改 13」的擴能改造後，從而進入了一個新的發展時期。

　　2003 年，上海石化股份有限公司丙烯腈生產裝置從年產 6 萬噸擴能到 13 萬噸，無疑是我國丙烯腈技術開發的一個新發揮點。主要技術特點可歸納為如下幾點：

　　第一，反應部分，催化劑採用上海石化院開發的較 MB 系列性能更好的 SANC 系列催化劑，各項指標已經達到或超過國際先進水平。而最大亮點是採用國內首臺由中國石化自行設計的，上海石化機械製造有限公司製造的直徑為 7470 毫米，年生產能力為 7 萬噸的流化床反應器。而內部構件則採用分別由石油大學和清華大學開發的高效旋風分離器和專有型式的空氣分布板。應用表明，總體性能與進口反應器相比，毫不遜色，並至少可節省 2000 萬元人民幣的費用。

　　第二，精製回收部分，採用上海石化院透過對氣、液兩相平衡數據及丙烯腈聚合反應動力學研究和急冷塔操作單元丙烯腈聚合損失的電腦模擬分析後開發的精製回收技術。該技術還透過在急冷塔內增加系列組合內構件，優化急冷塔操作條件，以改善急冷塔內氣液的傳質、傳熱，並減少驟冷時間，從而將丙烯腈裝置的精製回收率提高至 94% 左右。

　　第三，復合萃取精餾技術，這也是上海石化院開發的專有技術。該技術透過在萃取塔的頂部設計一精餾段來改變在萃取劑水存在下的氣液平衡，使側線抽出氣相中的氫氰酸含量大幅降低，乙腈塔頂粗乙腈的濃度則提高到 70% 以上，進而減少乙腈精製工序的能耗。

　　第四，負壓操作脫氫氰酸塔，這是大慶石化總廠早年開發的技術，改進技術除將脫氫氰酸塔由帶壓操作改為負壓操作外，還將原採用的浮閥塔改為導向浮閥塔，以進一步減少丙烯腈在脫氫氰酸塔中聚合損失。

　　第五，廢氣、廢水焚燒餘熱回收。該技術透過控制焚燒爐分級燃燒，不僅可將廢氣、廢水中的有毒組分充分燒盡，而且能有效地控制氮氧化物 $NO_x$ 的生成，使焚燒尾氣中有害成分降到最低水平，以使煙氣達到排放標準，減少對環境的汙染，還使裝置每噸丙烯腈綜合能耗降低 800 千焦。

　　上海石化股份有限公司的「6 改 13」工程，集成了中國石化集團公司自主開發的多項專利技術和專有技術，總體達到了國際先進水平，突破了國外技術壟斷，為國內丙烯腈工業的發展提供了可靠的技術依據。

　　用國產化技術和自制關鍵設備在上海石油化工股份公司進行年產 6 萬噸到 13 萬噸的擴能改造的成功，意味著我國完全有能力建造大型丙烯腈生產裝置。但是，丙烯腈及其各種副產物，包括產生的廢氣和汙水對周圍環境影響還是不可低估，因而，國家從政策層面

考慮不再新設布點，今後丙烯腈產能增長仍主要依靠老裝置的擴能改造。為此，在關興亞指導下，以上海石化院為主要承擔單位，集成國內多項技術又編制了年產 28 萬噸丙烯腈成套技術工藝包。其設計技術指標為：每噸丙烯腈消耗丙烯低於 1.04 噸丙烯、能耗低於 4530 千焦，總體水平達到國際先進水平。該成套技術工藝包於 2006 年透過了中國石化集團公司組織的評審，從而進一步突破了國外專利商的技術壟斷，為我國丙烯腈產業發展，特別是大型丙烯腈裝置的建設提供了可靠的技術支撐。

然而，就在我國丙烯腈科學研究登上一個新臺階時，上海石化院一批年青的科學研究人員，尤其是躊躇滿志的課題組負責人似乎沒有了方向，沒有了「希望」。他們正為下一步研究項目發愁，似乎覺得我國丙烯腈科學研究也到了盡頭，因為那怕是催化劑和產品精製回收率再提高 1% 也極為困難，所以迫切希望在關鍵時刻得到「高人」的指點，但又不好意思直接向關老前輩開口。其實，關興亞在與他們平時的接觸中早已了解了他們的心理狀態。儘管此時關興亞已到年過 70 高齡的古稀之年，但有關國內外丙烯腈發展概況都了解得一清二楚，甚至連主要丙烯腈專利商發表的每一篇專利都沒有放過，而且對每篇專利發表的背景，每字每句的含義都是精心推敲。

別以為電腦技術是青年人的「專利」，早在 20 世紀 70 年代末電腦作為新興技術在中國興發揮時，關興亞就認真地學習了「BASIC」語言，加上他少年時學習的打字技術，可以說如今運用電腦的本領真不會輸給青年人，這也是他透過電腦檢索功能掌握國內外發表的每一篇有關丙烯腈專利的訣竅。

關興亞根據自己幾十年在丙烯腈研究領域的實踐經驗，告誡年青一代研發工作者。第一，只要市場對丙烯腈有需求，丙烯腈的研究開發工作就不會停止。未來國內外丙烯腈需求還在持續增長，丙烯腈不是夕陽工業。催化劑是丙烯腈生產的核心技術，所以要使上海石化院的丙烯腈催化劑居於領先地位，就必須做到探索一代、開

發一代、試用一代、推廣一代，不斷更新換代才有生命力。第二，開發高收率或者高壓高負荷催化劑是一個方向，但不是唯一方向，許多清潔工藝開發也要依靠新催化劑，如果能開發出高氨轉化率的催化劑就能減少甚至無副產硫銨產生，這類符合環保理念的催化劑一定會受市場青睞。第三，從長遠看，環保將成為丙烯腈的重點研究方向之一。當初開發丙烯腈目的是解決人們的穿衣問題，以提高人民生活水平，如今丙烯腈的生產卻給人們帶來環保問題，我們不能學西方國家辦法，讓對環境有汙染的工藝轉向發展中國家，而應是在發展丙烯腈生產同時解決環保問題，實現清潔生產。第四，記住我們研究課題還有一個很重要來源，即要到工廠去了解實際情況，解決工廠遇到的實際問題。所以丙烯腈科學研究不是走到「盡頭」，我們的工作不是沒有「希望」，而是大有「希望」。

關興亞還告訴他們，無硫銨丙烯腈生產工藝一直是國外丙烯腈研究的一個方向，它的意義在於：去掉複雜的硫銨回收工段，降低丙烯腈裝置的建設費用；不會產生含有二氧化硫的廢氣，可消除對大氣的汙染；可以回收汙水燃燒爐產生的高溫廢氣的熱量，從根本上解決反應器蒸汽量不足的問題，明顯地提高丙烯精製回收率，降低原料的單耗。他希望年青一代科技人員在這方面有更多的創新舉措。

他曾經算過一筆帳。硫銨回收工藝很複雜，包括汙水濃縮加熱器、多級蒸發結晶器、離心分離機、氣流乾燥器、儲槽、機泵等設備，由於硫銨汙水有很強腐蝕性，因此，絕大部分設備材質採用不鏽鋼，價格較高。以新建一套年產 5 萬噸丙烯腈裝置為例，硫銨回收裝置設備投資費用約 3000 萬元，為整個裝置的 8% 左右，如果取消硫銨回收裝置，這筆投資費用就可節省下來。

第二，如果不回收硫銨而是送到汙水燃燒爐焚燒，將焚燒生成的二氧化硫透過 45 米高的煙囪放空雖可達到排放標準，但一套年產 5 萬噸丙烯腈裝置每小時二氧化硫排放量達 130 公斤以上，每年排

放量超過 1000 噸，同樣對環境造成汙染。從現在空氣新標準看，將導致 PM 值的大幅增高。目前發達國家和地區已採用絕對排放量的辦法來控制三廢汙染，因此焚燒方法處理硫銨汙水是不可取的，也是沒有前途的。

第三，因為二氧化硫有嚴重腐蝕性，所以汙水燃燒爐內無法設置回收高溫燃燒產生廢熱的熱量，而大量 1000℃ 高溫廢氣排空對環境造成的熱汙染不可低估。如果採用不生成硫銨的丙烯腈生產工藝，就可在汙水燃燒爐中設置廢熱鍋爐來回收高溫氣體釋放的熱量。同樣也按年產 5 萬噸丙烯腈裝置為例，每小時可回收壓力為 4MPa，也就是大約壓力為 40 公斤的高壓蒸汽 30 噸，相當於流化床反應器回收所發生蒸汽量的 70%，十分可觀。設置廢熱鍋爐的另一層意義是可解決高效催化劑帶來副產蒸汽量不平衡的欠缺。這是因為原先採用的低選擇性催化劑因生成二氧化碳較多，副反應放熱量大，其副產蒸汽可以滿足透平空氣壓縮機和冷凍機所需動力，不需外供蒸汽。但採用新高效高選擇性催化劑後生成二氧化碳副反應減少，副反應放熱量減少，反而造成副產蒸汽量的減少，所以透過廢熱鍋爐熱量回收，還可解決裝置蒸汽不平衡問題。

在關興亞指導、啟發和鼓勵下，吳糧華等這一代站在丙烯腈研發第一線的年青科技人員沒有辜負關興亞等老一代丙烯腈技術開發者的期望，新的科學研究成果接連不斷。

首先在高性能催化劑研發方面，2008 年開發的牌號為 SANC－08 高氨轉化率催化劑，不但可使裝置副產硫銨大幅下降，而且丙烯腈單程收率仍高達 80.5%，包括副產氫氰酸和乙腈「三腈」收率高達 89%。相對而言，與原先 MB 系列和早期 SANC 催化劑相比，因副產硫銨量的顯著下降，故是一種清潔型催化劑。該催化劑在年產 8 萬噸和年產 13 萬噸裝置上應用，獲得用戶高度評價。丙烯腈單程收率比 SANC－08 高 1 個百分點以上的 SANC－11 催化劑已完成萬噸級工業應用試驗。2014 年 6 月 30 日發揮，在上海石化股份有限公

司一臺年生產能力為 3 萬噸的裝置上使用，經 72 小時標定結果表明，運行平穩，技術經濟指標先進，達到預期效果。

高負荷的催化劑正取得突破性進展。開發中的牌號為 SANC-05m 催化劑有可能將負荷 WWH 從 0.085 提高到 0.10~0.11，從而使反應器生產能力再提高 10%~20%，但丙烯腈單程收率略低於 80%，僅能穩定在 78% 以上。如果再努力一番，還可更上一層樓。

按照關興亞「課題來自工廠實踐」的教誨，年青的科技人員了解到丙烯腈反應氣體冷卻器是影響長週期運行的一個「攔路虎」。該冷卻器也是丙烯腈生產中的關鍵設備，其作用是使反應出口的氣體從 440℃ 迅速冷卻到 200℃。由於冷卻過程中，丙烯腈、氫氰酸、丙烯醛很易發生聚合反應，加上催化劑粉塵一發揮黏附在冷卻器管壁，導致管道堵塞，所以通常經 4 到 6 個月的運行，便要對氣體冷卻器進行停車清堵處理。而上海石化院開發的在線清堵技術是在不停車的情況下對氣體冷卻器進行不斷清堵，從而延長了運行週期。該技術在安慶石化年產 8 萬噸和上海石化年產 13 萬噸等裝置上應用，氣體冷卻器運行週期延長到一年以上，因而提高了裝置經濟效益，減少了由於停車帶來的經濟損失。

在無硫銨工藝開發方面，年青科學研究人員提出一個新思路，即採用一種既能中和未反應氨又能將其解析出氨的酸性物質來替代硫酸，也就是在急冷塔中和未反應氨，並透過解析循環利用氨和酸性物質，達到降低消耗目的。目前該新技術已進入千噸級規模的工業試驗。結果表明未反應氨吸收和銨鹽解析完全取得了預期的效果。

再有是含腈尾氣的處理技術。目前含腈尾氣的處理主要採用焚燒爐焚燒的方法處理，存在對環境造成汙染和消耗大量能源等問題。上海東化環境工程公司與吉林石化合作首次在國際上採用催化氧化技術，並用於年總產能為 42.4 萬噸丙烯腈裝置，獲得良好效果。不足之處是氮氧化物，即 $NO_x$ 大大超過國家排放標準，所以必

須在對 $NO_x$ 進一步處理後才能排放。上海石化院等承擔的國家「863」計劃，開發的催化劑可對含氰廢氣作淨化技術，以處理含腈、烴和 $NO_x$ 等有機物質，現正進入模型試驗的驗證階段。

在其他清潔工藝開發方面，廢水集成處理工藝的開發也很成功。目前普遍採用的辦法是將反應系統廢水和回收精製系統廢水分別處理，前者採用焚燒處理，後者採用四效蒸發後再生化處理。上海石化院新一代年青科技人員開發的技術是將催化濕式氧化處理有機廢水的新方法應用到丙烯腈生產工藝中，並且將兩種廢水集成在一發揮處理。現已完成實驗室階段的催化劑及工藝開發，並可使急冷塔高達十幾萬的化學耗氧量（COD）的硫銨廢水降到 2 萬左右，處理後的廢水仍可作為急冷塔補給水，從而可刪除焚燒爐，大幅降低能耗。近期該工藝有望進行工業側線試驗。一旦工業開發成功，無疑也是丙烯腈工藝技術的一次革命性的進步。

為了讓剛獲博士學位年青科技人員獲得鍛煉機會，關興亞曾建議院領導讓他們主持尖端性研發課題，進行「晶格氧氨氧化制丙烯腈綠色工藝」等課題的研究開發。

關於晶格氧在烴類氧化反應中的應用，關興亞也作過調研。有兩個典型實例，一個是間二甲苯氨氧化為間苯二甲腈，另一個是正丁烷氧化制順酐。

美國杜邦公司在研發成功的抗磨矽膠為載體殼層塗布釩磷（VPO）晶格氧催化劑和循環流化床提升管反應器的基礎上，於 1996 年在西班牙興建了一套採用正丁烷氧化制順酐裝置。但運行不久就停產，主要原因是催化材料的儲氧量不夠，大約每公斤催化劑可提供的儲氧量僅能生產 1 克順酐。所以，一套年產 2 萬噸順酐裝置，每分鐘催化劑循環要達 650 公斤，循環催化劑能耗要占整個裝置能耗的 20%～30%，這在經濟上是不合算的。如果能找到一種既有較強晶格氧流動性，並且儲氧量足夠的材料，那麼晶格氧催化劑在烴類氧化中的應用將前景看好。

將晶格氧選擇氨氧化引入丙烯氨氧化工藝，這是多年來國內外丙烯腈研發工作者值得期待的一項新工藝。由於晶格氧選擇氧化在沒有氣相氧分子的條件下進行，所以可避免深度氧化反應，即生成二氧化碳和水的副反應，從而大幅提高反應生成丙烯腈的選擇性或者大幅提高丙烯腈產量，而且還不受爆炸極限的制約，因為氣相中不存在氧氣，當然也不會有發生爆炸的可能性。所以，又是一種節省丙烯資源和保護環境的綠色化學工藝。然而要解決儲氧能力強和耐磨性好的催化材料並不容易，而且還要根據反應特點開發相應的反應器及工藝，非常富有挑戰性。

對上海石化院年青一代科技人員取得的成績，關興亞有說不盡的高興。其實他一直認為現在的青年人早已「青出於藍而勝於藍」，他們外語和電腦技術是五六十年代老大學生所不及的。還有一流的工作環境也是當年老大學生不能比擬的，應有盡有的大型物化測試儀器、寬敞的實驗室、資料齊全的圖書館大樓、規範的中試基地和催化劑生產基地，更重要的是現在國家對科學研究人員的政策和優厚的生活待遇，使科學研究人員能安心從事科技工作，所以，關興亞從心底裡羨慕現在的年青一代。

最近一段時間，年過八旬的關興亞看到國外一些丙烯腈生產專利商發表的新專利，丙烯腈單程收率多數在 85% 以上，但尚未工業化，問題是在高壓高負荷下運行，又馬上下降為 81% ~ 82%，不過，也讓人看到至少還有一定潛力可挖。所以，他繼續勉勵青年人，不管難度有多大，也要勇於攀登新的高峰。

關興亞還告訴他們，1957 年毛澤東主席在莫斯科接見中國留學生有一段名言：「世界是你們的，也是我們的，但歸根結底是你們的，你們青年人朝氣蓬勃，正在興旺時期，好像早晨八九點鐘的太陽，希望寄託在你們身上……」。

其實，當年毛主席的講話不僅是對在莫斯科的留學生，也是對新中國所有青年一代的期望。老人家的這句話整整影響了一代青年

人的茁壯成長。因為黨和國家對青年人寄託著希望，所以那個年代青年人都充滿著理想，如饑似渴多學些知識，將來好為黨和人民多作貢獻。關興亞對當今的青年一代說：「我們這一代人聽從毛澤東主席的教導，沒有辜負黨和國家的期望，現在時代在與時俱進，但這段名言對你們青年人同樣適用，未來中國的希望仍是寄託在你們青年人的身上。」

近年來，針對部分青年科技人員「迷戀出國」、「迷戀金錢」，而缺乏科學研究激情現象，關興亞經常寄語青年人。他希望青年科技工作者安心一線本職工作，靜下心來，透過研究工作提高水平，不要受社會不良風氣的影響，避免心浮氣燥，只要堅持下去一定會收穫成果。

希望青年科技工作者向老一輩科學家學習，老老實實做人，踏踏實實做事，強化學術作風和學術道德建設，不要為了利益之爭，破壞整個創新團隊，科學研究只有依靠團隊力量才會成功。

關注學科最新發展，不僅要關心本專業的變化，而且要關注交叉學科的發展，擴大視野，提高創新能力，年青同志要多參加各種學術交流，既學習別人經驗，又要展示自己研究成果。

關興亞還建議，有關部門統一協調 100 多個國家開放實驗室，定期發布指導性意見，實現科技資源共享。

2008 年 12 月 19 日這四點寄語和建議被中國石油大學出版的《石油之光》編入兩院院士寄語。

現在，85 歲高齡的關興亞雖然仍想親自動手做實驗，但心有餘而力不足，不過至今仍堅持每週至少到上海石化院一次，當好顧問。而且每次到院上班都有新的想法和新的思路，或為新領導團隊出點子，提出相關的建議方案，或者到實驗室與青年一代科技人員交流丙烯腈新催化劑和新工藝開發中遇到的一些難題，並有意與青年人探討這些難題的解決方案，所以很受青年人歡迎。也讓青年人明白丙烯腈的科學研究沒有「盡頭「，對廣大科學研究人員來說是

「大有希望」。根據吳糧華副總工程師回憶，在上海石化院最早提出開設高性能碳纖維課題的人是關興亞。當時國內碳纖維研發情況正如沈志剛和吳糧華等在石油化工學會的一次年會上作的「對國內聚丙烯碳纖維技術發展的一些思考」所述的那樣，「99%左右的碳纖維是由國外和臺灣地區進口，由於碳纖維是敏感的策略物資，所以美國、日本等國對碳纖維核心生產技術和關鍵設備都是嚴加控制的。因而，不僅軍工用碳纖維可能被隨時卡死，就是民用碳纖維也存在被卡死的風險。」而「中國軍事現代化和大飛機項目的啟動，碳纖維需求將進一步增加」，「僅 2000 架 C919 大型飛機和各種軍用飛機需求量就達 8 萬噸之多。」當時國內擬建碳纖維生產裝置企業多達 20 餘家，且幾乎全是民營企業，即使生產低端碳纖維產品品質也不穩定，更談不上在軍工和大飛機上使用。後來，關興亞看到土耳其一家聚丙烯腈纖維生產企業居然也能生產高端碳纖維，而且產能數千噸。於是，與吳糧華等商榷能否開發丙烯腈的下游產品高端碳纖維。後來，在中國石化集團公司管理層的支持下，上海石化院開展了高端碳纖維研發，目前進展良好。所以，在年青科學研究人員的眼裡，這位德高望重的老專家與普通老人沒有什麼區別，和藹可親，既是青年人的偶像和榜樣，更是永遠的丙烯腈學科帶頭人。而關興亞「老當益壯」和「一絲不苟」的敬業精神又永遠激勵著年青一代丙烯腈科技人員為祖國丙烯腈產業作出新貢獻。

第|六|章

培養人才與
人生感悟

# 第一節　培育新人　重在實踐

　　1974 年關興亞結束在上海大廈與日本丙烯腈技術引進談判之後，回到上海石化院繼續進行引進裝置配套催化劑的研究。不久，院部帶來一大批上海石油化工總廠從中學招生來的青年學生，還有幾個剛從部隊復員和退伍的軍人，說是到丙烯腈課題進行技術培訓，為引進年產 5 萬噸丙烯腈裝置培養技術工人。

　　關興亞見了這批青年人，打心眼裡高興，因為引進裝置配套催化劑的研製要求高，時間緊，而院內多年未進大中專生，使勞動力十分短缺。另外與青年人一發揮工作似乎自己也年輕了好多，不過也為他們婉惜。想當年自己這個年齡時已在復旦大學求學，但這些青年人想讀書卻沒有門。因為那時候受文革影響高等教育停辦了多年，連中等專業學校和技工學校還在恢復之中。儘管他們也算是高中畢業生，但不少人也僅小學畢業水平。文革期間，中等教育已不分初中和高中，一律稱高中畢業生，然而受「四人幫」的干擾，學校老師根本無法上課。有些中學老師一門心思想讓學生多學點知識，可是，一會兒批「馬尾巴的功能」，意思是老師教的課都是沒有實用價值的內容。一會兒要學習那些「不讀 ABC，照樣幹革命」的反潮流學生。更讓人啼笑皆非的是交白卷的張鐵生居然可以直送大學，從而引發揮一場社會風波。

　　不過，關興亞想國家花了幾個億人民幣從國外引進先進技術，如果因操作工操作的失誤，那就會使老百姓多年來積累的財富付之東流，有些事故還造成工人的殘疾甚至死亡，其教訓是深刻的。其實，化學工業的操作工比一般的車、鉗、刨工種要難得多。因為化

工操作往往看不到、摸不著，常常需求你透過儀表指示來了解反應器和塔器內的真實情況，沒有文化是無法操作的。相對而言，舊社會那些做車工、鉗工的老師傅，靠手上功夫，即使不識幾個字，但憑實踐經驗照樣可幹得很出色。那些年，尤其是文革期間，由於無政府主義和操作工水平的低下，在鄰近化工廠內幾乎每年都有因操作失誤而造成火災和有毒有害物質泄漏而致工廠停工和人員傷亡。所以他下決心做一回教書匠，要把這批青年人培養好，不求出高級人才，但至少是一個引進裝置上的合格操作工。於是，他趁工作之餘，自己從圖書館找來一些文革前出版的中專和技校教材，在此基礎上又編寫了包括數理化和有關丙烯腈生產工藝等講義。從最基礎的中學數理化知識開始一直到專業知識，如同一所學校一樣給這些青年人上課，並布置作業。同時按他們的專業分工，分有機化工工藝、產品分析、催化劑製備，由專人負責培訓。

經過兩年多時間的培訓和實踐，他們不僅有理論知識，而且還有在上海石化院小試驗和中試裝置學到的專業知識，有的還當上班長、工段長，成為工廠技術骨幹。還有個別青年，又在原有基礎上，繼續刻苦學習，在 1978 年國家恢復高考後進入高等院校，成為文革後的首批大學生。

中共十一屆三中全會後，經撥亂反正，科學研究單位出現前所未有的大好形勢。由於石化工業的迅速發展，尤其是引進石化裝置逐年增加，相配套的引進技術消化吸收和催化劑研製任務日益增多。然而，此時上海石化院人才卻出現青黃不接現象。解放前留下的高級工程技術人員已屈指可數，而且不少已步入花甲之年，例如科學研究情報室的幾位老先生本應可安享晚年，可是因缺乏接班人，還在沒完沒了地翻譯外文資料，撰寫「化工大全」、「化工大百科」，以及各種由化工部和上海市科委下達的石油化工科技發展規劃的背景材料。院裡五十和六十年代的大中專畢業生，也都步入中年，有些還走上各級領導崗位，只是做具體工作的工程技術人員越

來越少，迫切希望有一批年齡在 20~30 歲之間的具有化工專業知識的大中專畢業人才從事實驗室和中間試驗工作。

1982 年秋，我國有了第一批文革後的大學畢業生，上海石化院正期盼能分得一批新的接班人。可是，那時候雖說知識分子待遇有了改善，但屬事業單位的上海石化院與工廠相比仍有很大差距，大學生更願進工廠工作。同樣在高橋化工廠區內工作，分配在高橋化工廠的大學生實際收入比上海石化院的多一倍，所以多數化工類專業畢業生會選擇在高橋化工廠工作。人事部門工作人員費了九牛二虎之力，從宣傳石油化工科學研究發展前景角度出發，總算爭取到十來個化學化工類大學畢業生，所以研究院上下喜出望外，視作瑰寶。院裡各部門都想補充新生力量，尤其是早已「老齡化」的計劃管理類部門。然而關興亞卻向院部領導建議先讓這批大學生到科學研究第一線去鍛煉，最好到中試工廠和與上海石化院合作的工廠企業，讓他們對石化工業有更多的感性知識，這樣對日後科學研究工作的展開和個人進步都會帶來好處。在他看來，一個工業性研究院所的工程技術人員，最好從實驗室小試驗做發揮，然後到中間試驗工廠滾打幾年，中試結束後，參與工程設計，一直到大規模工廠的試車。這樣，培養出來的工程技術人員就能夠全面了解生產企業的要求，從而為新的研究工作打下扎實基礎，同時也加強了科學研究為工廠生產服務的意識。

他還認為，一個工業研究院所的所謂成果，絕不能僅僅停留在實驗室階段便束之高閣，成為「華而不實」的展品，這是浪費國家的財產。一項真正的「科學研究成果」必須經過工廠實踐檢驗，能產生經濟效益和社會效益，體現它的實用價值，才能真正算得上轉化為生產力。如果我們培養的工程技術人員不掌握工程知識，不知道如何為工廠技術服務，怎樣才能使科學研究轉化為生產力呢？

關興亞培養接班人方式可謂別出新裁，他歡喜給他看得中的人壓擔子。這些人學歷不必要很高，但必須是善於動腦、動手的人。

自己出點子，然後放手讓他們去做，同時在他們具體工作時適當給予指導，使他們能迅速成長發揮來。例如現任上海石化院副總工程師、研究部主任兼丙烯腈項目負責人吳糧華就是當年他看中的培養對象。在吳糧華基本掌握磷鉬鉍系催化劑製備方法後，讓他自己尋找資料開發 MB-98 型催化劑和性能更好的 SANC 系列催化劑。為了讓他熟悉工廠開車過程，帶他去茂名聯合化工紡織總廠參加年產 5000 噸丙烯腈裝置開車，之後作為大慶、撫順、齊魯，乃至臺灣中化公司丙烯腈裝置開車主要負責人，獨當一面。

徐建榮也是他看中的接班人。徐建榮記得，當時進上海石化院不久，關興亞就交給他一個任務，是在流化床反應器的空氣和氨分布板上打孔，但孔打多少個，孔的尺寸又是多少，就要自己動腦筋，根據所給定的空氣和氨的流量來計算。以後讓他熟悉整個流化床反應器生產原理和構件的計算、製造。開始徐建榮覺得壓力很大，打孔既是一項體力勞動，又要開動腦筋。於是，他先經計算，再打孔，然後拿到反應器中去嘗試，最後摸出了規律。1986 年，參加茂名聯合化工紡織總廠年產 5000 噸丙烯腈催化劑生產工廠開車，獨當一面，保證了反應器的穩定運行。後來上海石化院實驗廠丙烯腈催化劑因經常出現重複性欠佳問題，需求一名技術負責人，於是，關興亞向院部推薦由徐建榮任催化劑技術負責人，廢丙烯腈催化劑生成量大幅減少，經濟效益顯著上升。

由於關興亞注重青年人的培養，他們中間湧現出一批國家科技進步獎、香港「何梁何利」獎、聶榮臻發明創新獎獲得者，以及國務院專家津貼獲得者、全國三八紅旗手、上海市勞動模範等榮譽稱號的傑出人才。

關興亞對於在職管理人員再教育也可謂盡心盡力。1988 年 10 月，中國石化總公司人事部和生產部在天津聯合召開編製煉油、化工化纖、化肥、機動設備等 5 個專業繼續工程教育規劃方案座談會，會上決定由上海石化院編寫化工有機原料部分。同時，根據「關於

面向生產選課題，開展繼續工程教育」文件的要求，由上海石化院承擔基本有機原料技術培養任務。其中第一個項目就是「丙烯腈專題」培訓班。

當時我國丙烯腈生產企業約 11 家，除上海石油化工總廠和大慶石化總廠化工二廠兩套年產 5 萬噸裝置已經投產外，還有撫順、安慶兩套年產 5 萬噸引進裝置在建設中，山東淄博和蘭州化工公司兩套年產 2.5 萬噸引進裝置也在建設中，再加上高橋化工廠、茂名聯合化工紡織總廠等幾家用國內自己技術建設發揮來的中型規模企業，但這些企業基本都直接或間接地在中國石化總公司管轄之下。參加培訓的學員主要是這些裝置的工段長、工廠主任一級技術骨幹，還有部分學員是工廠主管丙烯腈生產的處級和科室人員。培訓目的是使學員系統掌握丙烯腈生產基本原理、國內外發展概況、技術進展和科學研究發展動向。

在近兩個月的培訓期間，長期從事丙烯腈技術開發的老專家親自講課，其中留美學者、原研究所所長張式主講工程放大；陳慶齡院長主講後處理及產品分離提純；盧文奎副院長主講化學反應動力學和反應機理；關興亞副總工程師主講流化床反應器和催化劑。

關興亞講課也與眾不同，喜歡深入淺出，結合工廠實踐，既有理論又連繫實際。例如講操作控制相關問題時，像上哲學課一樣，先列出幾對矛盾，溫度升高與降低、壓力升高與降低、流量增大與減小、塔釜液面升高與降低等，然後逐一解釋兩者關係以及處理問題的方法。有些深奧理論，經關興亞一講就變得通俗易懂。例如，流化床反應器產生的氣泡，本來是深奧理論，但關興亞用矛盾對立與統一的理論作了解釋，反應在較高線速下操作，此時必有大量大氣泡生成，而且這種氣泡是不斷生成，又不斷被破碎，而每次氣泡生成和破碎過程就產生了傳熱和傳質過程。這樣由反應器自下而上，使每個新產生的氣泡中經過反應的氣體的成分不斷增加，最終將全部氣體都達到比較完全反應，使反應獲得較高原料轉化率和產

物的選擇性。而流化床反應器中的某些內部構件又是造成氣泡的破碎作用，使化學反應達到預期效果。

關興亞正是透過矛盾論的對立和統一觀點來告訴學員，任何操作穩定都是相對的，要在穩定操作中善於發現問題、解決問題，才能使化工操作保持長時間的穩定運行。

因為培訓學員都來自生產第一線，而且有些學員對關興亞比較熟悉，一發揮參加過裝置試運行，還在同一工廠吃過食堂專用車送來的飯菜，加上關興亞沒有一點架子，大家也沒把他當作專家教授來對待，提的問題最多，但關興亞很耐心，逐一回答他們的問題。

例如一部分來自引進裝置的學員，學習了催化劑加入量和反應器總投料量計算的經驗公式後，就提出在流化床反應器直徑不變動的情況下，如何計算出最大生產能力。很顯然，他們想對現有裝置進行擴能改造。關興亞毫無保留，將自己多年積累的這方面知識全部傳授給他們，還告訴他們最重要的一點是採用新型構件來提高反應器的生產能力。

一部分來自國內自建中型丙烯腈裝置的學員，他們最關心的是如何運用引進裝置新技術，透過消化吸收來改造他們的現有裝置。關興亞也將自己的想法和盤托出，並且還建議他們與來自引進裝置學員進行技術交流。

有些問題涉及到創新技術，關興亞儘量能給他們一個滿意答覆。例如，通常引進裝置開車時，需求「標準氣體」作試車時產品分析用，但這種標準氣體的配製非常專業，是他在上海石化院長期工作經驗的積累，可他並不保守，其中包括自己專程到上海計量局去討教專業人員學來的技術也無私地告訴學員們。後來，大慶和蘭州引進裝置在試用上海石化院 MB 系列催化劑進行開車時，關興亞用學來的配氣技術，配製好標準氣體，然後在上海計量局進行測試，之後又將配製好的「標準氣體」隨同運輸催化劑的大卡車一發揮送至現場，從而保證了裝置順利運行。

多數學員聽了關興亞有關上海石化院正在開發的新催化劑、新工藝和新技術介紹後，希望獲得有關詳細資料，還想參觀上海石化院正在進行的相關實驗。他也總是儘量滿足他們的要求。他還會細細聽取他們有關工廠裝置存在的問題或迫切需求解決的問題，然後再分析，看看上海石化院能否為工廠做些什麼？當時許多學員對上海石化院正在開發的丙烯腈精製回收技術很感興趣，因為丙烯腈回收率若從 90％提高到 94％，一套年產 1 萬噸的丙烯腈裝置，一年就能多增產 400 噸丙烯腈，經濟效益十分可觀。所以，培訓班後來成了技術交流會，師生關係特別融洽。有些學員回到工廠崗位後，就提出很多合理化建議，也有的提出擴能改造想法，培訓班超出了預期目的。許多學員說，透過學習不僅增加了基礎理論知識，還把上海石化院最新技術成果也帶回工廠。

透過這次與培訓學員的交流，關興亞才知道，有些單位將引進裝置的有關資料長期關在工廠檔案室，無人問津，這很可惜。因而希望學員們能好好學習外語，把引進技術真正學到手，為我所用，並不斷提高業務水平。後來他又向有關領導提出如何消化吸收這些引進技術資料的建議，得到上級部門的肯定。

關興亞不但重視對院外職工的技術培訓，而且還十分關注丙烯腈課題組員工的業務水平提升。1978 年 3 月全國科學大會之後，上海市化工學會和上海市科協的學術活動逐漸恢復，各種知識講座十分活躍。當時，他自己帶頭主動參加學會活動，為青年人主講丙烯腈生產技術和催化劑進展，還積極鼓勵並安排組內員工參加各種學術活動，讓他們不斷吸收新知識，提高業務水平。

1979 年，中國化學會在上海召開文革後的第一次學術活動，當時國內著名化學家盧嘉錫等聚集在上海展覽館作學術報告，關興亞覺得這是一次極好學習機會，從化學會索取多張入場券，讓組內技術骨幹參加會議。後來獲悉我國催化學術大師、廈門大學蔡啟瑞院士、中科院煤炭化學研究所彭少逸院士、中科院大連化學物理研究

所郭燮賢 院士同來上海化學化工學會作學術報告，關興亞又要求主要技術骨幹放下手上的工作，去上海市化學化工學會小會場聆聽報告，增進知識。

關興亞還從員工長遠發展出發，鼓勵組內員工參加文革後首次高考，並且給予放假溫課的機會，後來，功夫不負有心人，一位當年在年產 60 噸丙烯腈工廠因濺著氰化物差點送命的中專生終於如願考入上海工業大學本科數學系，畢業後回高橋石化公司電腦室任高級工程師。至今談發揮此事，仍十分感激關興亞的鼓勵和關照，因為有了關興亞當年對他的支持，才有他後來的成功。

如今上海石化院丙烯腈課題組人才濟濟，成果纍纍，所以很多人一直想問關興亞是如何培養接班人的。2007 年在回答《中國石化報》記者關於人才培養的問題時，關興亞是這樣回答的：一是「母雞帶小雞」的辦法，工作中看誰的工作表現好，就讓誰挑擔子；二是青年人有自己的想法，不能用自己的框框去套，一些重大技術方案決策、重大工藝流程修改，自己出點子放手讓青年人去做；三是團隊帶頭人很重要，帶頭人要以身作則，協調好成員之間關係，形成和諧氛圍，讓隊伍保持良好傳統。不過他要青年人記住他最重要的一句話，那就是「要在年青的時候養成自己動手的習慣，只出點子，從來不動手的人不容易出大的成果。一個新方案的提出人往往是第一個實踐者，這似乎是一個規律。」

# 第二節　集體智慧與個人榮譽

從 1961 年上海石化院「丙烯氨氧化制丙烯腈」立題開始屈指數來已有 56 個春秋。從撰寫開題報告、文獻總結、小試驗、中間試

驗、工業放大試驗，一直到在不同規模引進工業裝置的技術推廣和應用，每一過程都凝聚了關興亞的心血和光輝業績。

在關興亞主持的丙烯腈技術開發過程中，僅從 1978 年發揮至 1999 年獲各級政府和有關機構頒發的獎狀有數十項，其中僅國家級的就有 13 項之多，它們是：

1978 年 3 月，全國科學大會成果獎，獎項名稱是：丙烯氨氧化合成丙烯腈工藝及催化劑研究；

1988 年 7 月，國家科技進步二等獎，獎項名稱是：MB-82 型丙烯腈催化劑的研究開發；

1991 年 12 月，國家科技進步二等獎，獎項名稱是：MB-82 型丙烯腈催化劑 25000 噸/年引進裝置工業應用；

1993 年 12 月，國家科技進步一等獎，獎項名稱是：MB-86 型丙烯腈催化劑研究及工業應用；

1993 年 12 月，國家科技進步二等獎，獎項名稱是：丙烯腈復合萃取解吸分離新工藝五千噸級工業試驗；

1995 年 3 月，中國專利十年成就展組委會和評審委會頒發的發明優秀獎，獎項名稱是：丙烯腈和乙腈回收的新方法；

1995 年 3 月，中國專利十年成就展組委會和評審委會頒發的金獎，獎項名稱是：丙烯腈催化劑的製法；

1995 年 3 月，國家科委頒發的國家級新產品獎，獎項名稱是：MB-86 型丙烯腈催化劑的研製工業應用；

1997 年 11 月，國家專利局和世界知識產權組織頒發的發明金獎，獎項名稱是：丙烯腈流化床催化劑；

1998 年 8 月，十一屆全國發明展覽會頒發的世界知識產權組織專項發明金獎，獎項名稱是：丙烯腈流化床催化劑；

1998 年 11 月，九八世界華人發明博覽會頒發的發明金獎，獎項名稱是：生產丙烯腈流化床催化劑；

1999 年 9 月，十二屆全國發明展覽會頒發的發明金獎，獎項名

稱是：丙烯腈流化床催化劑。

　　然而，關興亞並不看重名利，從 1988 年 7 月，MB-82 型催化劑獲國家科技進步二等獎後，再也沒有在丙烯腈獲獎項目上掛名。

　　1985 年國家開始建立專利制度時，由他親手申請的有關催化劑的國內外發明專利有 8 項，其中包括：

　　1989 年 9 月 27 日，CN1005248，專利名稱為丙烯腈含鈉催化劑；

　　1991 年 7 月 10 日，CN1013079，專利名稱為丙烯腈催化劑的製法；

　　1991 年 10 月 2 日，CN1054914，專利名稱為丙烯腈流化床催化劑；

　　1992 年 5 月 20 日，CN1061166，專利名稱為丙烯腈鹵素催化劑；

　　1992 年 5 月 20 日，CN1061163，專利名稱為丙烯腈催化劑活性長期穩定法，相關美國專利為 US5177048；

　　其他有關丙烯腈流化床催化劑相關的美國專號為 US5223467，歐洲專利號為 EP484792。

　　由他及其同仁主持開發的擁有自主知識產權的丙烯腈生產技術，使中國的丙烯腈催化劑和技術進入世界先進行列，並為催化劑在臺灣地區推廣應用作出突出貢獻，為國家創造了巨大的經濟效益和社會效益。其中僅 MB-86 型催化劑在國內引進裝置推廣應用就為國家直接節約外匯 4000 余萬美元，新增利稅數億元。可是，在同事的眼裡，關興亞卻始終是一位無私奉獻、默默工作、淡泊名利、務實的科學研究工作者，對工作一直秉持嚴格的科學態度，百折不撓的敬業精神。他用自己的行動，實現了他的諾言「見工作就上，見榮譽就讓」，並將一生精力都撲在丙烯腈事業上。

　　實際上，1988 年關興亞被評為國家級有突出貢獻中青年專家，1989 年被評為中國石化總公司勞動模範，1991 年享受政府特殊津貼

後，每一次他都向領導提出「我的榮譽不少了，再多沒有意思，到此為止吧！」

關興亞將上海石化院獲得的獎項看作是包括上海石化院在內所有參與單位的共同努力的成果，將個人獲得的獎項則視作所有參與者集體智慧結晶，而他個人在集體中的作用僅是「滄海一粟」而已，不值得一提。即使工作有一點成績，也應歸屬於黨和國家對自己的多年培養和教育。

關興亞常常對青年人講，我們這一代人在舊社會飽經風霜，親眼目睹日本侵略者在中國的殖民統治，無辜的中國人在街上行走會莫名其妙地遭到日本兵的毆打。在日本人開設的學校讀書，因為學生們不願講難聽的日本語遭日本教師的打罵也是常有的事。因為「落後要挨打」，所以，我們這一代人尤其希望中國強大發揮來，在洋人面前能揚眉吐氣，這也是幾代中國人的願望。

也許現在的青年人難以想像，在當年物質條件極其困難的條件下，以關興亞為代表的老一輩石化人會開發出具世界先進水平的丙烯腈生產技術。那年頭，沒有名利還背著資產階級知識分子和「臭老九」的沉重包袱，靠的是什麼？是精神力量。

關興亞告訴青年人，20 世紀 60 年代搞丙烯腈研究開發，壓根也沒有想到什麼名利和地位，而是懷著要為人民解決吃、穿、用，支援農業，支援國防建設的壯志；懷著徹底改變我國一窮二白落後面貌的雄心，以早日從石油「廢氣」中拿出丙烯腈；懷著打擊帝、修、反，為國爭光的一顆紅心。因為把搞丙烯腈研究當作一項重大的政治任務來對待，才能在前進道路上克服一個又一個困難。那時候，社會上提倡的是「一不怕苦、二不怕死」的精神，就連中試工廠掛的大幅標語也是這些口號。所以，工作再累也沒有人叫苦喊累。

關興亞也常常對青年人講，沒有黨和國家培養就沒有他的今天。他說，1949 年新中國成立後，國民經濟逐漸好轉，人民生活水平有所改善，這才使自己有機會進入高等學府深造。當初考入上海

交通大學化學系時，生活費曾是一道檻，因為此時他父親收入僅夠維持家庭生活，而無法承擔他在學校的各種費用，又是黨的好政策，從 1951 年 9 月發揮所有高校學生都能享受助學金，這才使他能順利完成大學學業。至今他還記得當年入學時，上海交通大學老師的一句話：「記住你們是黨和人民培養的新中國第一代大學生，是千千萬萬工人和農民用血汗來養活你們的，你們千萬不能辜負黨和人民的培養，要全心全意為工人、農民和人民大眾服務。」常言道：「滴水之恩要湧泉相報」，為國為人民再苦再累也是應該的。

關興亞認為，我國丙烯腈工業發展除上級領導正確決策和支持外，離不開兄弟單位和同仁們的共同努力。1991 年，他在北京石油煉製和石油化工國際會議上以英文發表了一篇對中國丙烯腈工業發展過程作簡要回顧的文章，題目是「Development and Application of Acrylonitrile Technology in China」。1992 年又以中文發表在《合成纖維工業》雜誌第一期，題目是「中國丙烯腈生產技術國產化發展過程」。

全文強調了 1982 年國家科委制訂的工作計劃和中國石化總公司（即中國石化集團公司的前身），在執行這一計劃所發揮的關鍵性作用，尤其是中國石化集團公司組織的數次多項大規模技術攻關，推進了我國丙烯腈成套技術國產化進程。

關興亞將中國丙烯腈工業發展分為 3 個時期。第一個時期從 1960 年到 1969 年，是丙烯氨氧化制丙烯腈的基礎研究和中間試驗期間。這個時期從 1960 年北京化工研究院丙烯腈立題開始，他強調了北京化工研究院作為我國最早進行丙烯氨氧化催化劑和工藝開發的科學研究機構，造成開創作用。當時，北京化工研究院研製了活性組分為磷、鉬和鉍的氧化物並以二氧化矽凝膠為載體，用機械混和法製成催化劑，並進行了流化床反應器的小試研究，以後又在蘭州化工公司進行了直徑為 600 毫米的流化床中間試驗。1961 年發揮上海石化院，中科院長春化學研究所、蘭州化工公司才先後加入此

行列。1963 年 7 月，根據當年 3 月化工部在上海召開的丙烯腈技術交流會精神，北京化工研究院的吳蔭琛工程師、中科院長春應化所的謝筱帆研究員、蘭州化工公司中試室主任張萬欣工程師各自攜帶著他們的催化劑在上海石化院進行統一評價試驗的印象至今仍牢牢地留在他的腦海中，歷歷在目。技術交流和各參與單位的合作使上海石化院和他學到許多丙烯腈催化劑和反應技術開發的經驗，受益匪淺。

第二個時期，1970～1980 年，是丙烯腈試生產和工藝改進時期。這個時期在北京化工研究院等單位共同協作下，上海石化院中間試驗獲得成功，開始先後在黑龍江、遼寧、山東、上海、江蘇、湖南、廣東各省市建設了 12 套中小型丙烯腈裝置。其中規模最大的為年產 1 萬噸，後大慶煉油廠調整為 5000 噸，多數是 1000 至 2000 噸級裝置。這一時期各生產廠對原有技術作了一定改進。其中包括採用上海石化院的運用高速轉盤式噴霧乾燥器製成的細顆粒多元催化劑；長春應化所的 DB-75 新型催化劑；山東淄博石油化工廠從萃取解吸塔抽出乙腈的工藝改造；大慶石化總廠化纖廠將脫氫氰酸塔由常壓改為負壓；高橋化工廠、北京化工研究院、岳陽石油化工總廠合作完成的丙烯腈汙水用加壓水解和生化處理的兩級汙水處理，達到國家排放標準；山東淄博石油化工廠完成丙烯腈汙水閉路循環工藝；撫順化纖廠塔式生物濾池處理丙烯腈汙水新工藝，大幅減少了過去採用表面曝氣池生化處理方法的占地面積。

在這一時期，隨著丙烯腈反應器直徑的增大，在大慶煉油廠和上海高橋化工廠裝置上的應用，發現了過去的導向擋板存在放大效應，開始研究細顆粒催化劑，以從根本上解決流化床反應器的氣固接觸效率問題。加上引進技術的消化吸收，為 80 年代丙烯腈工業達到國際水平打下基礎。

第三個時期，從 1981 年發揮，這是一個集中力量開發具有中國特點的丙烯腈生產技術時期。在這個時期，我國又從國外引進了大

慶、撫順、淄博、蘭州、安慶 5 套丙烯腈裝置，加上上海石化共 6
套，年總生產能力超過 20 萬噸。為加速完成國內高水平丙烯腈生產
技術開發，1982 年國家科委制訂了工作計劃，並與有關單位簽訂了
工作合約。1983 年中國石化總公司著手執行這一計劃，組織國內有
關科學研究、設計、高等院校、工廠單位進行技術攻關，取得了重
大工業化技術成果。其中包括後來較少提及的清華大學化工系開發
的循環流化床反應器和浙江大學開發的 UL 型流化床反應器。

　　20 世紀 90 年代，循環流化床在國際上曾引發揮石油化工界廣
泛關注，其中最典型實例是杜邦公司正丁烷制順酐。與當時丙烯腈
生產中普遍採用的湍流型流化床反應器相比，是一種高氣速操作
的，且接近於平推流的流化床反應器，可大幅減小返混程度，氣體
反應物和固體催化劑為無氣泡接觸，從而可提高反應器生產強度，
它不僅僅是對國外專利的突破，也是對新工藝技術的探索。

　　清華大學在一套直徑為 8 毫米、長為 30 米的反應器模試裝置
中，採用了上海石化院研製的 MB-82 型催化劑，取得了在常壓下，
丙烯腈單程收率達 80%，而丙烯腈加氫氰酸單程收率達 89.09% 的
良好效果。後又在高橋化工廠建立一套直徑為 219 毫米、高 16 米的
中試裝置，設計、設備加工、安裝及調試由清華大學化工系、高橋
化工廠和上海石化院三方共同承擔。研究結果表明，由於提升管中
軸向返混減少，使丙烯腈單程收率有所提高。

　　浙江大學聯合化學反應研究所的 UL 型流化床反應器是以催化
劑的動力學特性和床層的傳遞特性為基礎，運用反應工程基本原理
而開發成功的。根據動力學特性研究，浙江大學認為，只要在反應
器內有一個合理的氧分布，就可望在保證一定的活性條件下，使丙
烯腈單程收率進一步提升。為此，提出二次布氧（空氣）的構思，即
在反應進程的前階段採用低空氣比，以獲得高選擇性，而反應進程
的後階段再補充二次空氣，以保證催化劑活性，使最終能獲得較高
的丙烯腈單程收率。

UL 型反應器的工業試驗是分別在上海高橋化工廠的直徑為 2.8 米和上海石化股份有限公司化工二廠直徑為 5.1 米的丙烯腈流化床反應器中進行的。結果表明，除丙烯腈單程收率略有增加外，其餘副產物，尤其是二氧化碳均有不同程度下降，從而使丙烯腈選擇性明顯改善，其增加值高達 2.9 個百分點。以一臺反應器年產丙烯腈 2.5 萬噸計，採用 UL 型反應器比自由型流化床反應器能新增經濟效益 640 萬餘元人民幣。此外，UL 反應器操作方便，控制容易，二次布空氣量調節方便。目前國內新開發的流化床反應器技術中也包含著 UL 反應器的某些特性，也是 S-ANT 工藝包和自主知識產權的一部分。

進入 21 世紀後，由於中國石化集團公司組織的數次多項大規模技術攻關，我國丙烯腈成套技術國產化又前進了一大步，其重要標誌是集我國自行開發成功的 11 項專利技術和專有技術編制的年產 5 萬噸丙烯腈工藝包，即 S-ANT。1999 年齊魯石化公司集成上海石化院開發的 MB 系列催化劑、復合萃取精餾、二次回收精製技術，清華大學的新型空氣和丙烯、氨分布器，石油大學的二級旋風分離器，華東理工大學的導向浮閥以及大慶石化負壓操作脫氫氰酸等 7 項新成果，完成了年產 2.5 萬噸丙烯腈裝置擴能為年產 4 萬噸的改造，成為國產化的「示範裝置」。2003 年聯合上海石化股份公司、上海石化院、清華大學、石油大學、航天部十一所、南京化工學院等單位院所將上海石化股份公司年產 6 萬噸丙烯腈裝置擴能至 13 萬噸，而且由中國石化自行設計、上海石化機械製造公司加工的年產 7 萬噸、直徑為 7.47 米的流化床反應器也用於此擴能改造中。從而標誌著中國石化集團公司已進一步打破了國外丙烯腈生產技術壟斷，開發出具有中國特點和自主知識產權的丙烯腈成套生產技術。

關興亞實事求是、恰如其分地評價了各參與丙烯腈技術開發單位對我國丙烯腈事業的貢獻。他認為，我國丙烯腈工業之所以能取得如此長足技術進步，這不僅是一、二個單位的功勞，而是眾多參

與單位幾代人共同努力的結果。從這個意義上講，即使是上海石化院獲得的獎項，也包含著其他參與單位和參與者的共同成果。

面對眾多榮譽和獎狀，關興亞總說「盛名之下，其實難符」。尤其是與前一輩老工程技術人員相比，實在受之有愧。回顧自己的成長過程，1955 年秋從復旦大學化學系畢業，他曾想當一個出色的藥物化學家，後來進入瀋陽化工研究院當一名從事化學工業和工程技術研究開發工作者，從化學轉向化學工程，即從「理科」轉向「工科」，一直到進入上海石化院從事丙烯腈催化劑和工藝開發，許多工程問題，尤其是流態化反應工程問題實是一知半解，幸好得到包括時任副所長、老專家張式等前輩的指點和幫助。可是與前輩們相比，他們作出了無私的貢獻，卻因未能趕上改革開放好年代，或者趕上改革開放好年代卻因年事已高，遠離名利。

丙烯腈作為石油化學中一個大宗化學品，獵涉技術面廣，從催化劑研製、反應器設計、產品分離提純、分析測試、關鍵設備製造，涉及到多個領域，一個人就是有三頭六臂也忙不過來。而且一個人的知識面終究有限，所以不要說國內，就是在發達國家，包括關興亞曾經接觸過和參訪過的美國索亥俄公司、杜邦公司、孟山都公司，還有日本旭化成公司，這些跨國公司丙烯腈研發都是「大兵團」的作戰，絕不是任何「個體戶」所能做到的。實際上丙烯腈工業生產是一個系統工程，也是一個國家工業綜合水平的體現。例如，反應器加工涉及冶金工業的材料和材質問題；過程控制涉及儀器儀表自動化和電腦技術；輸送流體的泵和壓縮機涉及機械設備加工技術。近年來，隨著各種高新技術的發展，如現代訊息技術、膜分離技術也將在包括丙烯腈在內各種有機化工產品傳統生產技術中滲透。

想當初，1963 年為丙烯腈中間試驗的順利進行，上海石化院幾乎「傾院而出」，少說也有 100 多人直接或間接參加中試工作，所以關興亞常常說：「工作是大家一發揮做的，成績都歸在我一個人身

上實在受之有愧。」

作為一代宗師，關興亞常常教育年青一代，希望他們「貴有自知之明」，正確對待名利，淡泊名利，團結一致，協同努力，為我國丙烯腈工業多出成果，多作貢獻，千萬不要計較個人得失。

1995 年當關興亞被推薦參加中國工程院院士評選時，評選人看了他的申報材料感到奇怪：他是丙烯腈學科帶頭人，但獲國家科技進步一等獎的 MB-86 型催化劑成果和許多發明專利連他的名字都沒有，更不必說第一發明人了。後來，上海石化院又寫了補充材料，說明關興亞高風亮節，不願掛名的原因，從而獲得評委的感動和認可。其實，那時關興亞對評不評院士的態度是三個字——「無所謂」，還說，評上又怎樣呢？我還是搞丙烯腈。

對於 MB-86 型催化劑成果申請國家科技進步一等獎為何被他婉拒？2007 年 5 月，中國石化報記者採訪關興亞時，也對這個問題疑惑不解。在這位記者寫的「生命不息　攀登不止」這篇文章上是這樣寫的：「關老不圖索取，一是因為他淡泊名利；二是為了給團隊發揮個好的帶頭作用。」在關老看來，「團隊問題是個大問題，帶頭帶不好以後不好辦」。「以前有些同志為專利爭，實際上這些專利都是屬於單位的。大家在一個院裡工作，東西要共享，互相保密以後怎麼開展工作？」由於關興亞的以身作則，不計個人得失，在他帶領下，丙烯腈團隊秉承務實、嚴謹的工作作風，成員間關係非常融合，毫無私心，這才有以後的一大批成果。

其實，生活中的關興亞根本不是讀者想像的翩翩風度的學者，而是十分平易近人的普通知識分子，吃飯、穿衣都比較隨意，同事提醒他要注意形象，他會說：「理它做什麼，事情做好就好了」。對於名利更是不值一提，他說：「這是身外之物，人只要能吃飽穿暖有地方住就可以了，名不能當飯吃，利多了反而會傷害人」。在他眼裡，除了工作還是工作。

還有他最忌諱別人以官銜來稱呼他，當了主任，稱「關主任」，

當了副總工程師，稱「關總」；當了院士，稱「關院士」。所以，當老同事以官銜稱呼他時，他會毫不留情地跟他們說：「以後還是叫我老關好！」是的，了解他性格的人知道，老關就是不要名，不要利，喜歡默默無聲地干他一輩子的事業--丙烯腈。

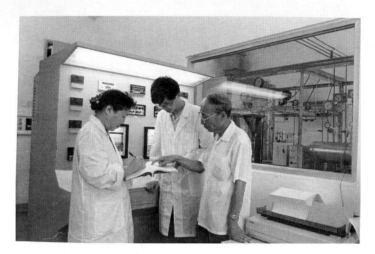

關興亞和他的助手陳欣、吳糧華在研討試驗方案

# 第三節　領導支持和團隊力量

自 1995 年關興亞當選為中國工程院院士後，前來上海石化院採訪他的記者絡繹不絕，有報社，也有電視臺的，更有中央電視臺「院士風采」攝製組的。改採訪內容大致類同：在什麼情況下想到搞丙烯腈的？什麼動力促使你克服困難登上世界水平的？成功的祕訣是什麼？

務實的關興亞作為中國丙烯腈工業的開拓者之一，是一個不喜

歡講客套話的科學研究工作者，他甚至於要求這些記者不要稱他
「關院士」。因為這裡（指上海石化院）上上下下都叫他「老關」，叫
「老關」似乎更親切一些，說話也可隨便一些，不受「官場」約束。然
後，他會點上一支煙，慢條斯理地回答記者的問題。

在談及成功祕訣時，關興亞坦率地說，其實沒有什麼祕訣，因
為科學研究前面的道路是崎嶇不平的，更沒有捷徑好走，唯有踏踏
實實去做好每一個枯燥無味的試驗。不過關興亞覺得每到一個關鍵
時刻，強而有力的領導支持、兄弟單位的協作和一個團隊的力量都
缺一不可。

那時，就上海石化院的技術力量而言，研究工作主要限於催化
劑研製和工藝過程開發。所以在即將進入中試階段時，連催化劑放
大製備的條件都不具備，關鍵設備列管式固定床反應器製造找了好
幾家單位都不敢接受。後來在上海市化工局協調下，由上海試劑廠
利用生產試劑設備解決了催化劑放大問題，反應器加工則由中共上
海市工業生產委員會出面，請海軍 4805 廠幫助解決。

因為原料丙烯和水、電、蒸汽都需高橋化工廠負責供應，為保
證年產 60 噸丙烯腈中試裝置的順利運行，1963 年 7 月，中共上海
市工業生產委員會李廣仁副主任親自蒞臨上海石化院的中試裝置現
場指導和檢查工作。為保證原料丙烯供應，主管上海石化院和高橋
化工廠的上海市化工局甕遠副局長親自前往高橋化工廠安排原料丙
烯和開車時水電汽的調度。上海石化院的領導又成立了開車領導小
組，由院負責人陳承歡任組長，留美老專家張式和主管科學研究的
負責人沈銀林同志任副組長，直接指揮開車過程。

最讓關興亞難忘的是，1965 年 6 月 10 日下午 5 時許，中試裝
置的脫氫氰酸塔頂氫氰酸與鹼中和發生劇烈化學反應而導致爆炸事
件，塔蓋飛至數百米外的高橋化工廠剛建成的但還未開車的年產
2000 噸苯乙烯催化劑沉降槽上。鐵製樓梯上濺滿因爆炸帶來的碎片
和被剪切過的螺絲和螺帽，其中有一碎片剛好擊中石油部來參加協

作的一名工程師的皮帶上，皮帶當即斷裂。好在當班的操作工立即採取措施，才避免事故進一步惡化。那時，因多數員工住在廠區宿舍，所以許多上海石化院的員工都迅速趕到現場。然而，在「千萬不要忘記階級鬥爭」的年代裡，會不會是階級敵人破壞是首要考慮的問題，因而忙壞了保衛科的工作人員，到現場尋找有否階級敵人的破壞痕跡。還一次又一次召開當班操作工會議，找個別操作工談話等等，弄得大家人心惶惶，好在最後還是領導承擔了責任。其實在石油化工科學研究開發初期，誰都沒有經驗，設計上或者操作上的疏忽時有發生，這在另一方面反映了石油化工易燃易爆特性和試驗的艱巨性。幸好這次爆炸未傷及一個員工，事故調查結果也不是階級敵人的破壞，但是上海石化院是否還要搞丙烯腈課題引發揮了有關高層的疑慮。

當時高橋化工廠對於丙烯腈中試是否會再次引發揮爆炸多少有些擔憂，因為聚苯乙烯既納入國家生產計劃，又是該廠的「吃飯產品」。而上海市化工局一位主管科學研究的副局長則對剛成立不久的上海石化院能否承擔丙烯腈這個難度極大的研究課題也產生了疑慮。為了消除高層顧慮，陳承歡所長、老專家張式副所長和主管科學研究負責人沈銀林同志不但主動向上級承擔了這次事故的責任，而且採取措施保證不再發生類似事故。當時陳承歡所長等還召集關興亞及課題組相關人員的會議，分析事故原因和商討下一步工作設想。另外還給大家壓「驚」，尤其要大家放下包袱，正確對待科學實驗過程中出現的問題，還表揚當班操作工冷靜處理現場的認真負責的工作態度。會上，關興亞發表了自己的意見，認為這是原先設計上的問題，直接原因是劇烈化學反應而引發揮爆炸，對此又提出包括工藝和設計方面的多項改進措施。關興亞還認為，發生事故是壞事，但如果在中試裝置未暴露或不解決劇烈化學反應問題，在高橋化工廠擬建年產 1000 噸丙烯腈裝置發生類似現象，這樣損失就更大。中試目的就是要暴露問題，如果都是一帆風順，還要做什麼中

試呢？所以從這個意義出發，也算是個「好事」。關興亞還表態，我們不能知難而退，即使赴湯蹈火也要堅定信心將丙烯腈搞上去，不辜負黨和人民的期望，為解決 6 億人民的穿衣問題作貢獻。後來，陳承歡所長等領導又多次向上海市和化工局匯報丙烯腈工作，頂住了來自各方面的壓力。試想如果上海石化院的領導未能頂住來自各方面的壓力，並草草收場，顯然也不會有今日丙烯腈的輝煌。

1981 年 7 月 7 日，國務院領導看了上海財政科學研究所關於高橋地區石油化工企業挖潛增產的調查「組織聯合可以大幅度提高經濟效益」一文後，親自到上海高橋地區視察，決定將分屬上海市化工局、輕工局、紡織局、華東電管局的上海煉油廠、上海高橋化工廠、上海高橋熱電廠、上海第二化學纖維廠、上海合成洗滌劑二廠、上海農藥廠、上海染料化工十五廠和上海石化院，這「七廠一所」聯合成立上海高橋石油化工公司，以摸索出一條改革當時條塊分割的工業經濟管理體制的途徑。

公司成立不久，一位副經理和一位總工程師在聽取上海石化院主要負責人沈銀林工作匯報後，首先肯定了上海石化院在引進裝置配套催化劑研製方面的工作，尤其是上海石油化工總廠丙烯腈、醋酸乙烯催化劑和遼陽石油化纖公司環氧乙烷催化劑所取得的成績。但是兩位領導從公司長遠發展出發，明確指出，今後科學研究工作重點不再是引進催化劑研製，服務對象也不是國內引進裝置，而是轉向為公司內生產企業服務，尤其是發展附加值較高的精細化工產品。對此，沈銀林從全局出發，表示為公司服務科學研究項目可以增加，但引進裝置催化劑配套工作不能停止。為了保證丙烯腈等項目的科學研究經費，老所長張式不顧近七十高齡，多次上京赴中央有關部門匯報，尋求支持，這才保證了丙烯腈等研究課題的順利進行。

然而，要說上級支持，力度最大的莫過於 1983 年成立的中國石油化工集團公司（前身中國石化總公司），尤其是 1984 年上海石化

院作為直屬研究院後，集團公司對我國丙烯腈技術開發造成最關鍵的作用。除了提供充足的研究經費和大量進口試驗設備外，最重要的是組織大規模技術攻關以及催化劑、新工藝、新技術的推廣應用。

當時，一個新開發成功的催化劑，即使是原燃化部下達的引進裝置配套項目，要真正應用在引進裝置上需克服重重阻力。一方面國外新催化劑一代接一代，總體水平在不斷提高。例如，在賣給我們第一代催化劑時，他們的第二代催化劑即將問世，等國內開發出相當於國外第一代催化劑水平的催化劑時，外商便來兜售第二或第三代催化劑，而工廠企業常常從經濟效益出發選擇國外新開發的第二代催化劑。還有更「凶」的一招是所謂「促銷手段」，買國外催化劑可以出國培訓。這一招在改革開放初期，對一部分人很有吸引力。當時，讓科學研究單位無言回答的是「如果催化劑達不到指標或者發生意外事故，你一個科學研究單位能承擔得發揮責任嗎？」但是為推進催化劑國產化，中國石化總公司下死命令，凡是國產化催化劑性能與進口催化劑相當的，優先使用國產化催化劑，如果下屬企業要購買進口催化劑，必須說出不使用國產化催化劑的正當理由。

為推動國產化催化劑在引進裝置的應用，中國石化總公司科技發展部主要領導常常會親臨現場，具體指導工作。例如，在 1994 年根據中國石化總公司「十條龍」科技攻關計劃，大慶石化總廠在年產 5 萬噸丙烯腈裝置上進行 MB-86 型催化劑的工業試用，在中國石化總公司發展部和大慶石化總廠的直接領導下，上海石化院緊密配合，編製出催化劑裝填方案、投料方案、標定方案，還成立了由發展部主任喬映賓等參加的開工指揮領導小組。因為這是國產 MB-86 型催化劑首次在年產 5 萬噸引進丙烯腈裝置上開車。所以開始催化劑跑損較多，而且最佳操作條件需慢慢摸索，在一定時間內對裝置產量有一定影響。然而，中國石化總公司有關部門領導既敢於承擔責任又具體指導開車工藝條件的調整，經過 3 個月的試驗摸索才基

本掌握 MB-86 型催化劑運行規律，達到較理想控制值。結果在同年 11 月 8 日至 11 日的 72 小時 100% 負荷下標定表明，MB-86 型催化劑在年產 5 萬噸丙烯腈反應器的運行，其丙烯腈單程收率達81.05%，明顯優於進口催化劑，每年至少可多產丙烯腈 2700 多噸，增加收益超過 1000 萬元。

中國石化總公司從發展具有自主知識產權的丙烯腈生產技術出發，組織國內清華大學、石油大學、浙江大學等一流高等院校，以及相關設計院、工程公司開展一系列丙烯腈重大技術攻關，所投入的物力和財力是前所未有的。在取得重大工業技術成果後，尤其是開發成功在能耗、物耗等各項指標和可靠性都進入世界先進行列的S-ANT 丙烯腈工藝包後，又積極向中國石化總公司下屬相關企業推廣應用，然後才有齊魯石化「2.5 改 4」、上海石化股份有限公司「6改 13」的擴能改造成功的事例，使我國丙烯腈生產技術進一步打破跨國公司的壟斷。

一個工業化催化劑和新工藝、新技術的成功開發，團隊作用是關鍵。早在上海化工研究院任石油化工課題研究組長時，關興亞就注意到如何發揮群眾的作用。他在一篇年度總結上寫到：「一年完成了這麼多的課題是大搞群眾運動的結果，群眾的力量是偉大的，一個人脫離群眾將一事無成」。而以身作則又是帶好一支團隊的關鍵所在。在沒有任何物質刺激的年代裡，除了依靠群眾自身覺悟外，更是要靠帶隊人的以身作則，所謂「身教重於言教」也就是這個道理。那麼怎麼才算得上「以身作則」呢？

在關興亞看來，首先要做到知識共享，因為工作是靠大家一發揮做的，只有你一個人知道就只有一份力量，知道的人越多，力量越大，成功的機率就越大。千萬不能將擁有的資料作為私有財產，或作為將來向領導伸手的資本，這是科學研究道德問題。

關興亞非常注重文獻收集，特別是有關丙烯腈的專利和論文，可以說從世界第一篇有關丙烯氨氧化專利發揮，他一篇不落地全部

收集了。然而，他並不將這些資料看成私有財產，而是用卡片摘錄下來，並整理在有抽屜的卡片箱內，供眾人閱讀。如需求全文，他還可以幫你到圖書館去尋找整篇專利，甚至還可幫你到上海科技情報研究所去複製。有的同志雖懂英文，但不會檢索，關興亞就會指導他如何檢索美國化學文摘和各國專利，以及各國專利對照的方法。所以，跟著關興亞工作能學到許多技能和知識。在他看來，組內成員專心學習也是為了把工作做好，也是當學科帶頭人應做的份內事。

　　1974 年，關興亞參加上海石化總廠與日本旭化成公司引進丙烯腈項目談判。因為談判很緊張又很累，所以其他談判人員可早些回家休息，可是關興亞作為主要談判人，常常要到晚上 12 點鐘才回家，而且還要把一天談判內容整理出來，再分析一下是否達到預期效果，有什麼新問題需求第二天談判來解決的，然後再安心睡覺，星期日總是加班加點。所以，上海石化總廠的談判人員說，老關不是我們總廠的人，但卻比我們總廠的人還認真，好像是上海石化院與日本人談判似的。一直到談判結束後，關興亞把這些要點彙總發揮來，編成百餘頁，長達 10 多萬字的「與日本旭化成公司會談紀要」。因為那時靠文印室打字是一件很困難的事，至少要得到院一級領導的審批，所以「會談紀要」全是關興亞手寫的，然後到曬圖間將資料復製出來。這份資料在當時很珍貴，是引進技術消化吸收的基礎材料之一。但關興亞同樣沒有把這份資料看成私有財產，而是印發給上海石化總廠技術人員，供他們在設備安裝、施工和開車時候用，並發揮了重要作用。他還善於總結國內外丙烯腈生產發展動向，並印成小冊子，與組內成員共享，共同學習、分析，以從中獲得對研究工作有益的內容，這使組內成員很是感動。因為按照當時領導的意見，這種「內部資料」僅可在小範圍的中高級工程技術人員才可傳閱。但關興亞並不認同這樣的觀點，他認為應該讓所有從事丙烯腈研發的科學研究人員，

不管是做催化劑的、搞產品後處理、分離提純的，還是分析測試的，都應該從國內外先進技術中吸取營養，然後在消化吸收的基礎上再創新、再發展，逐步形成有自己特色的新技術，這樣才能提升整體研發水平，得益的是國家。有人說，老關將全部資料都貢獻出來，將來成績不是屬於別人了嗎？對此，關興亞並不看重個人榮譽。他說只要把丙烯腈研究工作搞好，個人的榮辱得失又算得了什麼呢？這是他對以身作則的一個重要解讀。

其次，以身作則是在關鍵時候要挺身而出。

平時關興亞在組內，不僅將難度較大或者危險性較大的事情由自己親自動手，而且在關鍵時刻還毫無私念衝鋒在先。1963 年，丙烯腈中試工廠解吸塔取樣管發生故障，關興亞奮不顧身，帶上防毒面具，冒著含量高達 80% 丙烯腈蒸氣中毒的危險排除故障。因為有關興亞的衝鋒在先，後來在場的其他操作人員都很快上去，迅速排除了故障，使裝置仍能繼續運行，這就是以身作則榜樣的力量。

關興亞在協助廣東茂名聯合化工紡織總廠和山東淄博石油化工廠丙烯腈裝置開車時同樣挺身而出處理事故，贏得工廠工程技術人員和工人們的好評。

1985 年，上海石化院開發成功各項性能超過當時引進裝置所用進口催化劑，即 MB-82 型催化劑。第一個應用 MB-82 型催化劑的山東淄博石油化工廠，其丙烯腈裝置年生產能力為 2000 噸，據當時隨同關興亞一發揮協助開車的吳糧華回憶，催化劑裝入反應器後，反應器就逐漸升溫。突然，反應器發出爆破聲，天空一片漆黑，該廠許多操作工驚慌失措，不知如何處理，有的操作工還逃出工廠。此時，藝高膽大的關興亞卻十分鎮靜，當機立斷地親自上前關上催化劑進料閥，制止了催化劑因「爆炸」而外逸。一會兒，煙消雲散，工廠又恢復平靜。

後來，操作工和工廠的工程技術人員詢問關興亞：「為什麼你不離開現場，而且又冷靜處理這場事故？」關興亞回答他們：

「我們是貴廠請來協助開車的，應用的又是上海石化院的催化劑，作為現場開車主要指揮者能逃離現場嗎？這是我們的職責。」接著他又根據多年丙烯腈裝置的開車經驗說：「反應原料丙烯還未投入，不可能發生因化學反應而爆炸，原因只能是一個，就是反應器的防爆膜用了多年沒有更換，而造成防爆膜的破裂，並使催化劑從防爆孔衝了出來，造成這恐怖局面。」之後，重新換上一張新防爆膜，裝置才投入正常運行。所以，關興亞在丙烯腈領域的權威性不僅在上海石化院，而且凡與他接觸過的其他單位，尤其是催化劑應用工廠，無不為關老整體大將風度所折服，稱他是「中國丙烯腈的真正權威」。

以身作則第三個方面要敢於承擔責任。

關興亞十分關注科學研究人員的工作。因為丙烯腈是中國石化集團公司的國家重大課題，科學研究人員的壓力很大，做試驗不僅很辛苦，很苦燥，而且每一天都是在希望與失望的交織之間，挫折和失敗是常有的事情。對於試驗中遇到的挫折和失敗，關興亞從不責備他們，而是與他們一發揮商量、探討、研究，甚至調整方案。有時科學研究計劃的調整會影響原計劃進度，甚至影響職工當月獎金的發放，可是他說這些問題由他向院部匯報，責任也由他來負。所以組內科學研究人員都感到科學研究環境寬鬆又催人向上，因為有成績他會獎勵你，工作出現問題他會主動承擔責任。

關興亞尤其願意為青年人承擔責任，哪怕再大的事情他也敢於擔當。1996 年 12 月，他與盧文奎副院長等 4 人前往美國孟山都公司商談丙烯腈催化劑合作事宜，同時帶上 MB-86 型等催化劑在孟山都公司作評價試驗。當時隨同赴美的有一位比較優秀的碩士生，儘管進上海石化院工作不久，但學習刻苦且很有創新精神，還研製成功性能較好的高負荷型丙烯腈催化劑。在孟山都公司評價時，因評價試驗條件與在上海石化院研製時有較大差別，結果未能達到預期效果，催化劑在流化床反應器中竟然流化不發揮來，評價過程無

法進行下去。這位碩士生很懊喪，覺得在外國出了「洋相」無法向領導交代。可是關興亞一點也沒責怪他，反而安慰他，說：「這種情況我們過去也碰到過，不要灰心，再努力一把，按照孟山都公司要求的條件再做些工作，以後，這樣的機會還有很多。」另一方面，關興亞又向院領導主動承擔了責任，說：「主要是我們工作沒有做好，如果在國內按孟山都公司的評價試驗條件多做幾次試驗也許情況要好得多。」好在這次在孟山都公司主要是對上海石化院新開發的MB-86型催化劑作系統評價，而且結果雙方都很滿意，所以還是達到了預期的要求。

以身作則第四個方面，不能計較個人得失，合理分配應得報酬。

關興亞有時會拿出二千多年前左丘明編寫的《左傳》中「曹劌論戰」一文中魯莊公的兩句話來對照自己。一句是「衣食所安，弗敢專也，必以分人」，意思是衣食是使人安定的東西，我不敢獨自占有，一定要分給別人。另一句是「小大之獄，雖能察，必以情」，意思是大大小小的案件，雖然不能每件案都了解得很清楚，但一定要處理得合情合理。因而，儘管丙烯腈課題是接觸有毒有害物質的崗位，但因為獎金分配相對合理，工作的員工心情都很舒暢，沒有一個人因長期接觸有毒有害丙烯腈而要求調換崗位。關興亞分配獎金的特點是與眾不同的，不以職務、職稱和學歷高低來分配，而是按照個人對研究工作的貢獻大小來分配，而且他本人從來不拿最高獎金，大家心服口服。還有對長期病休在家員工，院部按規定是不能分獎金的，但關興亞會從丙烯腈課題年終技術服務獎中拿出一部分經費作為給他們的生活補助，還要上門拜訪，所以深得人心。正因如此，有些課題研發人員還想調入丙烯腈課題，因為他們深知在關興亞領導下，可心情舒暢地發揮每個人的才能。

關興亞雖然關心丙烯腈課題組每個成員，但也絕不是「手臂往

裡彎」的人，例如作為院部高級職稱評委之一，他對自己組內成員絕不說一句好話，反而對其他部門的申請人多講一些功勞和成績。結果丙烯腈課題組上報的技術人員還是被評上了，對此，他僅說一句話，丙烯腈課題組技術骨幹的成績和貢獻大小不是靠我講的，而是眾人目睹的。

　　然而關興亞也不會無原則地「和稀泥」，針對部分科技人員，尤其是私心較重的年青科技人員的批評也是很嚴厲的。因為國家實行專利制度後，名和利的問題突出發揮來，再加上院部在分房、提升幹部和職稱評定方面都與「專利」、「論文」掛發揮鉤來，所以有些人工作很「保密」，尤其是「催化劑的配方」和「製備訣竅」，不要說給周圍同事，就是對課題組長和上級領導也是絕對保密。對此，關興亞告訴他們，個人對課題的貢獻，領導是明了的，群眾也看得清楚，保密是沒有必要的。而且自己帶頭，不當專利申請第一人。還有些人將知識看作私有財產和向領導要名要利的「敲門磚」。申請專利時還要爭名次，針對這種「思潮」，關興亞毫不客氣地批評他們：「這是名利思想在作怪！我們是社會主義國家，所有專利都是中國石化集團公司的，大家在一個組裡工作，知識應該共享，相互學習，相互幫助，才能共同進步，如果是互相保密，以後還怎麼開展工作！」而且他明確告訴這些人：「我們絕不向私利小人換班。」

　　此外，關興亞對浮在上面，不想做實事，又想要名要利的人提出忠告，說：「一定不能浮躁，尤其是學歷較高的博士和碩士生，別以為自己學到很多東西，可以浮在上面，這樣是不行的，實際工作中還有很多知識和技巧要學習，要腳踏實地做好每一項工作。我們老一輩科學研究人員在當初那麼艱苦的環境下都過來了，現在條件這麼好，你們還有什麼理由浮在上面，千萬不要辜負國家和中國石化集團公司對你們的期望。」

　　如今新一代丙烯腈課題負責人正沿著當年關興亞指引的方向，一步一個腳印地向前邁進，取得了一個又一個新的成果，為我國丙

烯腈工業發展做出了新貢獻。

# 第四節　學用結合　學無止境

關興亞學習十分勤奮，說他「廢寢忘食」「如饑似渴」一點也
不過分。1948 年至 1951 年在江蘇句容中華三育研究社三年半工
半讀的高中階段學習，實際在校學習課時很少，不足普通高中
二分之一。除一半時間要參加勞動外，在 1949 年 5 月，解放軍
進駐學校後在一段時期內又開展了「三自」運動。因為是教會辦
的學校，學生都是基督教徒，「洗腦」是必須的。教會學校偏重
外語和數理化，國語基礎相對較差，所以，中華三育研究社能
考上普通大學的是廖廖無幾，像關興亞這樣能考上上海交通大
學的更是絕無僅有。回憶發揮當年高考前的功課複習，他深有
體會地說，從三育中學畢業後，學校老師根本不會進行所謂的
高考輔導，書店裡也沒有什麼複習資料，只有靠自己。當年他
住在上海親戚家的閣樓裡，因為夏季天氣悶熱，所以整天赤膊，
滿頭大汗，晚上睡覺也僅 3、4 小時，最難熬的是臭蟲叮咬。複
習的重點是國語，尤其是古文。在一個多月裡幾乎將高中國語
課本中所有古文詩詞和散文都背熟，還有就是一遍又一遍地做
習題，以達到「熟能生巧」地步。蒼天不負有心人，關興亞憑著
一股勁，終於考上眾人仰慕的上海交通大學。

除勤奮好學外，他的學習方法也有其獨特之處。他的一貫指導
思想，或者說特點之一是「學以致用，學用結合」。在當今知識爆炸
的年代裡，知識猶如大海一般浩瀚，一個人精力再充沛，也只能學
到其中的「點」「滴」。然而，知識卻可選擇性地學，而且不但可在書

本中學，更重要的是在實踐中學。關興亞認為，如果學的知識是與工作毫不相干的，那只能是浪費時間、消耗你的精力。

還在上初中時，關興亞就懂得「有選擇性」的學習方法。當時他在班內並不是最出類拔萃每門功課都優秀的學生，但數理化成績卻是名列前茅，而他鍾愛的化學總是第一名。進入大學校門後，方知學習的課程要達 30 多門，這與中學階段學習更有天壤之別。因為中學課程，關興亞基礎課的成績至少外語和數理化是門門優秀，但 4 年大學要使 30 多門課程，像中學時代那樣每門都優秀，的確可能性是微乎其微，也無必要，所以應有選擇性地學。

1955 年關興亞從復旦大學化學系畢業分配到瀋陽綜合化工研究所，因為工作上碰到大量的是化學工程問題，為了工作，他系統地學習了化學工程理論和化學文獻檢索方法，特別是美國化學文摘，即 CA 檢索方法。

在瀋陽化工綜合研究所實習期間，室主任給關興亞的課題是「四氯乙烷」，但四氯乙烷怎麼合成，國內基本無資料可查，只有查閱國外資料，怎麼查？室主任告訴他，途徑很多，可查美國化工大全（Kirk-Othmer, Encyclopedia of Chemical Technology）、德國烏爾馬（Ullmann』s Encyclopedia of Industrial Chemistry，即德國人出版的化工大全），但要查最新進展還是要透過 CA，即美國化學文摘（Chemical Abstracts），經索引再找到原文。

為了寫「四氯乙烷」開題報告，關興亞買了一本英漢大辭典，還請教老前輩學習 CA 各種索引，如作者索引、化學物質索引、專利落引檢索技巧，到熟悉並掌握檢索方法後，方知美國化學文摘簡直是化學化工知識的森林。因為這裡幾乎囊括了全世界所有主要化學化工期刊、專利、報告的內容提要，從而也為他在丙烯腈領域的研究打下了基礎。

但是，關興亞的學習範圍不僅僅停留在書本知識，更重要的是學習書本上找不到的實踐經驗，向老一輩特別是在國外有研究工作

經歷的工程技術人員學習。其中主要是與「四氯乙烷」、「五氯苯酚」及「乙炔氫化」3 個課題相關的氣體反應裝置的搭建、原料及產品分析、催化劑製備、氣體反應基本原理，乃至塔式反應器的設計計算、平衡壓力裝置設計、加氫方式等。這些基礎實驗技術對他以後的工作十分有用。不過，他還是覺得僅僅從理論上學習還不夠，還要自己親自動手才能真正將技術學到手。

乙炔原料純度分析對乙炔氫化工藝控制很重要，但傳統乙炔原料分析採用硝酸銀溶液吸收法，過程複雜且耗時長。於是，關興亞學習了當時國外還未商品化的色譜分析儀的基礎原理和操作方法，自己動手搭建了一套專門用來分析乙炔原料純度的色譜分析儀。而我國第一臺商品氣相色譜儀是在 1958 年由南京分析儀器廠試製成功的。

1957 年關興亞從瀋陽化工研究院調入上海化工研究院。當時化工部將該研究院劃定的專業方向是化肥工業，雖說院內有一個有機化工研究室，但研究方向還不十分明確。

於是，關興亞利用自己學習的英語、日語基礎，加上能查閱 CA 的能力，收集了一大堆有關國外石油化工發展動態資料，並有詳實的數據。當時，他認為，塑料可替代鋼，合成橡膠可替代天然橡膠，合成纖維可替代棉花和絲綢。所以，在大躍進「打擂臺」時，提出許多人未曾想過的要在以化肥研究為主要發展方向的研究院內大搞石油化工。後來，有機化工研究室主任李德宏認為，關興亞的想法很好，還將以關興亞為組長的有機化工研究組改為石油化工研究組。而且 1960 年後研究組的主要課題大部分作為新建的上海石油化學研究所主要課題。

1961 年關興亞任丙烯腈課題大組長時，國內流化床反應技術幾乎無直接經驗可借鑑。因為白天要忙於做試驗，他就利用晚上業餘時間坐在剛建成的圖書室內刻苦鑽研，而星期天則可以整整一天泡在上海圖書館或上海科技情報所查閱國外資料，終於查到了數篇有

關丙烯腈催化劑製備的美國專利和敘述丙烯腈生產過程的論文報告。不過有關流化床反應器在丙烯腈生產方面的應用報導不多，但在鄰二甲苯氧化制苯酐生產方面的報導卻不少。在此基礎上，關興亞自己設計並製成十餘臺不同結構的實驗室用流化床反應器，以探索在丙烯腈生產方面的應用。

為了加快催化劑篩選進程，試製微型反應器，關興亞僅從日本旭化成公司談判時獲得的訊息，以及國外文獻上發表的幾篇文章，構思出微型反應器的試製方案，並與從事色譜分析工作的夏德良等一發揮在 1976 年製成適用於丙烯腈催化劑篩選的微型反應器。從幾天考評一個催化劑增加到一天考評 10 余個催化劑，大幅加快了催化劑篩選過程。

隨著高新技術的發展，許多大型物化測試儀器進入催化劑表徵領域。這些技術中除光柵式紅外光譜、X 射線衍射、差熱分析等，曾在大學讀書時學到過一些相關理論知識外，但未接觸和使用過這些儀器。到 20 世紀 80 年代，由邁克遜（Michelson）干涉儀和微電腦組成的傅立葉紅外光譜儀、順磁共振、核磁共振、X-射線光電子能譜、掃描電子顯微鏡、穆斯堡爾譜等價格昂貴的精密儀器開始廣泛用於催化劑表徵，並在工業催化劑開發中發揮重要作用。為學習新知識，新技術，關興亞除派專人到上海測試技術研究所學習外，自己又孜孜不倦地從基礎原理開始，著重學習這些技術在催化劑領域的應用方法，學會從圖譜分析結果來指導催化劑的研究開發和生產實踐。1981 年，上海石油化工總廠化工二廠催化劑研究所在丙烯腈催化劑生產中開始廢品不斷，關興亞用學到的催化劑表徵知識，對比分析催化劑的測試結果，從中找到了問題癥結所在，及時完成了生產任務，為丙烯腈催化劑國產化邁出最重要一步。

1986 年，為了研發出各種性能超過國外同類先進水平的新催化劑，關興亞又系統地學習了國內外學者有關雜多酸催化劑最新研究

結果，其中包括針對磷鉬鉍系催化劑的各組分電荷平衡及其對催化劑壽命的影響；催化劑的氧化還原平衡及晶格缺陷對活性的作用；鹼金屬對催化劑的活性關係；二價和三價金屬在催化劑中所發揮的作用等。由於有了這些理論的研究，使催化劑開發速度明顯加快。從而設計出一個又一個新催化劑的基本組成。

按關興亞的說法在不到 3 年時間裡研製成了 MB-86 型催化劑，可以說主要又是學習催化劑基礎理論和不斷實踐的結果。之後又在 MB-86 型催化劑基礎上，較順利地開發成功適用於高壓高負荷工況用 MB-96 型催化劑，其意義甚至勝過獲得國家科技進步一等獎的 MB-86 型催化劑。因為用它不但圓滿地完成了與臺灣中化公司的技術合約，還為國內多套引進裝置的擴能改造奠定了基礎，即使反應器內構件不作任何更動，一套年產 5 萬噸的引進丙烯腈生產裝置，僅更換為 MB-96 型催化劑就可擴能至年產 6 萬噸以上。

1985 年國家實行專利制度後，上海石化院也有專門專利代理人，但為使申請的專利能更確切地反應其新穎性和創新性，關興亞又專門擠出時間來學習世界各國專利法，以及如何撰寫專利文獻中的發明說明書，尤其是「權項」部分。因為權項是專利申請人要求法律保護的範圍，是發明人的獨創部分，是排斥他人無償占用的具體內容。由於權項限定了專利權，所以這部分文字往往寫得特別嚴謹，但也充滿技巧。尤其是申請國外專利，權限這部分對於保護自己的知識產權十分重要。當時，近十篇有關丙烯腈專利都是經關興亞手而出爐的，從而為丙烯腈走向境外奠定了堅實的基礎。但看淡名利的關興亞卻以自己「年事已高」為由先是不掛第一名，後連名也不掛。

關興亞學習的另一個特點是善「問」。關興亞認為，「學問」兩字本身就包括「學」和「問」。所謂「問」，實際是向別人請教。不管是權威人士，還是操作工人，在關興亞眼裡，只要有利於工作，都是「良師益友」。

20 世紀 60 年代，流態化在我國正是發揮步階段。因為流態化過程的特性是顆粒表面積大，加上流體和固體顆粒的強烈運動，增強了傳熱和傳質強度，以及顆粒輸送的簡易化，所以很快引發揮各工業部門的關注，以提高生產能力，減少機械設備，節省鋼材，降低投資和生產成本。當時國內在流態化技術開展較早的是中科院化工冶金研究所和中科院山西煤炭化學研究所，學科帶頭人分別是留美學者郭慕孫教授和楊貴林研究員，關興亞就親自前往北京和太原請教。關興亞還參加了一個由郭慕孫主講的流態化研討班。

後來，得知上海華亨化工廠，即後來的上海染化七廠的萘氧化制鄰苯二甲酸酐裝置正在試用流化床技術，關興亞又親自前往該廠請教主管該裝置的工程師，還到工廠現場請教流化床反應器操作工人。在該廠關興亞首次目睹擋板在流化床反應器的應用。然後，根據丙烯氨氧化技術特點，又發展了具創新特點的帶導向擋板的流化床反應器。而流化床反應器在中試得到進一步驗證，又使關興亞在全國會戰中脫穎而出。

1974 年，為製造細顆粒催化劑，必須採用一種每分鐘轉速高達1.2 萬轉的離心式噴霧乾燥器。此時，國內尚未掌握這類設備的製造，尤其是主軸，在高轉速下不能偏心，這既涉及材料，又涉及加工技術。儘管關興亞對這類機械設備的製造技術十分生疏，但為了抓緊研製進度，他虛心地請教了多位行家。強烈建議院領導成立專門研製小組，由他帶領設計人員和技師沈富林一造成上海合成樹脂研究所等單位對進口的高速噴霧乾燥機進行實地測繪。在沈富林師傅主持下，終於在第二年便完成了高速噴霧乾燥機的研製任務。1980 年該項目榮獲上海市化工局科學研究成果二等獎。關興亞常說，「搞科學研究不能等，等就喪失了時間，也就失去了主動性。」

凡事多問一個為什麼，這既是關興亞學習的特點之一，又反映了他嚴謹的治學態度。1973 年，關興亞作為丙烯腈項目技術談判專家組負責人，對於日本旭化成公司和美國索亥俄公司提供的

資料都作了詳細深入的研究。對於每個設備的布置、使用輔助化學品的注意點，每條管線的走向，甚至為什麼管線上會多一個閥門或者少一個閥門，都要問得一清二楚，絕不能一知半解。所以，外方談判人員經常會被問得啞口無言。不過外方談判人員到晚上，都會與美國或日本丙烯腈裝置的技術人員通電話，然後再將結果告訴關興亞。例如有一張圖紙上有一條向下傾斜的管道，關興亞問其原因，外方談判人員答不上來，直到第二天談判前詢問裝置技術人員再轉告關興亞。原來這根管道內帶有凝液，所以必須向下傾斜，否則凝液存在會使管道內氣體流動不暢。看來此事很小，但對今後裝置設計很有用。所以，後來關興亞編寫的談判資料在內部相關人員傳閱後，眾人都說這是一份難得的引進技術消化吸收的極好資料。此後請教關興亞的人越來越多，但他總是有問必答，毫不含糊。

關興亞還抓住出國考察和國際會議等各種場合請教國外同仁。1993 年 5 月，根據中國石化總公司與 BP 公司達成的協議，雙方合作進行催化劑評價，關興亞作為中國石化總公司代表赴 BP 公司具體執行雙方達成的協議。透過這次技術考察，關興亞了解了美國催化劑評價水平，看到了我們與世界水平之間的差距。BP 公司是一個人管十幾臺催化劑評價裝置，而且評價數據可立即顯示。我們是幾個人管一臺催化劑評價裝置，評價數據要分析後再顯示，兩者自動化程度的差距顯而易見。所以，回國後從加快催化劑開發進程出發，建議中國石化總公司進口數臺催化劑評價裝置，解決燃眉之急，然後再加以消化吸收，開發出自己的評價裝置，以全面提高國內催化劑評價裝置水平。

1995 年 12 月，關興亞作為中國石化總公司代表團成員參加美國丹佛市舉行的國際流態化技術會議。會議期間又會同美國一家公司分別向出席該會議的丙烯腈生產商介紹 MB-86 型丙烯腈催化劑性能。因為會議日程安排十分緊湊，白天開會，晚上又要與客戶交

流，一談就是好幾個小時，所以，有時會議日程上沒有安排會務餐，要自己解決。而會場附近雖有豐盛的佳餚，但關興亞為抓緊時間寧可在麥當勞速食店填飽肚子，然後繼續工作。為使商務會談和技術交流兩不誤，他還抽出中午和夜晚時間，主動地請教一些流化床反應器的專家們，尤其是流化床反應器構件開發人員，因為在商務談判中這些技術常常是避談的，但學術活動和技術交流中則相對隨和些，透過交流使關興亞收集到許多有關該領域的技術進展，尤其是有關旋風分離器的改進，這對於改進國內流化床反應器內構件十分有益。

不過，關興亞在學習方面最讓人佩服的是他不管周圍環境有多險惡，壓力有多大，他都可以置之不理，雷打不動，我做我的。

在極「左」年代裡，整天看外文資料的人弄不好便成為「崇洋迷外」和「走白專道路」的典型而受批判，但他不管旁人怎麼看，因為他堅信「書中自有黃金屋」的道理。當然此黃金不是封建社會讀書人要的官祿，而是從前人的實踐中吸取養分為我所用。至今關興亞還記得一篇題為「擋板床丙烯氨氧化制丙烯腈」的英國專利曾對關興亞開發「導向擋板流化床反應器」造成重要啟發作用，在國內萘氧化制苯酐生產工藝中採用擋板的流化床應用實踐則造成關鍵作用。

十年動亂對丙烯腈催化劑研發工作的干擾是不言而喻的。開始是科學研究人員「傾所而出」的赴京大串聯，研究所的試驗大樓人去樓空，接著是「一月革命」奪權風暴。後來，所謂的清理階級隊伍又把關興亞關入牛棚進行隔離審查。但是，此時身處囹圄的關興亞仍然持之以恆地在思索著下一步丙烯腈研究方向。在牛棚裡，除了毛主席語錄外，便是一大堆有關丙烯腈的技術資料。

為提高國外科技文獻檢索水平，關興亞又專門學習了現代化檢索方法。20世紀80年代末，關興亞已年近花甲，他還堅持自學電腦操作，並且學會了簡單的程式編制，將文獻按國家和類別整理

好，用自編程式進行檢索。為了收集與丙烯腈相關的文獻、資料，他每天早上6點發揮床，晚上12點後才睡覺。因為早晨和夜間時段網速快，且能快速下載，所以，早發揮晚睡便可充分利用互聯網索取資料。他還將上網收集資料看作為工作之餘的愛好。對收集積累的文獻毫不吝惜與眾人共享，青年人向他索取資料時，他有求必應。

如今耄耋之年的關興亞依然關注著國內外丙烯腈生產技術的發展。因為環保問題日益受到各方面的關注，因而一直在考慮清潔工藝的開發，其中包括含腈尾氣的處理、硫銨廢水處理、無硫銨新工藝的開發等。

關興亞還十分關注國內外各種石油化工尖端技術的開發，尤其是新型催化材料。也許有一天能找到一種儲氧能力極強而且又耐磨的催化材料，那就有可能實現用晶格氧來進行丙烯氨氧化反應。還有各種新型分離技術，如超臨界分離、膜分離、超重力分離等，如果這些新技術能用於丙烯腈生產工藝，那麼裝置能耗和物耗就會大幅下降。關興亞一生除了學習和工作還是學習和工作，幾乎沒有其他愛好，而學無止境、持之以恆、孜孜不倦地學習才是他一生唯一的愛好。

# 第五節　一輩子做好一件事

打開「院士風采」欄目，對關興亞的介紹是：遼寧省瀋陽市人，1955年畢業於上海復旦大學，中國石化集團公司上海石油化工研究院高級工程師。從20世紀60年代初開始長期從事丙烯腈生產工藝及催化劑研究開發。70年代在我國建成12套丙烯腈中小型生產裝

關興亞在圖書館查閱資料

置，填補我國在丙烯氨氧化制丙烯腈領域的技術空白。80 年代初在中國石化集團公司領導下，組織了研究、設計、高校和工廠等部門參加的丙烯腈成套技術國產化攻關，開發出 MB-82 型、MB-86 型催化劑、流化床反應器、丙烯腈產品分離和乙腈回收等新工藝。完成了萬噸級大型工業裝置軟體包的設計，為具有自主知識產權的成套技術國產化，並進入境外市場做出了巨大貢獻。多次獲得國家和省部級獎勵，包括 MB-82 型催化劑 1988 年獲得國家科技進步二等獎、MB-86 型催化劑 1993 年獲得國家科技進步一等獎，並取得國內外專利 40 多件。1995 年當選中國工程院院士❶。

然而，關興亞對自己的評價卻是「一輩子搞一個東西 (丙烯腈)」。而且「正因為一個人一輩子不能做很多工作，既然選擇了這項工作，就要下決心把這項工作做好。」

1999 年 4 月，集國內 7 項新技術於一身的齊魯石化年產 2.5 萬

❶錢偉長主編 . 20 世紀中國知名科學家學術成就概覽 . 化工、冶金與材料工程卷 [M].北京：科學出版社，2015：380-389.

噸丙烯腈裝置擴能改造為 4.0 萬噸項目順利竣工，許多人以為年近七旬的關興亞也許會退居二線。其實，要說退居二線，他在上海石化院除了顧問一職以外，其餘職務早已讓給他的助手和更年青一代，不過依然精力充沛、精神飽滿的關興亞還是經常在實驗室指導他們的工作。為了取得第一手資料又常常跟青年人一造成全國各地丙烯腈裝置去推廣成果，還經常參加全國性的丙烯腈行業會議。

解放前顛沛流離的生活和半工半讀的艱難歲月，使關興亞養成了從小不怕吃苦，勇於面對困難和挑戰的性格。對化學的熱愛，對科學的追求又造就他追根究底、不折不撓的精神，而且喜歡低調做人。可是他怎麼也沒想到從 1995 年 5 月當選為中國工程院院士後，頃刻間各種社會活動和頭銜接連而來，1996 年上海投資諮詢公司聘其為技術專家，同年聘任為中國石油化工總公司技術委員會委員。1997 年當選為中國化工學會理事。各種年會，如石油化工催化年會、乃至化學工程技術進展報告會都聘其當顧問或編委會成員等，邀請他去作報告或聘其當公司或工廠顧問的更不計其數。有一次，關興亞偶然在圖書館翻到某套叢書，竟然自己也不知道何時當上這套叢書的編委。更離奇的是，有一段時期社會上颳發揮一陣「特異功能」的偽科學，也要關興亞以院士身分說幾句話，直爽的他馬上婉言謝絕說「我從來不參加這種討論」。在他看來與自己專業無關的事情不要發言，做好自己本職的事情就行了。

後來，中國石油化工集團公司組織幾次赴下屬石化企業的「院士行」。但他不喜歡「下車伊始」不作調查就亂發言，一定要事先做好準備工作，了解好基本情況，需求解決什麼問題，然後再有的放矢提出自己的一些看法。但是也有一個原則，不是自己專業範圍，或自己不了解的情況絕不隨便發言。

2007 年 8 月，關興亞一行來到烏魯木齊市米東區化學工業園區考察，就該園區在實施循環經濟策略中遇到的一些難題，在經過事前做了大量工作後，他才連繫當地實際情況發表了自己的看法。而

且根據自己在丙烯腈生產中碰到的問題，提出以廢物綜合利用為目標，採用高新技術改造方法來提升傳統產業經濟效益和社會效益的建議。建議中還強調了透過產業鏈的延伸和連接形成「資源－產品－再生資源」為特徵的「園區大循環、企業小循環」的循環經濟發展模式。此外，對每個具體產品的副產資源利用方式都作了詳細敘述，受到高度評價。

不過，在關興亞看來，類似新疆院士行這樣務實的活動還是少數，大量的是閒事，甚至不少研討會，並不能解決實際問題，至多就像三年自然災害期間，高級知識分子的「神仙會」。他心知肚明，這些人都是衝著「院士」這塊牌子而來，一個人哪能是什麼都懂的「萬寶全書」，因而大多數社會活動是被他婉言謝絕的。

有段時期社會上出現了評審怪圈，「只要有院士參加，評審就權威了！」對此，關興亞十分看不慣。2005年11月16日在上海舉行的「院士圓桌會議」上，周光召、汪品先、鄒承魯等13位院士對現行院士制度發發揮了猛烈抨擊，認為現有院士制度阻礙了科技創新，甚至建議共同提一個方案改革現行院士制度的弊端。

關興亞在這次會議上，直率地說：「院士不是神，只是在某一領域有自己的研究，像我這樣的院士，年紀都很大了，我國院士平均年齡是72歲，很多成績是年青時做出來的，社會不要『神化』院士，院士也要自律。社會上職務要不兼、少兼，扎扎實實地做研究，為國家做更多貢獻。」他還對記者說，無論是中國科學院還是中國工程院都應設立「道德委員會」，對院士的行為從道德層面進行約束。

儘管關興亞很少參加社會活動，但是對有意義的公益活動還是非常樂意參與的。2010年7月10日，上海世博園石油館舉辦了一個特別活動，由中國石油天然氣集團公司、中國石化集團公司和中國海洋石油集團公司共同發出「節約石油、綠色發展」的倡議。

石油化工專家關興亞和油氣田開發專家王德良，以及海洋石油

工程專家曾恆一，三位年逾古稀的中國工程院院士，擔當發揮「專家講解員」角色，為參觀者進行現場講解諮詢。為了滿足眾多參觀者對石油「延伸閱讀」的願望，石油館還舉行了院士簽字贈書活動。贈書有《石油與衣食住行》、《碧水藍天》等石油石化類書籍。而關興亞則著重介紹了石油化工深加工過程中的綠色工藝技術，還以「節約石油、綠色發展」為契機，呼籲全社會攜手發揮來，節約石油和天然氣等能源資源，不斷提高能源利用效率，加快發展清潔能源，積極推動能源多元化發展。

關興亞把「一輩子做好一件事」的思想與年青的科技人員進行經常性地溝通和交流。說實話，如今大多數新進院的博士生和碩士生都有大展鴻圖的雄心壯志。他們希望在短時間內搞幾個既有經濟效益又有社會影響的石油化工大課題，但關興亞卻要他們靜下心來，甘於寂寞，做好每個具體試驗。

如今的博士生和碩士生都經歷了太多的考試，為應付考試，書本知識掌握得很多。但相對而言，動手能力卻不如文革前的大學生。其實，人是靠逼的，文革前大學生，下農村和工廠勞動是經常的事，畢業前的工廠實習與當操作工沒有什麼兩樣，什麼事情都要自己動手。到了研究院所工作，那時條件沒有現在這麼好，許多小設備，包括試驗裝置用設備也都要靠自己動手去做，當然外語水平不如現在的大學生，電腦還未誕生，大量化工計算靠的是計算尺來完成的。

然而，一個工業性的研究院，僅靠電腦和書本知識是遠遠不夠的。說到底，化學化工本身就是實驗科學，大量研究成果主要來自科學實驗，電腦可以造成輔助作用，但無論如何也替代不了實驗作用，而且知識的積累有一個量變到質變的過程，要想一夜之間搞出大項目那是不切實際的。

在上海石化院每年召開的科技大會上，院領導總要讓關興亞向年青科技人員講幾句話。為使講話有新意切中實際，而且又容易被

青年人所接受，所以，關興亞常常走到實驗室與青年人交流，了解他們在想什麼，講話自然有的放矢。年青的科技人員很喜歡聽關興亞的演講，除了鏗鏘有力，帶有東北口音的普通話外，他的演講沒有套話，開門見山，喜歡實話實說，還很風趣和幽默。

針對青年人急於求成的心理，尤其是一部分博士生和碩士生整天上電腦，在書本上鑽牛角尖，不重視實驗研究和工作浮躁現象，他用國外石油化工大宗產品開發週期和自己親身經歷來告訴他們，「只有經過無數次失敗才能得到最後的成功」。他例舉了國外部分大宗石化產品開發過程：

環氧乙烷，在乙烯系列產品中僅次於聚乙烯的重要有機化工原料，也是滌綸纖維主要原料。1859 年法國化學家伍爾茲首次用氯乙醇法在實驗室合成制得環氧乙烷，1922 年由聯碳公司建成首套半工業化生產裝置。1930 年法國催化劑公司的列福爾發現，乙烯和氧在負載銀催化劑上可生成環氧乙烷，1938 年由聯碳公司首次建廠，但不夠完善，直到 1953 年由法國石腦油化學公司正式投入工業運行。1958 年由美國殼牌公司開發成功目前國內外均採用的氧氣法乙烯直接氧化制環氧乙烷工業裝置。乙烯氧化工藝從 1930 年首次發現到殼牌公司氧氣法工業化共花了 28 年時間。

醋酸乙烯，是維尼綸單體，也是合成膠黏劑重要原料之一。1912 年加拿大科學家克拉脫以汞鹽為催化劑，首次用乙炔和醋酸合成亞乙基二乙酸酯時發現其中有醋酸乙烯，1928 年德國豪斯脫公司以醋酸鋅為催化劑建成年產 1.2 萬噸工業裝置。1960 年蘇聯科學家莫依賽夫首次發現乙烯在氯化鈀、醋酸鈉催化劑上可合成醋酸乙烯。1965 年英國帝國化學工業公司建成年產 2 萬噸液相法裝置，後因設備腐蝕而停產。1968 年採用德國拜耳公司催化劑的氣相法工藝的日本可樂麗公司建成年產 6 萬噸工業裝置。由乙炔法轉向乙烯法前後花了 56 年時間。

丙烯腈，人造羊毛的單體。世界第一篇由烯烴經氨氧化合成不

飽和腈類的報告發表於 1947 年，其產品主要是乙腈，但也包括丙烯腈，一直到 1960 年才由美國俄亥俄標準油公司，即索亥俄公司真正實現工業化，前後是 13 年時間。

接著，關興亞讀了幾段他在 1982 年發表在《合成纖維工業》雜誌上一篇文章中有關我國丙烯腈合成技術開發過程。

「1961 年上海石化院分別對固定床和流化床反應器及相適應的催化劑、丙烯腈分離工藝進行了全面研究。」

「……開始研製的流化床催化劑是用 40～120 目微球矽膠為載體，用浸漬法製造。最初的催化劑 MC-22 型的活性組成也是磷鉬酸鉍，在直徑 50.8 毫米的流化床考查丙烯腈單程收率為 58%～59%，運轉 1000 小時後稍有下降，為 55%～56%。1967 年在上述催化劑組分中加入鈰，丙烯腈單程收率提高到 70%～72%。」

「為了解決採用粗粒度催化劑在以後的大型流化床中造成的流化狀態不好的問題，曾在流化床內加入圓筒形金屬絲網填料。根據直徑為 254 毫米的填料流化床擴大試驗結果，丙烯腈單程收率與直徑為 50.8 毫米小型反應器相同，床層膨脹率為 2，說明氣固接觸良好。1966 年在該中試裝置進行直徑為 800 毫米填料流化床中間試驗，但失敗了。主要問題是填料嚴重地降低了催化劑粒子的徑向運動速度，使反應器出現了很大的徑向溫差(50℃)。這時，國內在萘氧化制苯酐的流化床內增加一種被稱為有導向作用擋板的百頁窗形水平擋板，之後在直徑 800 毫米的苯酐流化床反應器內沒有出現徑向溫差。因此，上海石化院在 1967 年建造一臺直徑為 550 毫米導向擋板流化床，效果良好。丙烯腈單程收率為 68%～70%，接近直徑為 50.8 毫米反應器結果。」

從這幾段話中可見，上海石化院從 1961 年開始到 1967 年，整整花了 6 年時間，投入上百人，才完成了流化床反應技術及相適應催化劑的中間試驗。如果放在今天科學研究開發進程可大為縮短，但是一個接一個枯燥無味的試驗是絕對少不了的。

將流化床反應器於 1970 年 5 月正式用於高橋化工廠年產 2000 噸裝置，一直到在大慶煉油廠等全國 12 個單位，年總生產能力達 2 萬噸的中小型裝置的推廣應用，前後過程不少於 10 年。在這十年內，主要科學研究人員必須靜下心來踏踏實實地做好每一項試驗。

關興亞還告訴年青一代科學研究人員，只有自己親手實驗，才能從實驗中發現問題，解決問題，才有新收穫。有些從「實驗」得到的經驗和體會，看來不如「論文」那樣有光彩奪目，但卻是不可多得的訣竅，其應用價值遠勝過一般論文。

20 世紀 60 年代，丙烯腈催化劑製備採用的是浸漬法工藝，也就是將催化劑的活性組分配成一個溶液，再將載體浸泡在此溶液中，浸漬時主體組分被載體所吸附，但後來發現催化劑組分均一性存在問題。於是，他仔細分析了浸漬前後殘留液的成分的變化，並從中找出過量浸漬的不足之處，繼後改用等量吸收法來製備催化劑，這樣制得的催化劑組分更均一，性能更穩定。因為當時還沒有一種很好儀器來測試催化劑內芯和表面化學組成的差別，所以，關興亞就想到從焙燒後催化劑內芯和外表顏色的差異來改進焙燒工藝條件。

由於關興亞善於觀察細節，不放過任何蛛絲馬跡，所以在引進裝置談判時，從一頁外商提供的操作記錄中，捕捉到常人想不到的訊息，例如用什麼儀器，採用什麼方法，主要分析哪些化學成分，規定指標，以及工藝條件的控制方法等。

因為關興亞重視每個實驗，有時會顧不上吃飯，靜靜地在反應器旁仔細觀察反應現象。對新配方催化劑的考評，更是一刻不離地守候、記錄，再加以整理彙總，這樣常常可以獲得許多意外結果。

鈉元素一直被認為對磷鉬鉍系催化劑是有害的，鈉對丙烯氨氧化反應沒有活性和選擇性，而且會使反應生成更多的二氧化碳，所以在 70 年代中期選用矽膠載體時，對其中鈉元素的含量作了系統研究。後來發現，幾乎不含鈉的矽溶膠載體，其耐磨性都達不到要

求，而且隨著鈉含量的增加，催化劑的耐磨性也相應提高。於是就得出與國外催化劑專利商相反的結果，即鈉的作用在於提高催化劑耐磨性而不是抑制鉬的揮發。這一成果於 1987 年申請了中國專利並得到授權，專利號為 CN1005248（1987 年 9 月 27 日），比 BP（英國石油公司）含鈉催化劑專利早 5 年。催化劑耐磨性是一項十分重要的技術指標，如果一個性能良好的催化劑由於耐磨性差而無法工業化，那將是十分遺憾的事情，因此這一發現的重要性顯而易見。試想，如果不親手實踐催化劑製備，怎麼能發現這些對催化劑性能至關重要的現象呢？更不用說含鈉催化劑發明專利了。

同樣的實例還有「丙烯腈鹵素催化劑」改進。20 世紀 60 年代關興亞曾研究過鹵素陰離子對催化劑選擇性影響，雖有改進，但它的不穩定性和揮發性也帶來一系列問題。主要是在催化劑製備過程中，很易被氧化成元素溴或碘，從而使催化劑中鹵素含量偏高，並使製成的催化劑漿料呈強酸性。直到 80 年代 MB 系列催化劑開發中，再一次系統地研究了鹵素陰離子作用，結果發現，鹵素對催化劑選擇性影響十分顯著，對於它的不穩定性則可透過兩次浸漬方法加以解決，這才有以後的 CN106166 專利的產生。所以，當時看來並不顯眼，而且在相當一段時期未被採納的實驗結果，但到某一階段也許就會產生重要作用。

關興亞還告訴他們，儘管現代表面分析技術的進展，以及人們不斷增長的科學知識，催化劑的設計和生產正從藝術變成科學，這是一個很了不發揮的進展。然而影響工業催化劑性能的因素實在太多，催化劑的組成、結構與性能之間的關係非常複雜，製備條件仍然不易控制，所以就現有認識水平而言，催化劑生產還遠遠不能像「機械化」那樣的生產，更不能按照設計程式就能制得符合預定設想的催化劑。就好像廚師做菜那樣，在一定程度上還得靠實踐摸索。前述上海石化總廠 CT-I 丙烯腈催化劑試生產時，就因轉爐斜率稍稍偏離控制值，結果使催化劑焙燒溫度和實際停留時間也偏離控制

值，從而產生大量廢催化劑。有時候，在實驗室少量催化劑製備中也會碰到「重複性差」的問題，所以需求我們精心觀察實驗全過程，腳踏實地做好每一個實驗，以掌握其中的訣竅，這樣才能有所發現、有所發明，有所創造，有所前進。由於關興亞的講話常常出於肺腑，所以這些青年人也會問發揮關老在為我國丙烯腈工業作出重要貢獻的同時有沒有付出昂貴的代價，譬如家庭、子女教育，包括文革在內的歷次運動的衝擊等。然而，他會微微一笑說：「任何事情總是有得有失，如果你認準自己一生追求是對國家、對人民有利的話，那麼個人付出的代價又能算得上什麼呢?」

關興亞與青年科學研究人員在分析實驗結果

第|七|章

# 溫馨家庭

「獨在異鄉為異客，每逢佳節倍思親」，這句話一點不錯。當年在鎮江橋頭鎮中華三育研究社讀高中時，每到寒暑假的時候，關興亞只能眼睜睜地看著同學們回家與家人團聚，但自己卻沒有這麼好的條件。當初父親送他從瀋陽到上海的那張飛機票的錢還是東借西湊，靠親戚朋友籌集而來，而從瀋陽經南京到鎮江往返車費50多元，剛好是父親一個月的工資，所以從減輕父親經濟負擔考慮，還是安心留校打工賺錢。不過想家是難免的，尤其是春節，腦海裡總浮現著自己的家。那時家裡雖然窮，但春節總能吃到熱騰騰的餃子，還有與鄰居同學少年的玩耍，放鞭炮，好像就在眼前。關興亞還記得，小時候父親每天晚上教自己讀國文課學不到的「弟子規」和「三字經」。讀的時候也不懂得是什麼意思，只是「死背」，但至今仍未忘卻，長大了才有點理解「人之初，性本善，性相近，習相遠」和「子不學，非所宜，幼不學，老何為」等詞句的意思。

1950年的某一天，突然接到父親的來信，稱大弟關興國要報名參加抗美援朝的中國人民志願軍。因為關興亞在鎮江親眼目睹中國人民解放軍有鐵的紀律，與國民黨軍隊有本質差別，所以立即回信堅決支持大弟當兵上前線。不久，當地政府批准了大弟入伍的要求，關父立即發電報給關興亞要其立即回瀋陽，這才圓了關興亞回家之夢。

因為關父深知戰爭是殘酷的，其結果往往是難以預料的，所以，父親無論如何也要湊足路費讓兄弟倆再見上一面，敘敘兄弟情誼。關興亞知道，其弟在校讀書時，思想一向進步。儘管年齡還不到15足歲，但血氣方剛的他參軍主意早已決定，即使父母親要阻撓也是不可能的，所以更多的是勉勵他在戰場中立功，多拿幾個胸章回來。然而，在「雄糾糾，氣昂昂，跨過鴨綠江」的雄壯進行曲下，為穿著軍裝的弟弟送行時，他還是有點依依不捨。後來，在上海交通大學和復旦大學讀書時，關興亞幾乎天天注意報上有關朝鮮戰爭的新聞報導，最痛恨的是在開展「三反」、「五反」運動中揭露出來的

不法資本家王康年，他將假藥賣給中國人民志願軍，坑害傷病員。

對於大弟參軍，關興亞原以為父親不會支持的。因為在關興亞眼裡，父親是一個典型的清教徒，嚴格遵守舊約律法中的清規戒律，不食「不潔食物」，如豬肉等，且菸酒不沾，連咖啡都不喝；提倡飲食衛生，食用粗糧和某些生蔬菜；反對世俗化的裝飾和娛樂。但他卻熱衷於做慈善，在 1960 年和 1961 年國家困難時期會節衣縮食，將糧票和布票交公或幫助比他更困難的人，甚至在自己遺失購糧證和糧票的情況下，寧可自己挨餓也絕不向國家申請救濟。其實父親內心卻是十足的愛國主義者。在家教方面關父很傳統，常用「忠孝禮義」來教育子女。在父親看來，所謂「忠」就是要對國家忠心耿耿，對革命事業要忠心不二；所謂「孝」就是晚輩對長輩要敬重；所謂「禮」就是要講禮節和禮貌，還要遵紀守法，要行為文明；所謂「義」就是要為人處事不能口是心非、背信棄義，要講誠信。後來「忠孝禮義」成為關氏家庭的家訓和家風，希望能代代相傳。

不過從父親堅決支持兒子參加中國人民志願軍一事看，他確實是以實際行動來響應國家號召，實踐了他的「忠」，忠於自己的祖國。所以，在教會開展的「三自運動」中成為學習積極分子。但是他為人低調，不喜歡領導在各種場合多次表揚自己，認為「保衛祖國」是每個公民的應盡義務，大家都不當兵，東北三省又將成為帝國主義列強的殖民地。所以，不必「敲鑼打鼓，戴大紅花」大肆宣傳，更不必以「光榮爸爸」和「光榮媽媽」來稱呼他和妻子。

受父親家教的薰陶，關興亞也是一個不折不扣的孝子。他深知父母親將他們兄弟 3 人撫養成人吃了不少苦。為了表示孝心，1955年 9 月，在重工業部瀋陽化工綜合研究所報到後拿到第一個月工資後，除自己留下飯錢和零用錢外，全部交給母親。為了不增加家裡負擔和工作方便，他寧可住在單位宿舍，仍然過著獨立生活。星期天回到家裡還幫母親料理一些家務，如打水、打掃衛生之類事情。

由於關興亞與戴贛耀的關係早在中華三育研究社讀高中時已經

確定，雖然關興亞畢業分配後回瀋陽工作，戴贛耀在上海工作，但在解決分居問題上，戴贛耀也考慮在關興亞不能調回上海的情況下，自己去瀋陽某醫院或者在瀋陽化工綜合研究所醫務室工作，並與關興亞父母一發揮生活，伺候公婆一輩子，讓老人家頤養天年。只是後來情況發生變化，瀋陽化工綜合研究所一分為四，關興亞才有調往上海的機會。此時，關父關頌堯不但沒有拖兒子的後腿，要其留在自己的身邊，而且還鼓勵自己兒子從工作考慮，到一個比瀋陽工作環境更好的上海或北京去工作，並再三告訴兒子，以「仕途為貴」，還說「好兒女要志在四方，忠心耿耿為國效勞。」

1957 年 9 月，身體十分硬朗的父母親還親自到瀋陽火車站為兒子送行，要他安心工作，不要牽掛父母親。然而，關興亞怎麼也想不到這竟是與可敬父親的最後一別。

1958 年國家正值「大躍進」年代，在「鼓足幹勁，力爭上游，多快好省建設社會主義」的總路線指引下，億萬人民投入空前未有的社會主義建設中。此時，信教的人越來越少，瀋陽市北教堂做禮拜的人已經廖廖無幾，因而當時政府決定將教堂改建為可為國家創造財富的裡弄加工廠，取名為「興無綜合廠」。其「興無」有興無產階級滅資產階級之意。從此，關頌堯從一個基督教徒轉變為真正自食其力的勞動者。而關母孫婉容也在「解放婦女勞動生產力」的口號下，同樣成為該裡弄加工廠的一名新工人。此時，大弟關興國又以優異成績考上了由中國科學院院長郭沫若任校長的中國科技大學應用數學系。因為一個普通家庭竟然培養出兩名中國著名高等學府的大學生，曾一度受到周圍鄰居和同廠職工，以及親朋好友的一片讚揚。所以，父母親臉上不知有多少光彩，喜不自禁。然而「天有不測風雲」，1961 年冬天的一個冰天雪地的日子裡，關頌堯不慎摔了一跤，此後再也沒有醒來，從而走完了他六十一個春秋，過早地離開了人世。

提發揮此事，至今關興亞心中一直很內疚，因為他感到沒有照

顧好一生最疼愛他的慈父。小時候，儘管家裡生活十分艱苦，但父親總說：「再苦也不能苦孩子」。為了精心培養關興亞，在鐵路不通的情況下，寧可借錢負債也要將他送出戰亂的瀋陽到鎮江求讀高中。後來，自己到上海工作後，父親從來不提自然災害給家裡帶來的困難，更沒有提及糧票遺失之事，所以關父不幸離世，可以說是關興亞一生中最大憾事之一。

關父過世後，最痛心的莫過於與其共同生活三十年的關母孫婉容。儘管關母是關家裡裡外外一把手，買菜做飯帶孩子，縫衣補襪樣樣都做，而且在最困難時期還做過小生意，貼補全家生活，但全家五口人的生活來源主要還是依靠其父的工資收入。兩人平時也有爭吵，但還是相依為命，克服一個又一個困難。可是，眼看日子一天比一天要好過時，丈夫卻突然離世，關母萬分悲痛，為此關母還生了一場大病，好在小弟從小懂事，照顧母親發揮居，度過了難關。

從此以後，關興亞不論自己生活有多大困難，除逢年過節寄錢外，還將自己每月省下的糧食換成精白麵粉，還有白糖和肥皂等日用品寄往瀋陽孝敬母親。而每次有機會到東北出差，儘量設法途徑瀋陽看望母親，即使在瀋陽住上一天，也設法陪母親吃上一頓飯盡一份孝心。

20世紀80年代初，關興亞利用在撫順出差的機會，將母親接到上海，想讓老母親永遠留在自己身邊，養老送終，盡盡孝心。他與妻子一發揮陪同老母親遊覽了上海著名基督教堂，即地處西藏中路的「沐恩堂」，地處武進路原復臨基督會總部的教堂，以及上海名勝古蹟城隍廟和繁華商業區南京路和淮海路。但是，終因上海居住條件較差，母親在上海住了不到3個月堅決要求回瀋陽舊居。

原先關母以為，兒子在大上海工作，又在研究院工作，是一個名牌大學畢業生和工程師，住房條件總要比瀋陽好得多，哪裡知道繁華的上海，高樓大廈的後面竟有如此之多的破舊民宅。說來也

是，上海解放後確實建造了一大批工人新村，工人住房條件有所改善，但是畢竟人口眾多，供不應求，加上十年文革，國民經濟到了幾近崩潰地步，積重難返，國家拿不出錢來建設更多工人新村。

那時，關興亞居住在鬧市區新閘路的石庫門廂房，還是 1959 年其愛人生下大女兒關煜後，上海紅十字醫院以照顧困難戶名義分配的房子。直到 80 年代不到 15 平方米房子住了 5 個人，在上海竟然還算不上困難戶。當時三代同居一室的家庭比比皆是，不足為奇。一直到改革開放之初，在房管所稱得上困難戶的必須是人均 2.5 平方米以下的家庭。

由於老式石庫門房子年久失修，所以每到臺風暴雨季節是最使人擔心的，除了屋頂瓦片會被捲走外，屋內還要用幾隻面盆來盛漏水。還有狹窄而陡峭的樓梯，不要說七十多歲的老人，就是二、三十歲的青年人走發揮來也要十分當心。所以，老母親因實在不能適應這樣的環境，不滿 3 個月便堅決要回瀋陽舊居生活。後來，到 1987 年，關興亞分到地處上海萬人體育館附近的兩居室新工房後，再次請老母親來上海居住，但此時老母親年事已高，雖想再來上海，但行動不便，而未能成行。不過關興亞幾乎每年都會回瀋陽看望盡孝。1991 年老母親過世後，關興亞又專程前往瀋陽，承擔老母親所有喪事費用。關興亞說，真是自古忠孝難兩全，因為工作繁忙未能在老母親彌留之際伺候老母親，這同樣也是一生中最大憾事之一。

「兄弟睦，孝在中」，意為兄弟和睦，這也是對父母的一種孝順。

母親共生 5 個兒子，可惜關興亞有兩個弟弟過早夭折。大弟關興國小其 2 歲，從小一發揮玩耍，天資聰穎，學習成績門門優秀，而且在中學時，受一位地下黨老師的影響，思想激進。1950 年，他年僅 15 歲就堅決要求上前線，保家衛國，參加中國人民志願軍。入朝後，因年齡偏小，又有些文化，所以任文書工作。但在戰場上也

經歷槍林彈雨，九死一生。1955 年凱旋回家後仍回原中學完成他的高中學業。1958 年以優異成績考入中國科技大學應用數學系。1963 年畢業分配在第二機械工業部九院工作。那是一個「保密單位」，而且因工作需求每年都要到上海來工作一段時間，兄弟兩人見面都很親熱，但大弟從不談工作，只談生活。1970 年，林彪發布第 1 號通令後，因弟媳家庭出身既非工，也非農，更不是兵，所以，被調離保密單位，回瀋陽地震局從事電腦技術開發工作，也是一名高級工程師。後來才知道原來九院是搞與原子彈相關工作的，難怪政審如此嚴格。

小弟關興杰，小關興亞好幾歲，讀中學期間正值十年文革，要讀書也沒門，後分配在撫順市新撫鋼鐵廠工作。改革開放初，鋼鐵企業經濟效益尚可，後隨著國家大型鋼鐵廠的建成投產，這類中小型鋼鐵廠便因技術落後、產品檔次低下而關閉，其小弟也逃脫不了下崗的命運。後來，侄女考上大連外國語大學連學費也發生困難。關興亞得知此情況下，立即匯上 5000 元人民幣，解決了小弟燃眉之急。後來，侄女畢業後在上海一家外資企業工作，並在上海成家立業，因而，小弟也在上海和瀋陽之間經常往來。

2013 年秋，大弟和弟媳來上海旅遊，關興亞抓住此機會，加上在滬小弟一家在上海為大弟慶賀八十大壽。席間，三兄弟其樂無比，除暢談人生經歷外，最多的還是回憶童年趣事，好像父母仍在身邊似的，都不約而同地想到童年母親包餃子的一幕情景。母親包餃子是一個能手，剁餡、調餡、和麵、擀面，乾脆俐落，像變戲法似的一個接著一個，很快就是一大堆。當年關興亞和大弟兩人還在母親身邊學包餃子，可是到最後一關，卻捏成一個個麵糰團。雖然那時生活很艱苦，包餃子的餡大多是蔬菜和地瓜，沒有什麼肉，但吃發揮來卻很香，總是吃不夠。但母親自己卻吃得很少，盡量讓兒子吃飽，所以人世間母愛是最偉大的。如今，當年的孩童已成白髮蒼蒼的老人，但卻趕上了改革開放的好年頭，不愁吃，不愁用，因

此都希望把身體養好，再享受幾年清福。

常言道「一個成功的男人其背後一定有個女人在支撐著」。關興亞的成功離不開其妻戴贛耀。他們倆人早在中華三育研究社讀高中時便相識，又相知相愛。1958 年春正式結為伉儷。那時，婚房還是租的。結婚也是「革命化」的。不辦酒席，只是給親戚朋友發了些喜糖，總共花費不到 200 元人民幣，那是關興亞發表的兩篇文章的稿酬。戴贛耀小關興亞兩歲，出身在江西南昌的一個知識分子家庭，其父早年受過高等教育，後來也是在復臨基督教會南昌分會任會計工作。她雖然出身在奉行基督教的家庭，但卻不信基督教。不過，受高中生物和生理衛生老師影響，酷愛醫學，還喜歡救死扶傷。1951 年從三育中學畢業後便考上了上海護士學校，畢業後分配在地處上海市最熱鬧地區延安中路和西藏中路交界的上海紅十字醫院工作，後繼續進修，成為一名手術間的麻醉師，對工作精益求精，常受到單位表彰。

因為上海紅十字醫院領導知道戴醫生的丈夫在浦東郊區上海石化院工作，又是中層幹部和課題負責人，所以很少安排戴醫生到上海市郊巡迴醫療。可是，戴醫生卻不要領導「照顧」，堅決報名參加巡迴醫療，一次至少 3~6 個月。為了支持戴醫生的工作，關興亞也只得每天早晨燒好飯菜後，再上班，晚上下班趕到菜場買好第二天的副食品和蔬菜。好在大女兒和兒子早就學會用煤油爐熱飯、熱菜，而且 3 個小孩都學會了自己洗衣服。還有居住條件雖艱苦，但鄰居親如一家，誰家有困難都會主動上門來幫忙，所以，戴醫生參加巡迴醫療對家裡也很放心。

戴醫生也有很多方面與關興亞母親有相似之處。在家裡她也是裡裡外外的一把手，家裡大大小小的事情都是她一人操辦，連為公婆寄錢寄物都是關興亞動口，戴醫生動手，親自到郵局辦理。為了支持丈夫工作，她失去了很多深造的機會。除八小時工作外，把精力主要集中在家務和子女教育上。

戴醫生深知丈夫的性格，為人正直，實話實說，因而常常勸丈夫說話要「三思」而行。這是因為 1957 年反右鬥爭後，領導要大家向黨交心，當時領導言明「不抓辮子」、「不打棍子」，從幫助黨整風出發，因此他把自己想法和盤托出。因為他對「等額選舉」還不十分理解，於是便認為這樣的選舉方式是否合理，值得推敲，結果差一點被作為批判對象。好在領導知道他對黨一向忠心耿耿，而且工作一向埋頭苦幹，所以教育一下便過去了，不過在檔案上仍被記上了一筆，留下後遺症。

誰知道到了文化大革命，戴醫生最擔憂的事情還是發生了，造反派舊事重提，再加上「白專道路」和「資產階級反動學術權威」兩頂帽子，關入牛棚，受盡了造反派的欺凌和侮辱。好在不久便在工宣隊重新清理案子時將其從牛棚裡解放出來。此時，一向「家庭觀念」淡薄的關興亞回到家裡時，妻子和 3 個兒女個個熱淚盈眶，尤其是 3 個兒女立即圍上來異口同聲地喊道：「爸爸，沒有事回來了！」頓時他覺得有一種說不出來的感覺，似乎覺得兒女三個一下子長大了許多，也比以前懂事了。「沒事了，早就沒事了！」他深知，在這「落難」之時，人世間最關心他的人莫過於終日嘮嘮叨叨的妻子和這 3 個兒女，特別是調皮搗蛋的兒子，這既是親情，又是支撐他闖過難關的精神力量。說來也奇怪，平時工作上遇到不稱心的事情，但回到家裡，看到自己的兒女，似乎白天發生的一切都忘卻了，也許這就是溫馨之家。

那時候，造反派工作也算做到了「家」，要妻子揭發問題，劃清界線。但妻子直截了當地告訴他們，她最了解自己的丈夫，說「關興亞從小跟著母親做小生意，吃了多少苦，大學畢業後整天忙著工作。連這個家也不顧了，他有什麼資產階級腐朽思想，你們搞錯人啦！」造反派碰到了一鼻子灰，也就悻悻地走了。

關興亞有 3 個兒女，分別出生於 1959 年、1961 年和 1963 年。大女兒關煜中學畢業後分配在市郊農場工作，不久，上海市從解決

青年人，尤其是知識青年就業問題出發，試行「子女可頂替父母工作」的政策，於是，其妻戴贛耀與關興亞商量，一來是為了女兒的前程，二來從更多支持關興亞的工作出發，便向單位領導提出提前退休，讓女兒頂替其工作的請求。上海航道局衛生所同意了戴醫生的要求，但是因為一時還找不到合適的接班人，從工作考慮，所以退休後又做了一段時間。關煜頂替母親工作後，先是做一般行政工作，後來經自己努力，堅持上夜校，進修自學，獲得了初、中級醫務職稱，一直到 2014 年，年滿 55 週歲才退休。

兒子關煒，從小調皮，還不慎從樓梯摔下造成骨折。中學畢業後，根據當時上海中學生分配原則，姐姐務農，弟弟即可進工礦，於是便在一家工廠當學徒工。1978 年恢復高考後，他也曾經努力複習功課作一拚搏，但終因基礎太差，加上工作太忙，沒有充分的複習時間，所以失去良機。為此事，戴醫生至今還嘮叨自己的丈夫，把工作看成高於一切，卻不關心自己兒子的學業。但關興亞卻說「自己的事情自己解決，我們當年考大學也是靠自己的努力」。不過儘管他嘴上這樣說的，心裡也明白，為了工作他沒有把多少精力放在自己兒子身上，甚至連自己最熟悉的化學課也沒有為兒子從頭到尾系統地複習過一次。為了工作，不僅使自己孩子沒很好享受父愛，甚至很少關心他們的學業，這就是他一生有「得」有「失」中的失。從內心講也虧欠了孩子們。

後來，關煒工作單位在改革開放大潮中，經濟效益不佳而關閉，成為下崗工人。按理憑著關興亞在社會上的地位和聲望，為兒子找個好工作是不在話下的，但他是一個正派的學者，不喜歡做敗壞社會風氣的「走後門」。當時上海石化院實驗廠正需從社會上招一批技術工人，不少院內職工的家屬都進了實驗廠。好心的人問他是否考慮將兒子送到實驗廠去工作，他婉言謝絕，並說：「父子倆在一個單位工作影響不好，而且關煒到石油化工企業工作也不是他的專長。」後來，妻子戴醫生知道此事後又責怪他，可他還是那句話：

「自己的事情自己解決」，還對妻子說：「如果上海石化院職工都這樣，那這個單位成何體統？」

小女兒關燊「運氣」比哥哥和姐姐要好。因為當她長大時，「四人幫」已經打倒，教育事業早已撥亂反正進入正常軌道。加上她從小腦子靈活，又勤奮好學，大學畢業後又申請到美國獎學金，在美國深造後獲得碩士學位，後又在休士頓市找到一份工作，任 KTM 公司高級工程師，之後便在美國成了家。前幾年，關興亞和妻子曾去美國探親。原先簽證為半年，後因關興亞工作原因，不足 3 個月便回上海。妻子本想多住一段時期，只因語言不通，環境生疏，生活不便也隨同丈夫一發揮回國。不過，不看不知道，到美國後，其妻子才知道，美國並沒有想像的那麼好，即使紐約華爾街也遠不如改革開放後的浦東陸家嘴，而且在美國生活物價也比上海貴得多，雖然工資比上海高，相比較還是生活在上海好。

現在，最讓關興亞夫婦高興的是每逢節假日，兒孫們會聚集在自己家裡，尤其是孫輩們一進門就高喊「爺爺好，奶奶好」時，兩位老人家便會笑得合不上嘴來，爺爺暫時也不得不把工作停下來，與兒孫們聊天。

小時候，孫輩們最喜歡聽爺爺講科學家和偉大人物刻苦學習和忘我勞動的故事。一直到二、三十歲還記得這些故事。比如講，從小出身貧苦，而且疾病纏身的著名數學家華羅庚如何刻苦摘取世界數學皇冠的，新中國成立後，他又放棄在美國優厚條件，回國參加社會主義建設；大文學家魯迅先生的名言「時間，就像海綿裡的水，只要你擠，總會有的」，魯迅為寫作每天發揮得很早，累了就和衣在床上躺一會，然後喝上一杯濃茶繼續工作，就像跟時間賽跑一樣；還有奠定力學三大定律的大科學家牛頓如何踏踏實實工作，為揭示「萬有引力定律」經過八年反覆驗證和計算才正式公布於眾。關爺爺還給孫輩們每人一套《十萬個為什麼》，希望他們長大後也成為能為國家作貢獻的科學家。

後來孫輩們長大後，爺爺又喜歡同他們聊工作、學習、生活，尤其是想從青年人那裡學點訊息技術，諸如什麼小電腦 ipad、名牌手機 iphone5 和 iphone6 等新玩意兒。不過，因為老夫婦倆年事已高，所以立下一個規距，買汏燒都由兒孫們自己動手。他們各自也都有分工，有的準備菜餚，有的準備烹飪，也有的是打掃餐後「戰場」的。全家十幾人一發揮說說笑笑，享盡天倫之樂。

光陰似箭，轉眼間關興亞已到八十高齡，他怎麼也沒想到一輩子接觸有毒有害氣體的人，到八十歲還能有這樣好的身體。原先想能活七十歲也不錯了，多餘這些年都是老天恩賜的。60 年代初，上海石化院保健標準是跟高橋化工廠的，開始每人每天一瓶牛奶，後來高橋化工廠丙烯腈工廠發生了職工中毒而死亡事件後，為安撫職工情緒改為每天兩瓶牛奶，還有一聽麥乳精或葡萄糖。1991 年，關興亞在《中國醫科大學學報》上看到一篇「撫順化纖廠接觸丙烯腈工廠工人健康調查」報告，報告聲稱接觸丙烯腈、丙烯酸甲酯等毒物的工作，其中男性工人腦血管死亡比例明顯高於當地居民，惡性腫瘤隨工齡增加而上升，而且與當地人相比，死亡年齡比平常人提前 10 至 15 年。儘管當時關興亞並不認定這份報告的普遍性，認為只要不讓有毒有害物質「跑、冒、滴、漏」，危害性不致於到這個地步。但他意識到，作為一個丙烯腈生產技術開發者，有必要進一步開發丙烯腈的綠色生產工藝。另外，丙烯腈等化合物對人的身體確實有一定影響，所以從這個意義來講，自己也算得上一個「幸運者」。

後來，妻子告訴他，小女兒要從美國專程回來，與姐姐和哥哥一發揮為父親操辦八十歲生日。發揮初，他無論如何也不答應，他說，不要鋪張浪費，而且上海石化院領導也已經為他和原黨委書記、同齡的沈銀林一發揮在市內一家飯店裡做過生日了。但是 3 個兒女商量後覺得還是要舉辦一次生日慶賀會。他們覺得父親一生除了工作還是工作，小時候雖然父母親工資還不算太低，但是除了撫養三姐弟外，還要負擔爺爺奶奶、外公外婆的生活費用。父親一生獲得的榮譽證書、

獎狀、獎章不少，但生活卻再簡樸不過了，幾十年穿著永遠是工作服、工作鞋，連出國開會、考察穿的兩套西裝也都是上海石化院院慶時定製的。他一生唯一嗜好是香菸，還有記得父親以前經常抽的是1毛5分的沒有圖案的白紙包裝的「經濟牌」香菸和凶得很的2毛5分一包的阿爾巴尼亞香菸，只有在逢年過節時才抽上3、4毛一包的「大前門」和「鳳凰牌」。改革開放後，經濟條件好轉，抽得最好的也只有幾塊錢一包的「健牌」香菸，與普通工人沒多大差別。但是，為了小輩有一個安定生活環境，不但幫助三姐弟成家立業，而且還拿出一輩子的積蓄，貼補他們買新房。所以做兒女的總覺得不是滋味，應該好好為父親慶賀一番。因為在兒女們看來，這不是一頓飯、一種儀式，而是捨不去、割不掉的一種中華傳統文化，更是幾千年來中國人孝敬長輩的一種方式。所以，兒女三人考慮再三，最終還是找了一家比較實惠的飯店為父親辦了一個八十歲生日宴。而且點的菜餚都是父親最喜歡的東北特色菜，如「小雞燉蘑菇」、「白菜肉片燉豆腐」、「豬肉燉粉條」等。姐弟三人還各自準備了一份有意義的禮物，其中，關煒的禮物是父母各一雙品牌旅遊鞋，目的是要兩位老人趁身體健康時能周遊世界各國，飽覽異國情調；關焱送的是從美國帶來的最新穎的集電腦、照相和攝影功能為一體的 ipad，還告訴父親有了它無論你在何地何時都可看到你的外孫；關煜送的是有電子書之稱的全新電子閱讀器，還特地設置了「閱讀欄目」，錄入了父親最想看到的資料，包括人物傳記、世界名人和名家的資料，以及中外名著及文藝美術精品等，是一座包羅萬象的「書庫」。然而，誰也沒有送上父親一生最酷愛的香菸，並且規勸父親早日戒掉菸癮。但誰也沒想到，關興亞竟會很爽快地接受了兒女們的規勸，當即減掉香菸，並從此戒掉幾十年的菸癮，直到今天沒有再抽一支煙。其實，他們並不知道父親早在慢慢戒菸了，因為一來報紙上宣傳抽菸的害處，另一方面出於年齡的原因，咳嗽比年青時厲害了。所以也在下決心戒菸，從一天兩包半，減到一包、半包，到八十大壽時也僅飯後或有喜事時抽一、兩根香菸。有時

菸癮發作時，便吃幾顆潤喉片使其緩解。戒掉菸癮後自己也覺得身體確實比以前好多了，至少咳嗽和痰比以前少多了。現在，每年關興亞生日，老夫婦倆總會與兒孫們一發揮在飯店聚會，共享天倫之樂。鄰居們也很羨慕他們，八十多歲了老倆口身體還這麼硬朗，而且兒女們又這樣的孝順，四代同堂，真是其樂融融，其樂無窮。

　　如今，關興亞和戴贛耀已共同生活了快 59 年，都進入耄耋之年。儘管兩人平時相敬如賓，相濡以沫，可也有不協調的時候。作為一個醫務工作者，妻子更多從生活上關心丈夫的身體健康，尤其不能接受的是 84 歲的高齡還是像青年人那樣從早到晚沒完沒了的工作。可是，關興亞卻認為，「人生難得老來忙」，他說：「老來忙是人生的一種追求，一種寄託，一種情趣，更是一種奉獻」。還例舉好多偉人有關「老來忙」的理論，如出生於東北的 94 歲高齡的呂正操將軍寫過一首詩，有一句話是「最喜夕陽無限好，人生難得老來忙」，還有是：「人不在於活得久，而在於多做事」，最後呂將軍活到 106 歲。其實，在關興亞看來，倘若一個人無所事事，整天坐著看電視打發時光，大腦勢必退化，而「八十多歲的年齡、五十多歲的身體、三十多歲的心態」才是永保青春的訣竅。現在，他還是按照自己的生活習慣，早晨 5~7 點，晚上 10~12 點這是上網時間，這是因為在此時段上網人少，網速快，可以獲得更多訊息，只是中午增加兩個小時的午休而已。在關興亞的人生哲理中，只要生命不息，攀登將永不停止。

　　回首往事，漫漫人生路，有平坦大道，也有崎嶇不平的小路；有輝煌，也有悲傷；有成功，也有失敗。但是，無論你是輝煌還是悲傷，也無論你是成功還是失敗，更不管你在大洋彼岸，還是天涯海角，溫馨的家庭永遠是你心靈溫暖的港灣。它可以為你遮風擋雨，可以為你褪去奮鬥的疲憊，甚至可以消除你的傷感，然後再積聚力量繼續奮鬥，而親人則永遠是你的牽掛和繼續奮鬥的精神力量。

關興亞
傳

關興亞與兩個弟弟(1955年)

關興亞與妻子戴贛耀

在美國 Sohio 公司訪問(1993年，前排右一為關興亞)

關興亞與妻子戴贛耀

# 附錄一　關興亞大事年表

**1932 年**

8 月 11 日 ( 即農曆壬申年七月初十 ) 出生於奉天市，即今瀋陽市，祖上系錫伯族人。

**1940 年**

秋季入奉天皇市西小學，入學前其父曾教過國文和算術，故跳過一年級，直接進入二年級學習。

**1941 年**

因皇市西小學是一所私立學校，其學歷未被當時政府所承認，故僅讀一年便轉入京山線的高山子小學。

**1943 年**

考入日本人辦的厚生國民學校，兩年後完成高等小學學業。

**1945 年**

秋季入瀋陽市立三中。該校前身是愛國將領張學良出資 40 萬大洋於 1928 年創辦的同澤女中。

**1948 年**

4 月，其父關頌堯托友人，送關興亞到江蘇句容由基督復臨安息總會辦的中華三育研究社求學。3 年後完成高中學業，期間邂逅同學戴贛耀，後結為伉儷。

**1951 年**

秋季，考入上海交通大學，攻讀化學專業。

**1952 年**

因全國院系調整，上海交通大學化學系併入上海復旦大學化學系。

1955 年

2 月，在著名有機化學家、復旦大學教授朱子清指導下，在中國科學院上海有機化學研究所實習「金霉素之接觸氫化脫氯反應」和「金霉素結構測定」試驗。

7 月，完成畢業論文「津柴胡及決明子中生物鹼的檢查和提取」。

9 月，由國家統一分配進入「重工業部化學工業管理局瀋陽綜合研究所」(簡稱瀋陽化工綜合研究所，即瀋陽化工研究院前身)。

1956 年

6 月，完成「乙炔和氯氣合成四氯乙烷」研究課題。在 1963 年 7 月，由科學出版社出版的中國科學院編譯委員會主編的「十年來的中國科學－－化學」(1949～1959)一書中，將該研究成果列入成就之一。

9 月，完成實習期，任技術員。

之後，在該所關興亞又先後完成了「五氯苯酚」和「乙炔氫化」兩個研究課題。

1957 年

9 月，根據化工部的決定，將瀋陽化工綜合研究所一分為四，關興亞調入上海化工研究院有機化學研究室，先後任技術員和專題組長。

1960 年

4 月，關興亞等 11 名從事石油化工技術開發的研究人員從上海化工研究院調入上海市石油化學研究所(即中國石化上海石油化工研究院前身，簡稱上海石化院)，並將部分研究課題環氧丙烷、硝基甲烷、苯酚/丙酮等帶入上海石化院作為首批研究課題。

1961 年

8 月，上海石化院「丙烯氨氧化制丙烯腈」正式立題，關興亞被任命為該課題主要負責人之一。

1962 年

6 月，上海市化工局批覆上海市石油化學研究所報告，提任關興亞為工程師。

1963 年

9 月，固定床丙烯氨氧化制丙烯腈反應器用高活性 1116 型催化劑在上海試劑一廠完成 1 噸生產任務。

同月，年產 60 噸丙烯氨氧化制丙烯腈中試裝置正式建成。

12 月，丙烯腈中試裝置實現當年建設，當年試車，當年取得 2 噸粗丙烯腈產品的預期目標。

1964 年

1 月，主持上海市日常工作的曹荻秋副市長親臨上海石化院丙烯腈中試裝置，表彰參與該研究工作的工人和技術人員。

9 月，上海市科委推薦，以上海石化院科學研究成果「丙烯氨氧化制丙烯腈新工藝」為題，製作彩車一輛，作為上海市科技系統遊行隊伍一部分，向國慶十五週年獻禮。

1965 年

2 月，60 噸/年丙烯腈固定床中間試驗，累計運行 4329 小時，基本掌握合成工藝和產品分離技術，並獲得聚合級產品，為上海、大慶等地丙烯腈生產裝置提供了設計數據。

1966 年

2 月，採用上海石化院技術成果，上海高橋化工廠年產 1000 噸丙烯腈裝置動工興建。

5 月，化工部李蘇副部長在上海石化院主持召開 60 噸/年固定床丙烯氨氧化制丙烯腈中試技術鑒定會。

7 月，被任命為合成一室主任。

1967 年

7 月初，直徑為 550 毫米的帶導向擋板的流化床反應器透過中試驗證，丙烯腈單程收率達 68%～70%。在這次中試過程中還將原

全解吸精製流程改為部分解吸精製流程，使 7 道工序 8 臺設備縮減為 3 道工序 4 臺設備，從而為我國自行開發的流化床丙烯腈生產工藝技術跨出最重要一步。

7 月下旬，石油部北京設計院在北京召開丙烯腈裝置設計審查會，決定調整大慶煉油廠新建年產 5000 噸丙烯腈裝置的設計方案，改用上海石化院新開發的帶導向擋板的流化床反應器和部分解吸精製新流程。

### 1969 年

3 月，帶導向擋板的流化床反應器中試透過技術鑒定。為此，高橋化工廠決定採用此技術成果將剛建成不久的固定床反應器改為直徑為 1200 毫米的帶導向擋板的流化床反應器，翌年 5 月完成改造，6 月投產，使裝置實際產能翻番。該技術成果先後推廣到全國 12 套中小型丙烯腈裝置，總產能達 2 萬噸/年。

### 1973 年

11 月，在上海大廈，作為丙烯腈工藝負責人，參與上海石油化工總廠與日本旭化成公司就引進 5 萬噸丙烯腈裝置的技術談判。

### 1974 年

3 月，同在上海大廈，作為丙烯腈催化劑製造負責人，參與上海石油化工總廠與美國索亥俄公司(Sohio)就引進 C-41 催化劑專利的技術談判。

11 月，為落實燃化部有關引進裝置催化劑配套會議的決定，以上海石油化工總廠引進 5 萬噸/年丙烯腈生產裝置為目標，開始噴霧成型 FC-69 催化劑研製。至 1975 年 12 月，透過上海市化工局的技術鑒定，催化劑性能達到進口水平。

### 1975 年

下半年，參加由化工部組織的全國丙烯腈生產裝置技術改造會戰組，並任組長。在此期間，編寫了多篇內部資料。其中主要有：

《關於我國丙烯腈技術發展八年規劃》、《1975 年全國丙烯腈生

產技術調查報告》、《山東勝利煉油廠丙烯腈改造方案和工藝設備及管道計算書》、《茂名化工二廠丙烯腈技術改造方案》、《關於組織國內丙烯腈技術改造的會戰方案》等。

1977 年

新開發的五元組分催化劑先後在高橋化工廠和山東淄博石油化工廠同為年產 2000 噸丙烯腈裝置上成功應用。丙烯腈單程收率達 71%~73%，較原先使用的四元組分催化劑提高 3%~6%，為兩家企業帶來可觀的經濟效益。

12 月，「丙烯氨氧化制丙烯腈合成工藝及催化劑」榮獲上海市重大科學技術成果獎。

1978 年

3 月，作為化工系統代表參加全國科學大會。「丙烯氨氧化合成丙烯腈——合成工藝及催化劑的研究」榮獲全國科學大會獎。

6 月，上海石化院恢復研究室建制，關興亞任合成二室主任。

1981 年

12 月，由上海石化院推薦，上海市化工局技術職稱評定委員會審核，上海市政府同意授予關興亞為高級工程師。

1982 年

11 月，上海高橋石油化工公司黨委批覆關興亞任上海石化院副總工程師。

12 月，應上海石油化工總廠二分廠催化研究所要求，率小分隊前往 300 噸/年丙烯腈催化劑生產工廠，經與廠方共同努力，解決了購買國外催化劑生產專利和關鍵設備仍未能生產合格催化劑的技術難題，為國產丙烯腈催化劑首次在引進裝置使用作出重大貢獻。按當時進口催化劑價值計算，大約節約外匯 500 萬美元，相當於人民幣 4000 多萬元。

1983 年

4 月，上海石化院將性能相當於國外新一代水平的「MB-82 型

丙烯腈催化劑的研究開發」作為與國家科委、化工部科技局鑒訂的攻關項目之一。關興亞任該項目負責人。

1985 年

11 月，由關興亞主持的「丙烯腈 MB-82 型催化劑研製（小試）」、「從丙烯腈反應系汙水中回收硫銨」、「乙腈連續回收工藝的研究」和「硫銨回收基礎設計」分別透過中國石化總公司的技術審查。

1986 年

2 月，性能達到國際 80 年代初工業應用水平的「MB-82 型丙烯腈催化劑」應用於山東淄博石油化工廠改造後的 2000 噸丙烯腈裝置，並透過了中國石化總公司技術鑒定。

6 月，中國石化總公司召開丙烯腈技術開發工作會議，決定由上海石化院承擔性能全面超過當時國際先進水平的「M-86 型催化劑」研究開發，關興亞任課題負責人。

1987 年

1 月，關興亞率小分隊赴茂名聯合化工紡織總廠，參與新建「5000 噸／年丙烯腈裝置」開車。由於採用上海石化院開發的各項新工藝技術和 MB-82 型催化劑，這套以引進技術消化吸收為基礎的「學用改創的工業示範裝置」除設計能力是引進裝置十分之一外，其他各項技術指標都相當或超過引進裝置水平。

11 月，榮獲國家科委頒發的國家科技成果完成者證書。

1988 年

7 月，經中國石化總公司高級專業技術職務評審委員會第七次會議透過，關興亞享受教授、研究員待遇。

同月，「MB-82 型丙烯腈催化劑的研究開發」榮獲國家科學技術進步二等獎。

1989 年

5 月，被評為上海市先進科技工作者。

9 月，與陳欣等一行赴大慶石化總廠化纖廠，在直徑為 600 毫米的流化床反應器中進行 MB-86 型催化劑評價。結果表明，該催化劑單程收率高於進口催化劑和 MB-82 型催化劑，躍入國際先進水平。

同月，被評為中國石油化工總公司系統勞動模範。

12 月，完成「5 萬噸/年丙烯腈國產化流程設計方案」，為發展國產丙烯腈成套工藝提供了依據。

同月，「復合萃取解吸分離」新工藝用於高橋化工廠年產 5000 噸裝置，年節約蒸汽 8000 噸，氫氰酸回收率提高 8%，每年可增效 56 萬元。

1990 年

1 月，國家人事部批准關興亞為 1988 年度國家有突出貢獻中青年專家。

7 月，向中國專利局申請「丙烯腈流化床催化劑」、「丙烯腈流化床含鹵催化劑」、「丙烯腈流化床催化劑活性長期穩定的方法」三項專利。

1991 年

6 月，「MB-86 型丙烯腈催化劑」的工業應用表明，性能超過當時國際先進水平，為進入國際市場，以「丙烯腈流化床催化劑」中國專利藍本為基礎向美國及歐洲專利局提出專利申請。

9 月，國家人事部批准，為首批享受政府特殊津貼獲得者。

11 月，率小分隊赴蘭州化工公司，將 56 噸「MB-82 型催化劑」應用於該公司引進年產 2.5 萬噸丙烯腈生產裝置。運行結果表明，性能達到和超過當時國外同類催化劑水平。為此，榮獲國家科技進步二等獎。

1992 年

5 月，率隊赴山東齊魯石化公司，將「MB-86 型催化劑」應用於該公司引進年產 2.5 萬噸丙烯腈裝置，達到預期效果，各項性能均

超過當時國外同類催化劑水平。

9月，MB-86型催化劑因在工業裝置應用成功，透過中國石化總公司技術鑒定。

1993年

12月，「MB-86型丙烯腈催化劑研究及工業應用」和「丙烯腈復合萃取解吸分離新工藝五千噸級工業試驗」分別獲國家科委頒發的科技進步一等獎和二等獎。

1994年

7月，「MB-86型丙烯氨氧化催化劑」以「生產丙烯腈的流化床催化劑」名稱向中國專利局申請專利，翌年2月向臺灣地區專利局提出專利申請。

8月，率隊赴大慶石化總廠化工二廠，將MB-86型催化劑應用於該公司引進年產5萬噸丙烯腈裝置。投料試車一次成功，催化劑各項指標達到國際先進水平。僅催化劑購置費節約了1210萬元。同年11月進行標定，產品品質合格，副產品指標達到設計要求。由於用「MB-86型催化劑」替代原進口催化劑，1995年裝置實際產量達6.05萬噸，而且每噸丙烯腈產品耗用原料丙烯量下降，達1.079噸，所以總體水平在國際上居領先地位。

1995年

5月，當選中國工程院院士。

6月，上海石化院以中國石化總公司名義與臺灣中國石油化學工業開發股份有限公司簽署了「MB-86型催化劑」供貨合約。

7月，在加拿大溫哥華舉辦的「MB-86型催化劑工業應用國際交流會」上，關興亞作「丙烯氨氧化學術研究和工業催化劑推廣應用」報告。

12月，參加在美國丹佛市(Denver)舉行的國際流態化技術會議，會議期間向有關國家丙烯腈製造商介紹和推廣MB-86型催化劑。

1996 年

1 月，被聘任為上海石化院技術顧問。

3 月，在北京中國石化技術開發中心召開的審查會上，透過了由關興亞等人與撫順石化公司、有關設計院共同完成的「撫順石化公司 5 萬噸/年丙烯腈裝置擴能改造基礎設計」，與會者一致認為採用國內技術使原引進裝置從 5 萬噸/年擴能到 7 萬噸/年，符合石化總公司企業依靠技術進步「九‧五」發展總指導思想的較佳方案，對全國丙烯腈成套技術國產化和國內同類裝置的技術改造具有示範作用。

同月，根據與臺灣中化公司「MB-86 型催化劑供貨合約」，關興亞、陳欣、吳糧華 3 人赴臺灣生產現場進行投料開車。初步運行結果表明，催化劑達到合約規定的下限指標，但暴露了原先未考慮到的問題。為此，考慮在回滬後進行適應於高壓高負荷的 MB-96 型催化劑的開發。

7 月，「MB-86 型丙烯腈」催化劑成功應用於撫順石化 5 萬噸/年裝置擴能改造，催化劑單程收率比進口催化劑高出 7 個百分點。

10 月，「MB-86 型丙烯腈催化劑研製和工業應用」榮獲國家科委授予的香港億利達獎。

1997 年

1 月，MB-86 型與 MB-96(A) 型催化劑在高橋化工廠 7000 噸/年生產裝置上進行混用試驗，在高壓高負荷下，丙烯腈單程收率可達 80%~81%，為日後完成臺灣生產裝置上催化劑的混用奠定技術基礎。

5 月，適用於高壓高負荷的「MB-86 型與 MB-96(A) 混用催化劑」應用於臺灣中化公司 17 萬噸/年丙烯腈裝置，並獲得成功。經與廠方共同標定，各項指標超過合約值，達到國際先進水平，工業應用獲得圓滿成功。

上海石化院提供的 210 噸催化劑，創匯 651 萬美元，而且使中

國大陸石化工業在臺灣地區贏得了良好聲譽。

10 月，「MB-86 型丙烯腈催化劑研究及工業應用」榮獲聯合國技術訊息系統頒發的發明創造新科技之星獎。

同月，赴蘭州石化公司，將適用於高壓高負荷的 MB-96(A) 型催化劑替代 MB-82 型和 MB-86 型混合催化劑，同時透過對塔器、壓縮機等設備作脫瓶頸改造，使裝置生產能力從 2.5 萬噸提升至 3.12 萬噸。總投資僅 2700 萬元，投資回收期為 3.38 年，是一個省錢的擴能改造項目。

11 月，「丙烯腈流化床催化劑」榮獲中華人民共和國專利局、世界知識產權組織聯合頒發的 1997 年中國專利發明創造金獎。

1998 年

12 月，「國產化高純乙腈精製工藝工業試驗」榮獲中國石化集團公司發明二等獎。

1999 年 4 月至 2000 年 7 月

在齊魯石化實施丙烯腈裝置年產 2.5 萬噸至 4.0 萬噸的擴能改造。該項目不僅是中國石化集團公司十條龍攻關項目之一，而且也是首次採用由中國石化集團公司組織上海石化院等單位自行開發的包括 11 項專利技術和專有技術編制的「5 萬噸/年丙烯腈裝置工藝包」即 S-ANT。S-ANT 所採用的技術及其能耗、物耗等各項指標都體現了技術的先進性和可靠性，它標誌著我國丙烯腈技術水平已進入世界先進行列，為採用國內技術建設自己的丙烯腈工廠奠定了良好基礎，也是關係到具有自主知識產權的國產化技術能否打破外企對丙烯腈技術壟斷問題。

改造分兩步進行，第一步從 1999 年 4 月 23 日發揮僅改用上海石化院「MB-86 型催化劑」，使裝置生產能力從 2.5 萬噸提升到 3.5 萬噸。

第二步改造從 2000 年 5 月開始，除整體更換性能更好的上海石化院新開發的 MB-98A 型催化劑外，還採用其他 6 項新工藝新技

術，如復合萃取精餾、乙腈精製、新型丙烯和氨分布器及側吹式空氣分布板、二級旋風分離器、導向浮閥、負壓脫氫氰酸等。

該項目僅投資 6000 萬元就使產能增加 1.5 萬噸，遠低於新建裝置單位投資費用，實現了中國石化集團公司走內涵擴大再生產的策略目標。

2000 年

5 月，「提高丙烯腈精製回收技術」用於高橋化工廠年產 8000 噸裝置，使丙烯腈精製回收率提高 4.92%，當年丙烯腈產量完成 8745 噸，比 1999 年的 8011 噸增加 734 噸，平均每噸丙烯腈毛利以 4136.52 元計算，增效 304 萬元。

2003 年

上海石化股份有限公司採用關興亞等編制的工藝包，完成了年產 6 萬噸裝置擴能為 13 萬噸的技術改造。其中包括採用上海石化院開發的新一代 SANC 系列催化劑、精製回收新技術、復合萃取精餾新技術等。

同年，在關興亞指導下，以上海石化院為主要承擔單位，集成國內多項技術又編制了年產 28 萬噸丙烯腈成套技術工藝包。其設計指標為：每噸丙烯腈消耗丙烯低於 1.04 噸，能耗低於 4530 千焦，總體水平達到國際先進水平。該成套技術工藝包於 2006 年透過中國石化集團公司組織的評審，還獲得了中國石化集團公司科技進步一等獎，為大型丙烯腈裝置的建設提供了可靠的技術依據。

2008 年

在關興亞指導下，符合環保理念的 SANC-08 高氨轉化率催化劑問世，在副產硫銨大幅下降時，丙烯腈單程收率仍高達 80.5%，包括氫氰酸和乙腈的「三腈」收率高達 89%，這種清潔催化劑在國內年產 8 萬噸(安慶)和 13 萬噸(上海石化)兩套裝置投入運行。

2014 年

6 月，丙烯腈單程收率比 SANC-08 高 1 個百分點以上的 SANC-

11 在上海石化年產 3 萬噸反應器上完成萬噸級工業應用試驗，效果達到預期。

此外，在關興亞指導下，上海石化院的在線清潔技術也在安慶石化和上海石化兩套裝置的氣體冷卻器中得到應用，運行週期從 4~6 個月延長到一年以上，減少了由於停車清洗帶來的經濟損失。

# 附錄二 關興亞主要論著和研究成果

論文部分

關興亞. 氣相色層分析. 化學世界, 1956, (9): 467-470.

關興亞. 八碳環化合物的化學. 化學通報, 1956, (11): 17-25, 72.

關興亞. 示蹤原子在有機化學中的應用(一). 化學通報, 1957, (1): 1-11.

關興亞. 示蹤原子在有機化學中的應用(二). 化學通報 1957, (2): 11-26.

關興亞. 石油化學工業的進展. 化學世界. 1962, (6): 241-246.

關興亞, 金啟玲. 氨氧化合成腈類化合物. 化學通報, 1963, (11): 669-676.

關興亞, 金啟玲. 丙烯氨氧化法合成丙烯腈進展. 化學世界, 1965, (9): 385-391.

關興亞. 從引進丙烯腈裝置談今後改進方向. 合成纖維工業, 1980, (4): 49-57.

關興亞. Sohio 氨氧化法丙烯腈新工藝的探討. 合成纖維工業, 1983, (3): 15-22.

關興亞. 丙烯腈工業催化劑的開發. 化學反應工程與工藝, 1985, (4): 1-11.

關興亞. 近年來丙烯腈生產發展概況. 合成纖維工業, 1986, (1): 38-41.

關興亞．丙烯腈．化工百科全書(一卷)．北京：化學工業出版社，1990，805-820.

關興亞．丙烯腈．有機化工原料大全(三卷)．北京：化學工業出版社，1990，125-144.

關興亞．Development and application of acrylonitrile. Proceeding of the Internation Conference on Petroleum Refiring and Petrochemical Processing.

Oxford：Internaional Academic Publishers，1991，（3）：1166-1169.

關興亞．中國丙烯腈生產技術國產化發展過程．合成纖維工業，1992，5(1)：43-48.

陳欣，關興亞等．MB-86 型丙烯腈催化劑的研製及應用．上海化工，1994，9(5)：10-13.

陳欣，關興亞等．R & D and commercial application of acrylonitrile catalyst－from bench－scale research to commercialization. Stud Surf Sci catal，1999，121：351-354.

獲獎成果

1. 丙烯氨氧化合成丙烯腈－丙烯腈合成工藝及催化劑研究 1978 年全國科學大會成果獎

2. 五元浸漬法丙烯腈催化劑 1978 年上海市化學工業局科技成果三等獎

3. 丙烯腈 CT-1 型催化劑 1985 年中國石油化工總公司科技成果一等獎

4. MB-82 型丙烯腈催化劑的研究開發 1987 年中國石油化工總公司科技進步一等獎

5. 丙烯腈復合萃取解吸分離新工藝五千噸級工藝試驗 1993 年國家科技進步二等獎

6. MB-86 型丙烯腈催化劑研究及工業應用 1993 年國家科技

進步一等獎

7. MB-86 型丙烯腈催化劑在引進的 5 萬噸/年裝置首次應用
1996 年中國石油化工總公司科技進步一等獎

8. MB-96A 型丙烯腈催化劑研製及工業應用　2000 年中國石油
化工集團公司科技進步一等獎

9. 丙烯腈成套工業技術開發　2003 年國家科技進步二等獎

10. 高丙烯腈精製回收率技術開發及工業應用　2006 中國石油
化工集團公司科技進步二等獎

專利部分

1. 丙烯腈流化床含鈉催化劑 CN1033014(1987)

2. 丙烯腈和乙腈回收的新方法 CN1035661(1988)

3. 保持丙烯腈流化床鉬系催化劑活性穩定的補加催化劑
CN1061163(1990)

4. 丙烯腈流化床含鹵素催化劑 CN1061166(1990)

5. 丙烯腈流化床廢舊催化劑利用工藝 CN1172696(1996)

6. 丙烯腈急冷工藝 CN1055918C(1996)

7. 丙烯腈回收和精製工藝 CN1059897C(1997)

8. 丙烯腈高回收率急冷方法 CN1413982(2001)

9. 高收率的丙烯腈催化劑 CN1915499(2005)

10. 生產丙烯腈的高負荷流化床催化劑 CN101306373(2007)

11. 丙烯腈反應裝置中未反應氨回收再循環利用的方法
CN102452955A(2010)

12. 復合氧化物改性的濕式氧化催化劑及其製備方法
CN102451680A(2010)

13. 製備丙烯腈的流化床催化劑 Fluidized‐bed catalyst for
preparing acrylonitrile US5223469；EP0484792B；DE69102245T2

14. 丙烯腈流化床催化劑活性長期穩定方法 Supplementary
catalyst for ammoxidation catalysts US5177048

15. 丙烯氨氧化制丙烯腈流化床催化劑 Fluidized-bed catalyst for propylene ammoxidation to acrylonitrile US5834394；JP3896194

16. 烴類氨氧化流化床反應器 Process for the ammoxidation of hydrocarbons MX235177；ZA98/4866；JP4047938；PI9810414－4；IR26044；SA1112；TW146505

17. 生產丙烯腈的催化劑 Catalyst for producing acrylonitrile US6596897； MX218928； IR25656； JP4889149； ZA98/7996；PI9812154－5；TW144017；SA1271

18. 烴類氨氧化流化床反應器 Process for removing unreacted ammonia from an effluent in a hydrocarbon ammoxidation reaction US6716405

19. Fluidized－bed catalyst for propylene ammoxidation to acrylonitrile TW194193； US6420307； JP4095302； PI0013338－8；MX223583；R0120244

# 後 記

　　非常榮幸能有機會參與《關興亞傳》的編撰工作。

　　編撰《關興亞傳》目的是弘揚關興亞院士的科學精神，記錄他的突出業績，傳承他的高尚品德。

　　為撰寫好院士傳記，中國石化集團公司宣傳工作部於 2015 年 7 月 28 日專門組織召開《中國工程院院士傳記》編撰啟動會，邀請中國工程院、中國石化作家協會的領導參加會議。集團公司宣傳工作部、科技部、人事部、石化出版社的有關領導和相關單位的負責人就院士傳記工作進行了深入的討論，聽取了中國工程院、石化出版社有關傳記編撰的建議，對工作進行了計劃分工，落實了編委會的初步人選、出版進度、牽頭單位及連繫人等具體事項。在中國石化集團公司領導的關心下，編撰工作得到順利推進，也得到了各部門方方面面的大力支持。

　　中國石化上海石油化工研究院的領導對《關興亞傳》的編撰工作十分重視，成立了以黨委工作部為主要負責的編撰辦公室，不僅提供了有關關興亞院士的個人業務檔案、歷年來的科技成果和獎項，以及授權專利等詳細資料，還多次組織各種類型的座談會，拜訪曾經與關興亞院士共事過的、如今仍健在的老領導和老科學研究人員。不少老同志不顧年老體弱，將當年關興亞院士的許多先進事跡整理成文送至編撰辦公室，為編撰《關興亞傳》提供了大量寶貴資料。在成文過程中，黨委工作部樓少迪、肖宏斌等對文稿提出了許多寶貴修改意見和建議，李林也積極參與文稿的整理工作。在此，表示誠摯的感謝。

　　記得第一次採訪關老時，他認為沒有必要為其「樹碑立傳」的。

他說，他生於日本侵略者及傀儡政權統治下的瀋陽市，目睹日本侵略者姦淫燒殺、欺壓中國人民的野蠻行徑，所以從小就有「發憤圖強，科學救國」的思想。後來是黨和人民培養了他，使他從一個貧困子弟成長為新中國第一代大學本科生。「因為我的一生是黨和人民給的，所以，三年自然災害時，響應黨的號召，解決人民吃穿用，搞丙烯腈，這是我們這一代人的歷史責任，而且工作是大家做的，因而不必過多宣傳。」

他雖作為我國丙烯腈工業的奠基者和開拓者之一，但為人卻十分低調，謙虛謹慎。後來多次見到作者時又反覆強調：「千萬不要宣傳個人的作用，要多宣傳黨，宣傳集體，宣傳參與攻關的兄弟單位，宣傳為丙烯腈工作作出貢獻的工人和科學研究人員。」

其實，包括作者在內，與關老共事數十年的老上海石化院員工都知道他是一個生活上簡樸，工作上敢想、敢說、敢幹的實幹家，更是一個「平民化的院士」。他不僅在院內以身作則，而且在茂名、大慶、淄博等生產裝置現場，可以不顧自己的年齡，冒著生命危險，親自果斷地處理各種大小事故，因而深受工人們的尊重。所以，透過編撰《關興亞傳》，也使作者受到一次深刻的教育，受益匪淺。

榜樣的力量是無窮的。但願《關興亞傳》的出版受讀者歡迎，尤其是能為新一代石油化工科學研究工作者所喜愛，並能從中汲取有益的東西。

儘管作者力圖反映出真實的、德高望重的關興亞，但由於水平有限，在編撰過程中難免有許多不足之處，故誠懇希望讀者批評指正。

最後，對《中國工程院院士傳記系列叢書》編審委員會成員葛能全老師在本書撰寫過程中給予具體的指導和幫助表示衷心的感謝和崇高敬意。

作者：白爾錚
2017 年 3 月 16 日

作者簡介：

白爾錚，生於 1945 年，浙江鎮海人。中國石化上海石油化工研究院高級工程師，長期從事石油化工情報調研工作，曾參與《當代中國石油化學工業》等書的編撰工作。

# 關興亞傳

作　者：白爾錚
發 行 人：黃振庭
出 版 者：崧博出版事業有限公司
發 行 者：崧博出版事業有限公司
E-mail：sonbookservice@gmail.com
粉 絲 頁：https://www.facebook.com/
　　　　　sonbookss/
網　址：https://sonbook.net/
地　址：台北市中正區重慶南路一段六十一號八
　　　　　樓 815 室
Rm. 815, 8F., No.61, Sec. 1, Chongqing S. Rd.,
Zhongzheng Dist., Taipei City 100, Taiwan

電　話：(02)2370-3310
傳　真：(02)2388-1990
印　刷：京峯數位服務有限公司
律師顧問：廣華律師事務所 張珮琦律師

定　價：499 元
發行日期：2024 年 03 月第一版
◎本書以 POD 印製

## 國家圖書館出版品預行編目資料

關興亞傳 / 白爾錚 著 . -- 第一版 .
-- 臺北市：崧博出版事業有限公司，
2024.03
面；　公分
POD 版
ISBN 978-626-363-899-0( 平裝 )
1.CST: 關興亞 2.CST: 傳記
782.887　113002384

電子書購買

臉書

爽讀 APP